本书系广西地方法治与地方治理研究中心2021年度课题
"乡村振兴战略背景下广西农村高龄老人养老难题与优化路径研究（GXFZY202102）"的
阶段性成果

# 广西基本公共服务均等化绩效评价与优化研究

李文军　著

GUANGXI JIBEN GONGGONG

FUWU JUNDENGHUA

JIXIAO PINGJIA YU YOUHUA YANJIU

上海三联书店

# 目　录

4

## 第一章

# 绪　论

## 一、选题背景

改革开放 40 多年来,我国经济建设成绩在世界上属于"经济增长奇迹"。GDP 由 1978 年的 3678.7 亿元增长到 2020 年的 101.59 万亿元,GDP 首次超过百万亿元;人均 GDP 由 1978 年的 382 元增长到 2020 年的 71964 元,人均 GDP 超过一万美元,达到 10500 美元。在经济增长的同时,我国的财政能力不断增强,财政收入由 1978 年的 1132.26 亿元增长到 2020 年的 182895 亿元,年均增长率达到 12.8%。在经济建设获得大发展的同时,我国的社会建设却相对滞后。根据我国社会学家陆学艺(2012)[①]的观点:现代化建设不能只搞经济建设,当中国在 20 世纪 90 年代后期,工业产品由卖方市场转向买方市场的时候,我国就应该以社会建设为战略重点,强调经济社会协调发展,到新世纪以后再来补民生的课,已经晚了 10 年。江孝君、杨青山

---

① 陆学艺.以社会建设为战略重点.社会科学报,2012-3-1(1).

(2017)①认为西南地区经济社会非协调发展更加凸显,公共服务支出需要进一步加强。随着人民生活水平的不断提高,我国由生存型社会转向了发展型社会。在发展型社会,人民的消费需求也进入到以人的自身发展为主要目标的发展型阶段,正如迟福林(2011)②所指出的,发展型社会人民的消费主要体现在住房、教育、文化、医疗、就业、环保、旅游等领域。近年来,"看病难""住房难""上学难"等问题日渐突出,成为百姓头上的"新三座大山"③,被调查人群对医疗、住房、子女教育和养老等基本公共服务不满意的比重依次为 17.56%、11.27%、9.9% 和 7.11%,这四项合计占所有最不满意因素的 45.84%,可见,城乡居民对生活的不满意主要是源于基本公共服务的保障不足。

如何面对和适应这种诉求,是当下中国政府的当务之急。政府作为基本公共服务供给的绝对主体,在财政收入强劲增长的背景下,主动承担这一具有政治合法性建设以及与政府职能相契合的角色已成为社会的共识,"现代国家建构的一个重要内容是为人民提供满意的公共服务,能否提供有效率的、让群众满意的公共服务关系到执政党政权的稳固,是政治合法性的重要基础。既然公共服务提供关系到政治合法性基础,那么政府的职能就是其体现。当前中国建设服务型政府,正是应对政治合

---

① 江孝君、杨青山.中国经济社会协调发展水平空间分异特征.经济地理,2017(8):17—26.

② 迟福林.以公共服务建设为中心的政府转型.国家行政学院学报,2011(1):59—62.

③ 国务院发展研究中心"中国民生调查"课题组."新三座大山"调查——基于对 8 省 12714 份入户问卷的分析.决策,2016(12):39—41.

法性挑战的要求"。[①] 2012 年 11 月 15 日,习近平总书记指出:
"人民对美好生活的向往,就是我们的奋斗目标。"2017 年 10 月
党的十九大报告指出:中国特色社会主义进入了新时代,我国社
会主要矛盾已经转化为人民日益增长的美好生活需要和不平衡
不充分的发展之间的矛盾。广大人民群众对美好生活的向往和
追求,最基本的体现就是来自于基本公共服务所涵盖的领域,如
教育、医疗、社保、住房等,这种不平衡、不充分正是基本公共服
务供给非均等化的现实阐释。

鉴于基本公共服务均等化的重要意义,国家给予了明确的
政策导向。国家政策文件中明确提及要实现基本公共服务均等
化,推动经济、社会协调发展。2005 年 10 月 8 日党的十六届五
中全会首次使用"基本公共服务均等化",2006 年 10 月 8 日党的
十六届六中全会首次提出"实现基本公共服务均等化"作为构建
社会主义和谐社会的重要目标,国家基本公共服务体系"十二
五"规划明确提出,到 2020 年争取基本实现基本公共服务均等
化。2012 年 11 月 8 日党的十八大报告指出:必须从维护广大人
民根本利益的高度,加快健全基本公共服务体系,加强和创新社
会管理,推动社会主义和谐社会建设。2013 年 11 月 9 日党的十
八届三中全会指出:推进基本公共服务均等化,加快形成科学有
效的社会治理体制,确保社会既充满活力又和谐有序。2017 年
10 月 18 日党的十九大报告指出:2020 年到 2035 年,基本公共
服务均等化基本实现,并强调政府要履行好再分配调节职能,加
快推进基本公共服务均等化,缩小收入分配差距。2019 年 10 月

---

① 胡志平.从制度匹配检视农村公共服务均等化.社会科学研究,2013(1):15—22.

31日党的十九届四中全会指出：完善公共服务体系，推进基本公共服务均等化、可及性，并强调：增进人民福祉、促进人的全面发展是我们党立党为公、执政为民的本质要求。必须健全幼有所育、学有所教、劳有所得、病有所医、老有所养、住有所居、弱有所扶等方面国家基本公共服务制度体系，尽力而为、量力而行，注重加强普惠性、基础性、兜底性民生建设，保障群众基本生活。创新公共服务提供方式，鼓励支持社会力量兴办公益事业，满足人民多层次多样化需求，使改革发展成果更多更公平惠及全体人民。由此，我们可以清晰地发现两点：第一，自2005年以来，基本公共服务均等化已经成为具有国家层面保障意义的目标，是促进经济社会协调发展，建设和谐社会的重要内容和目标之一，也是维护公平正义的迫切需要；第二，2005年以来，所有政府工作报告和文件都强调政府在促进基本公共服务均等化进程中的效应和作用，相应的也提出了若干政策方向和具体措施。

与此同时，我们应该看到，中国这样一个幅员辽阔、人口众多的国家，地区间经济、社会和财政不平衡的状况十分突出，"二元经济结构"[①]特征非常明显。位于我国西南民族地区的广西壮族自治区，陆地面积23.76万平方千米，海域面积4万平方千米，2020年常住人口达到5012万人，常住人口占我国总人口比例为3.55%，国土面积和人口在我国各个省份中相对比较大。但是，广西的经济却处于欠发达状态，2020年实现GDP 22156亿元，占全国GDP比例为2.18%，远远低于广西人口占全国总人口的

---

① 柏培文、杨志才. 中国二元经济的要素错配与收入分配格局. 经济学（季刊），2019(2)：639—660.

比例,人均 GDP 为 44206 元,约为全国水平 71964 元的 61.4%。与此同时,在财政收入方面,2020 年广西实现财政收入 2800.61 亿元,占全国财政收入比例仅仅为 1.53%。因此,在广西这样相对欠发达地区,如何与全国一样,到 2035 年总体实现基本公共服务均等化目标,任重道远。

## 二、研究意义

当前,贯彻落实党的十九大精神,逐步缩小地区发展差距,促使地区间基本公共服务朝着均等化的目标不断发展,成为现阶段我国经济社会高质量发展的关键,这也与我国经济社会结构深刻转型时期逐步形成的公平、正义和共享的主流价值取向相吻合。现阶段广西仍然属于相对落后地区,在基本公共服务供给方面呈现出一些典型问题,如基本公共服务供给总量不足、质量不高;在城乡以及地区间的供给上还存在较为明显的失衡状况;基本公共服务非均等化的现实与人民群众日益增长的对公共产品和服务的需求之间的矛盾较为突出。本书的意义主要体现在以下两个方面。

### (一)理论意义

1. 从"复杂性"理论的分析角度研究广西基本公共服务均等化问题,在分析视角上具有一定的创新性。复杂系统理论认为系统虽然具有混沌性,但是系统主体与环境是不断交互的,具有强烈的非线性,系统主体在系统运行过程中具有强大的能力去适应和发展。基本公共服务复杂系统拥有集合性、动态性、环境适应性以及职能主体复杂性等特征。一部基本公共服务提供的历史同时也是一部社会史,基本公共服务最初由家庭及其成员承担,通过亲情的关系兑现,到现代政府,再到政府通过制度安排让市场和社会组织来兑现这些服务。[①] 在绩效评价上,如果用工具简单化的因果关系来判断,而不是用复杂的、联系的、变化的、动态的观点看问题,将过程和结果割裂开来,不利于基本公共服务均等化的评价。因此,基本公共服务体系的运行和评价不依靠单独的某种动力实现,而是在众多因素和力量之间相互作用、相互影响而形成其运行动力。在系统运行过程中,复杂性的产生离不开体系运行的环境、主体构成、资源复杂性等三个静态方面的影响,而体系运行是体系复杂性的主要表现载体。复杂性影响了公共服务均等化的供给与评价绩效。

2. 基本公共服务的供给和评价从来都是政府主观上的"公共选择"过程,至于基本公共服务的"社会选择"则处于相对薄弱的状况。基本公共服务诚然需要居民以一种自主性态度的参与式治理,但是对基本公共服务的供给模式也并非否定政府、企业和 NPO 的力量,因此,如何平衡基本公共服务的"公共选择"和"社会选择"也是本书重要的创新点。

3. 基本公共服务均等化的推进需要统筹经济、政治、社会等多方面的因素,是一个多维思路,这是对基本公共服务均等化推进的创新。

---

[①] 丁元竹. 交锋与磨合: 公共服务提供中的社会关系. 北京: 北京大学出版社, 2015: 1.

## （二）实践意义

1. 基本公共服务均等化有利于广西从"人口红利"走向"改革红利"。城乡区域差距带来的劳动力转移,对于促进城市化率中的人口总量有积极意义,同时为城市经济发展带来了"人口红利"。广西经济社会的发展在"十四五"期间的改革实践中,如何在基本公共服务均等化理念框架下提出符合高质量发展的目标及核心内容,有利于推进广西经济社会的高质量发展。

2. 推进基本公共服务均等化有利于广西实现城乡统筹、区域协调发展。随着"十四五"期间人民公共需求的全面释放,包括文化、教育、医疗、体育在内的基本公共服务已经成为广大人民群众最迫切、最现实的需求。因此积极推进广西城乡基本公共服务均等化,有利于推动广西城乡居民消费水平的提高,加快广西由城乡统筹走向城乡融合的步伐。

3. 推进基本公共服务均等化,是广西建设公共服务型政府的关键。公共服务型政府建设的逻辑起点是"公共性",其本质是"服务性"[①],也就是说公共服务型政府的建设不但需要提供基本公共服务,而且需要提供相对公平、均等的基本公共服务。新时代背景下,不断推进基本公共服务均等化,直接影响到政府公共资源分配的公平性、公共资源使用的效率和提供服务的有效性,这就是公共服务型政府建设"公共性"的内在要求,"领导者必须要重视公共福祉。个人的愿望,只有在他表现为是服务于整个

---

① 扶松茂、竺乾威.公共服务型政府建设若干问题的思考.苏州大学学报(哲学社会科学版),2011(5):57—61.

共同体的利益的时候,它在政治上才是可以获得承认的……具有合法性的政治活动是与责任密不可分的"。①推进基本公共服务均等化,有利于社会各界对基本公共服务项目的监督,提高基本公共服务质量,这是公共服务型政府建设"服务性"的表现。

## 三、基本公共服务均等化文献回顾

我国基本公共服务均等化最早于 2005 年提出,党的十六届五中全会通过的《中共中央关于制定国民经济与社会发展第十一个五年规划的建议》提出了"健全扶持机制,按照公共服务均等化原则,加大国家对欠发达地区的支持力度,加快革命老区、民族地区、边疆地区和贫困地区经济社会发展"。2006 年 10 月党的十六届六中全会提出:完善公共财政制度,逐步实现基本公共服务均等化。健全公共财政体制,调整财政收支结构,把更多财政资金投向公共服务领域,加大财政在教育、卫生、文化、就业再就业服务、社会保障、生态环境、公共基础设施、社会治安等方面的投入。经过十六年的发展,我国基本公共服务均等化政策的实行取得了一定的成绩,但也存在区域、城乡、群体间不平衡的困境。十六年来,学术界对此尤为关注,我们从中国知网上以篇名"基本公共服务均等化"进行搜索,文献达到 2199 篇,其中核心期刊为 393 篇。② 对其中具有代表性的核心期刊文献进行梳理分析,学术界在研究的内容上可以分为:基本公共服务均等化

---

① [法]让-马克·夸克.合法性与政治.佟心平、王远飞译,北京:中央编译出版社,2002:40.

② 收集时间定在 2021 年 8 月 16 日。

概述研究、政府职责与基本公共服务均等化研究、城乡基本公共服务均等化研究、区域公共服务均等化研究、基本公共服务均等化财政转移支付以及标准体系研究、国外基本公共服务经验借鉴研究、基本公共服务均等化供给与需求研究、扶贫与基本公共服务均等化研究等方面。从研究基本公共服务均等化的体系来看,主要包括:基本公共服务均等化的概念内涵、基本公共服务均等化的发展机制、基本公共服务均等化的问题以及非均等化原因和对策研究。本书主要是从基本公共服务均等化的体系发展来进行评述。

## (一) 基本公共服务均等化的内涵、范围与类别

科学界定公共服务、基本公共服务、基本公共服务均等化概念,是基本公共服务均等化相关研究的前提条件,明确基本公共服务的范围与标准,是开展基本公共服务均等化的重要参考依据。为此,众多学者在开展基本公共服务均等化的相关研究中都先就此问题进行讨论和研究。

### 1. 有关基本公共服务的内涵研究

目前学术界对基本公共服务内涵的理解因其关注的重点、研究的方向各有不同,主要从服务型政府、政府的职能作用、公民的基本权利、公民需求等方面进行研究。总体而言有以下几点:

一是从基本公共服务与非基本公共服务的区别角度来理解内涵,娄兆锋、曹冬英(2015)[①]认为前者指的是当前国家迫切需

---

① 娄兆锋、曹冬英. 公共服务导向中基本公共服务与非基本公共服务之研究. 中国行政管理,2015(3): 102—106.

要解决的住房、医疗、教育等基本需求,后者指的是一些满足居民生活较高生活需求的公共服务;蔡放波(2007)[①]认为依据社会公共服务的经营程度不同和公益性差别,可分为非基本公共服务和基本公共服务,而前者还可以再分为经营性社会公共服务和准基本公共服务。

二是从需求的角度分析,基本公共服务是政府有效利用公共资源来达到居民消费的基本平等,刘尚希等(2007)[②]将基本公共服务分为两个层次理解:居民低层次的消费需求和居民无差异消费需求,二者均属于基本公共服务,如基本的食品和医药需求。

三是从公民的基本权利角度理解,郭小聪、代凯(2013)[③]认为基本公共服务关乎人的基本权利,是公共服务范围中最基础、最核心和最应该优先保证的部分,包括基础教育、医疗卫生、社会保障和就业等领域;盛喜等(2015)[④]指出享受基本公共服务是公民的基本权利,理应被法定化,在现有的立法基础上,细化义务教育、公共卫生、社会保障等基本公共服务的规范内容。

**2. 有关基本公共服务均等化内涵研究**

均等化指的是大体均等、基本均等、机会均等、权利均等、结

---

① 蔡放波. 略论加快建设我国基本公共服务体系. 学习与实践,2007(5):62—69.
② 《基本公共服务均等化与政府财政责任》协作课题组、刘尚希、魏跃华、朱忠明、余丽生、傅志华、冯健、刘仲川、刘家庆、王向阳、赵慧. 基本公共服务均等化与政府财政责任. 财会研究,2008(6):6—14.
③ 郭小聪、代凯. 国内近五年基本公共服务均等化研究:综述与评估. 中国人民大学学报,2013(1):145—154.
④ 盛喜、毛俊响. 基本公共服务权利的性质和内容. 湖南警察学院学报,2015(5):76—84.

果均等,还是说均等化仅仅只是公共财政的具体数量化安排,对此学者未达成一致认识。刘磊等(2016)[①]从均等化概念的历史渊源来探析,梳理了当前学者对于基本公共服务均等化概念的 8 个方面的见解,即以公民结果人均标准、享有基本公共服务结果相对均等的结果均等;以公民人均收入和支出能力均等的财政能力均等;以不同群体贫富差距在合理范畴的机会均等;以保障所有公民的基本生活最低标准的公共服务;以一些中等收入的省份平均数为中等标准;以区域间政府提供的财政能力和服务水平均等的横向均等;以纵向层级直接的政府在基本公共服务支出的纵向均等;以统筹地区、城乡、个人三个层面的均等公共服务等 8 大代表性的观点。也有学者从公共服务均等化的组成要素分析,孙庆国(2009)[②]、刘德吉(2008)[③]、陈海威等(2007)[④]认为基本公共服务均等化应该关注其主体、客体、标准,还要注重地区间、城乡间的差异,实现起点公正、过程公正和结果公正等主要要素。值得关注的是,有学者提出基本公共服务均等化不在于均等化,重点是多样化,刘明德(2017)[⑤]指出公共服务均等化应该是根据各地人民基本生存发展需求但又无法自给自足的,只能由政府担保提供相应的服务或财货,但要区分适用均等

---

[①] 刘磊、许志行. 基本公共服务"均等化"概念辨析. 上海行政学院学报,2016(4):55—62.

[②] 孙庆国. 论基本公共服务均等化的衡量指标. 中国浦东干部学院学报,2009(1):57—62.

[③] 刘德吉. 公共服务均等化的理念、制度因素及实现路径:文献综述. 上海经济研究,2008(4):12—20.

[④] 陈海威、田侃. 我国基本公共服务均等化问题探讨. 中州学刊,2007(3):31—34.

[⑤] 刘明德. 基本公共服务均等化辨析. 上海行政学院学报,2017(4):71—82.

化的情况,并且要思考基本公共服务是否可以均等,因不同地方的基本公共服务不同,发展功能定位也不一,要尊重城乡或区域差异,实现基本公共服务多样化,从而释放人们的创新力和积极性,提升资源的有效利用。

总体而言,研究基本公共服务均等化的学者们都赞同其基本的价值理念和最终的目标方向,即认为应该满足公民的基本需求和公共利益,所有的公民都应该享受符合其所处区域经济发展相当的基本公共服务,无论其个人的收入、民族、性别等差异。

**3. 有关基本公共服务均等化的范围、类别研究**

基本公共服务包含的内容丰富,如何界定基本公共服务的范围,以及其均等化的标准有哪些,当前学术界对基本公共服务均等化的研究类别深度和广度如何,政府部门要如何构建一个科学合理的公共服务均等化体系? 要了解以上这些问题,必须要先深入分析基本公共服务均等化的范围和标准问题。当前研究成果主要体现在以下几点:

第一,对基本公共服务的范围研究。当前有学者将基本公共服务划分为三大类,如陈昌盛等(2007)[①]认为可划分为维持性服务、经济性服务、社会性服务;有学者将基本公共服务划分为四大类: 常修泽(2007)[②]将其划分为公共事业性服务、基本民生

① 陈昌盛、蔡跃洲.中国政府公共服务:体制变迁与地区综合评价.北京:中国社会科学出版社,2007.
② 常修泽.中国现阶段基本公共服务均等化研究.中共天津市委党校学报,2007(2):66—71.

性服务、公共安全性服务、公益基础性服务。赵云旗等(2010)[①]从"以人为本"的人类基本生存权的角度对以上四大类进行细化分析,即基本民生服务(社会保障、就业均等)、公共事业性服务(义务教育、公共卫生、基本医疗均等)、公益性基础设施服务(水电、道路设施均等)、公共安全(生产安全、消费安全、社会安全均等)。也有学者认为可以包含 9 个方面内容,如曾红颖(2012)[②]运用因素法(包含民族、人口、劳动力、城镇化等 17 个因素),将基本公共服务范围分为了 9 个方面 24 项,即医疗卫生、公共教育、文体传媒、城乡社区、环境保护、公共安全、社会保障和就业、交通运输。赵林等(2015)[③]认为基本公共服务是一个涵盖基本教育服务、基本医疗卫生服务、基本社会保障服务等子系统在内的区域子系统。

第二,对基本公共服务的某一类基本公共服务进行深入研究。一是基本公共卫生均等化服务研究:刘子言等(2019)[④]、王鸿儒等(2019)[⑤]对公共卫生基本公共服务均等化进行了深入研究,探讨近十年的医疗改革成功、流动人口医疗服务利用的效果等;二是基本公共教育服务均等化研究:主要有分析城乡教育资

① 赵云旗、申学锋、史卫、李成威. 促进城乡基本公共服务均等化的财政政策研究. 经济研究参考,2010(16):42—63.
② 曾红颖. 我国基本公共服务均等化标准体系及转移支付效果评价. 经济研究,2012(6):20—32+45.
③ 赵林、张宇硕、张明、吴殿廷. 东北地区基本公共服务失配度时空格局演化与形成机理. 经济地理,2015(3):36—44.
④ 刘子言、肖月、赵琨、刘爱忠. 国家基本公共卫生服务项目实施进展与成效. 中国公共卫生,2019(6):657—664.
⑤ 王鸿儒、成前、倪志良. 卫生和计划生育基本公共服务均等化政策能否提高流动人口医疗服务利用. 财政研究,2019(4):91—101.

源均等化(龙翠红等,2017)[1]、(杨清荧,2017)[2];城乡区域均衡发展均等化(张佳伟等,2017)[3];基本公共教育服务均等化影响因素(唐丽娜等,2016)[4]、基本公共教育服务均等化绩效评估(罗哲等,2016)[5]、基本公共教育均等化的财政支出与投入及其效果测量(梁朋等,2013)[6]等内容;三是劳动就业服务均等化研究:王丽平(2013)[7]认为当前中国公共就业服务均等化仍旧存在地区和城乡之间的差距问题,应该加强政府公共财政投入、完善相关制度、构建多元化的公共就业服务供给模式;麻宝斌等(2009)[8]认为要解决当前中国公共就业服务均等化问题,应该要遵循均等化的原则(投入均等、就业机会均等、公民同等收益等原则);四是基本公共文化服务均等化研究:王洛忠、李帆(2013)[9]专门研究了中西部的基本公共服务均等化问题,并提出要强化政府职能和公共财政保障水平,制定明确标准,创新公共文化服务供给

① 龙翠红、易承志.基本公共服务均等化、义务教育均衡发展与公共政策优化——我国义务教育政策变迁与路径分析.湘潭大学学报(哲学社会科学版),2017(6):14—20.

② 杨清荧.基本公共服务均等化视域下城乡教育资源一体化研析.教学与管理,2017(6):40—42.

③ 张佳伟、顾月华.基本公共服务均等化视野下新型城镇化与义务教育均衡发展的区域研究——基于江苏省苏州市的实践分析.教育发展研究,2017(10):45—50.

④ 唐丽娜、王记文.基本公共教育服务均等化及影响因素.青年研究,2016(3):58—66+95—96.

⑤ 罗哲、张宇豪.基本公共教育服务均等化绩效评估理论框架研究——基于平衡计分卡.四川大学学报(哲学社会科学版),2016(2):132—138.

⑥ 梁朋、康珂.基本公共教育均等化:基于财政预算投入的测量与评价.中共中央党校学报,2013(6):64—68.

⑦ 王丽平.我国公共就业服务均等化问题探析.新视野,2013(5):68—71.

⑧ 麻宝斌、董晓倩.中国公共就业服务均等化问题研究.东北师大学报(哲学社会科学版),2009:82—87.

⑨ 王洛忠、李帆.我国基本公共文化服务:指标体系构建与地区差距测量.经济社会体制比较,2013(1):184—195.

模式等;也有从法治化的角度思考基本公共文化服务均等化,注重均等化的法治思维、健全有关法律制度和法治体系(梁立新,2019)[①]。除了以上几大方面有较多学者研究以外,也有部分学者对体育基本公共服务均等化[②]、流动人口基本公共服务均等化[③]、公共图书馆服务均等化[④]、城市公共交通服务设施分布及其均等化[⑤]、残疾人基本公共服务均等化[⑥]等多个领域有所研究。这些内容基本上涵盖了基本公共服务的大部分领域,对这些类别的基本公共服务发展水平、现状等方面的研究,有利于下一步提出完善的具体措施,从而提高其基本公共服务均等化的水平。

## (二)基本公共服务均等化的标准与地区差距测评

### 1. 对基本公共服务均等化的标准进行研究

曾红颖(2012)[⑦]从影响基本公共服务的数量和提供成本两大因素分析,构建了一套基于全国平均标准的基本公共服务均

---

① 梁立新.法治化视角下的基本公共文化服务均等化.浙江学刊,2019(4):109—115.
② 邵桂华、李海杰.基本公共服务均等化视角下我国体育场地公共体育服务供给水平评价研究.首都体育学院学报,2020(1):55—62.
③ 王鸿儒、成前、倪志良.卫生和计划生育基本公共服务均等化政策能否提高流动人口医疗服务利用.财政研究,2019(4):91—101.
④ 王毅、柯平、孙慧云、刘子慧.国家级贫困县基本公共文化服务均等化发展策略研究——基于图书馆和文化馆评估结果的分析.国家图书馆学刊,2017(5):19—31.
⑤ 孙喆.基于交通可达性的基本公共服务设施均等化策略——以北京急救设施为例.现代城市研究,2018(5):2—7.
⑥ 徐爽.新时代残疾人福利权保障的发展演进与立法建议——从理念、政策到法治化.残疾人研究,2018(1):29—36.
⑦ 曾红颖.我国基本公共服务均等化标准体系及转移支付效果评价.经济研究,2012(6):20—32+45.

等化收入与支出的标准体系,各省份与全国均等化标准的差异,其大小支出成本差异(为达到全国均等化标准规定水平)形成一个系数度量。黄小舟(2015)[1]认为:实现基本公共服务因各区域的自然因素、经济状况和社会条件等方面的不同而存在成本差异,若依据成本差异这一分析工具来修正政府财政一般性转移支付支出,将会使均等化财力性补助测算更加客观公正,使财力配置更加合理,真正实现基本公共服务的均等化目的。吴理财(2019)[2]认为推进农村公共文化服务均等化,当务之急是建立和健全农村公共文化服务财政投入标准化机制,以公共财政来保障农村公共文化服务的均等化发展。

### 2. 对基本公共服务均等化供给地区差距测量评估

刘小春等(2021)[3]通过 2007 年—2018 年面板数据研究发现:我国东部和西部省份基本公共服务水平领先于全国平均水平,中部省份基本公共服务水平则低于全国平均水平,专项转移支付在医疗卫生、社会保障和就业方面有较好的正向效果,中央一般转移支付基本上产生的是反向作用。辛冲冲、陈志勇(2019)[4]采用熵权法测算出基本公共服务供给的综合指数,用 Dagum 基尼系数分析中国基本公共服务的动态和地区差异,发

---

[1] 黄小舟.武汉市基本公共服务均等化的经济学分析——基于成本差异视角.武汉金融,2015(4):45—47.

[2] 吴理财.以财政标准化投入推进农村公共文化服务均等化发展.行政管理改革,2019(5):33—36.

[3] 刘小春、李婵、熊惠君.我国区域基本公共服务均等化水平及其影响因素分析.江西社会科学,2021(6):77—88.

[4] 辛冲冲、陈志勇.中国基本公共服务供给水平分布动态、地区差异及收敛性.数量经济技术经济研究,2019(8):52—71.

现全国基本公共服务总体差异逐渐变小,区域间差异仍旧较大,区域内差异较小。赵建国等(2015)[①]学者从中央财政转移支付的研究视角进行实证分析,发现地区之间的基本公共服务供给非均等化现象客观存在,中央财政转移支付可以提高落后地区的公共服务供给水平,缩小东西部地区之间的供给差异,但专项转移支付起到的作用不大,反而会拉大东西部之间的公共服务供给水平差异。武力超等(2014)[②]学者通过构建基尼系数来估测各个省份的公共服务均等化水平,用 GMM 的实证研究方法进行测度发现中西部地区的经济发展水平对公共服务均等化提高起到积极的作用。具体而言,每个地区或省份之间的公共服务支出差异,有学者对此专门进行了研究,如汪利锬(2014)[③]对东部、中部、西部三个不同区域进行 FD2SLS 检验,发现当前地方政府的公共服务支出差异在逐渐拉大(呈 2.11%—2.28%的速度),与各省份的经济发展水平存在密切的关联,且越是落后的省份,其公共服务支出差异反而越大,需要对当前政府间的财政转移支付制度进行完善。

以上学者主要是从东西部区域发展的角度来分析,也有专门对某一地区的公共服务均等化进行深入分析,如马慧强等

---

① 赵建国、廖藏宜. 我国地区间基本公共服务供给均等化问题分析——基于中央财政转移支付的视角. 宏观经济研究,2015(8): 8—14+159.
② 武力超、林子辰、关悦. 我国地区公共服务均等化的测度及影响因素研究. 数量经济技术经济研究,2014(8): 72—86.
③ 汪利锬. 地方政府公共服务支出均等化测度与改革路径——来自 1995—2012 省级面板数据的估计. 公共管理学报,2014(4): 29—37+140.

(2016)①对京津冀地区的基本公共服务均等化进行测度、刘丹鹭(2018)②对长三角两省一市的基本公共服务不均等差异进行测算、翟羽佳(2013)③采用灰色关联法对河南省 18 个地市的公共服务均等化总体水平和单项基本公共服务进行实证研究、范柏乃等(2015)④运用泰尔指数法对浙江省 11 个地市基本公共服务均等化水平进行测算,研究浙江东北和西南片区的发展差异。

### (三) 基本公共服务均等化影响因素分析

已有研究对于造成基本公共服务非均等化的原因分析大致可分为两种取向:公共财政体制路径与政府管理机制路径。前者着重分析的是,由于公共财政的制度设计问题,造成了地区间地方政府的财力非均等与各层级政府的事权财权不匹配,从而导致基本公共服务供给存在差异;后者研究的重点则是,由于不同地方政府基本公共服务供给水平和管理水平存在差异,导致了不同地区基本公共服务供给的非均等。具体来看,造成基本公共服务非均等化的原因主要有以下几个:

#### 1. 公共财政体制不完善

一般而言,基本公共服务均等化取决于国家的财政体制安

---

① 马慧强、王清、弓志刚. 京津冀基本公共服务均等化水平测度及时空格局演变. 干旱区资源与环境,2016(11):64—69.
② 刘丹鹭. 长三角地区基本公共服务均等化的评估. 南通大学学报(社会科学版),2018(6):35—42.
③ 翟羽佳. 河南省 2011 年基本公共服务均等化水平测度与分析. 地域研究与开发,2013(5):57—61.
④ 范柏乃、傅衍、卞晓龙. 基本公共服务均等化测度及空间格局分析——以浙江省为例. 华东经济管理,2015(1):141—147+174.

排。我国基本公共服务非均等化的现状与现行的公共财政体制失效有很大关系,具体表现在:政府对基本公共服务财政投入依然不足,占财政支出比重较低;中央政府和地方政府在基本公共服务均等化上的事权与财权不相匹配;基层政府承担过多的基本公共服务职能;转移支付制度的均等化作用尚未充分发挥等。从基本公共服务财政投入来看,尽管政府不断加大财政投入,但与公众日益增长的基本公共服务需求相比,政府现有的财政投入与基本公共服务供给数量远远不能满足公众的需求,我国基本公共服务的水平依然处于世界中低等收入国家行列。[1] 在公共财政体制方面,我国自 1994 年实施财政管理体制改革以来,在一定程度上缓解了中央财政的困难,但却造成了基层财政困难和区域间财力不均,各级政府特别是基层政府财权与事权不匹配,弱化了基层政府的公共服务供给能力。[2] 另一方面,现有的转移支付制度的均等化作用尚未充分发挥,作为平衡地区间财力差距的主要补助形式的财力性转移支付所占比重还不高,制约了其均等化效果。[3] 从政府间公共服务责任分工、财力分配安排、转移支付效果三个方面来看,我国现有的财政体制运行不规范是导致基本公共服务非均等化的重要原因,体现在:一是政府间基本公共服务责任分工错位,责任重心偏低,造成县级基层政府责任过大;二是政府间财力分配不均等,重心偏高,县和乡

---

[1] 张立荣、冷向明.基本公共服务均等化取向下的政府行为变革.政治学研究,2007(4):83—91.
[2] 乔俊峰、陈荣汾.转移支付结构对基本公共服务均等化的影响——基于国家级贫困县划分的断点分析.经济学家,2019(10):84—92.
[3] 肖建华、黄蕾、吴爱琴.财政转移支付对社会性基本公共服务均等化效应的实证检验.金融与经济,2017(3):32—36.

镇级政府财力有限;三是政府间转移支付的整体均等化效果微弱,不合理的转移支付结构使其偏离财力均等化目标,从而影响基本公共服务均等化的推进与实现。[①]

### 2. 财政分权体制影响约束

财政分权体制之所以会对基本公共服务非均等化产生影响,其内在逻辑可以表述为:财政分权影响政府财政支出结构,造成基本公共服务供给不足;由于不同地区财政能力的差异,这种供给不足又会造成基本公共服务供给不均。本质上讲,我国现行的分税制财政分权体制是一种财政收入激励制度,通过税制设计激发地方政府促进本地区经济发展的积极性。然而,"先效率后公平"的地方发展战略与"以 GDP 为主的政绩考核"的官员晋升制度放大了地方政府促进经济增长、提高财政收入与谋求政治晋升的好处,导致地方政府热衷于经济建设,抑制了对基本公共服务的供给,造成基本公共服务供给的地区间差异。[②] 有学者通过实证数据分析表明,财政分权影响地方政府财政支出结构与地区间基本公共服务供给水平,造成地区间基本公共服务的非均等化。[③] 在中国的财政分权模式下,经济增长导向的政府竞争和以 GDP 增长为主要指标的地方官员考核体系,造成基本公共服务总量供给不足,地区间不均等。

---

[①] 田发、周琛影.基本公共服务均等化:一个财政体制变迁的分析框架.社会科学,2010(2):30—38.

[②] 吕炜、赵佳佳.我国财政分权对基本公共服务供给的体制性约束研究.财政研究,2009(10):11—14.

[③] 李永友、陈安琪、曹畅.分权时序与地方财政支出结构——基于中国省级权力下放实践的经验分析.财政研究,2021(7):53—65.

### 3. 政府管理机制有待健全

"基本公共服务均等化的程度主要取决于两个变量：一是经济发展能力（决定财政收入水平），二是公共服务供给水平。"①除了上述财政体制的不完善外，当前我国基本公共服务非均等化的现状，还与政府现有的基本公共服务管理机制失灵直接相关，具体表现为：推进基本公共服务均等化的动力机制不足；基本公共服务的供给机制单一；基本公共服务供给与均等化的决策机制不合理；基本公共服务供给制度非均衡。长期以来，各级政府对官员政绩的考核主要以 GDP 为标准，而非以提高公共服务水平、推进基本公共服务均等化为导向，缺乏对基本公共服务均等化的政府官员问责制度，必然导致推动基本公共服务均等化的动力不足。② 目前，我国基本公共服务主要以政府为单一的供给主体，缺乏多元化的社会参与机制和公民参与机制，造成基本公共服务供给总量不足、供求结构失衡。③ 此外，从决策机制来看，决策过程表现为一种"自上而下"的决策机制，造成各级政府均等化的决策表现为高度的随意性和主观性，决策者往往根据政绩和利益的需要决定基本公共服务的类型、数量和质量，热衷于投资一些易出政绩的短、平、快项目，而那些公众需求高却难出政绩的基本公共服务却不能得到充分供给。④ 除上述因素外，政府制定非均衡的基本公共服务供给制度也是造成我国基本公共

① 李德国、陈振明. 高质量公共服务体系：基本内涵、实践瓶颈与构建策略. 中国高校社会科学，2020(3)：148—156.
② 杨宏山. 激励制度、问责约束与地方治理转型. 行政论坛，2017(5)：88—92.
③ 刘静. 农村公共服务供给的工具创新及其逻辑展开. 农村经济，2021(7)：103—111.
④ 郭小聪、刘述良. 中国基本公共服务均等化：困境与出路. 中山大学学报（社会科学版），2010(5)：150—158.

服务非均等化的重要原因。政府长期实行城市偏向型的非均衡制度安排,城市居民享受的基本公共服务较多,农村居民享受的少甚或享受不到基本公共服务,城乡之间基本公共服务的供给存在很大的差异。[①]

## (四)基本公共服务均等化优化对策

基于对我国基本公共服务非均等化现状的影响分析,在借鉴国外发达国家实现基本公共服务均等化的实践经验基础上,学者们从完善公共财政体制与健全政府管理机制两个视角提出了推进基本公共服务均等化的路径。

### 1. 完善公共财政体制

推进基本公共服务均等化,需要科学合理的公共财政制度设计。就我国目前的情况来看,实现基本公共服务均等化,除了政府要进一步加大对基本公共服务领域财政投入的力度外,更需要在财政制度层面予以完善,包括:合理划分各级政府基本公共服务均等化的事权和财权;合理确定县、乡基层政府的基本公共服务均等化职责;完善基本公共服务均等化的财政转移支付制度等。学者们提出,要进一步明确中央政府与地方政府以及地方各级政府之间在基本公共服务方面的事权,健全财力与事权相匹配的财政体制,依据各类公共服务具有不同的性质和特点划分各级政府承担的责任。[②] 针对当前县乡财政负担着基本公共服务的繁重任务而只有非常有限的财权的问题,省级和地

---

① 杨远根. 城乡基本公共服务均等化与乡村振兴研究. 东岳论丛,2020(3):37—49.
② 蓝相洁. 促进基本公共服务均等化的财政理论与实践. 北京:经济科学出版社,2017:188.

市级政府应当切实负担起应尽的基本公共服务责任,完善省级以下转移支付制度,增强县乡财力,提高基层政府对基本公共服务的供给能力。[①] 此外,在明确各级政府基本公共服务均等化事权和财权之后,应进一步完善转移支付制度,包括试行纵向转移与横向转移相结合的模式,解决我国地区间差异较大的问题[②];国家层面和地方层面应尽快出台预算公开的实施细则,特别是基本公共服务方面的支出要尽量详细,让人大代表、人民群众能够易于理解相关支出和预算安排[③];完善财政转移支付的法制化建设,减少人为因素的干扰和影响,保证转移支付制度的规范运行等[④]。

**2. 健全政府管理机制**

在完善公共财政体制的同时,推进基本公共服务均等化,需要进一步健全政府基本公共服务供给与管理的机制。基本公共服务均等化绩效考核体系和问责机制对政府推进基本公共服务均等化工作起着激励和约束的作用,以基本公共服务均等化作为重要考核指标的政府绩效考核体系,可以使财政分权体制下政府热衷于经济建设的财政支出结构发生变化,缓解基本公共服务政府供给动力不足的问题。[⑤] 根据基本公共服务性质的不

① 王浦劬、郑姗姗. 政府回应、公共服务与差序政府信任的相关性分析——基于江苏某县的实证研究. 中国行政管理,2019(5):101—108.

② 马海涛、任致伟. 我国纵向转移支付问题评述与横向转移支付制度互补性建设构想. 地方财政研究,2017(11):82—87.

③ 魏福成. 基本公共服务最优供给规模、供给不足及原因分析. 华中师范大学学报(人文社会科学版),2020(3):65—75.

④ 谭洁. 民族地区横向生态转移支付的法治化构建——以广西金秀瑶族自治县为例. 广西民族研究,2020(1):128—135.

⑤ 杨刚强、程恒祥、吴斯. 晋升压力、官员任期与公共服务供给效率——基于中国 70 个城市的实证. 云南财经大学学报,2020(2):89—100.

同,引入市场机制和第三部门的力量,对不同类型的基本公共服务采取不同的供给机制,形成政府、企业和非政府组织等多元的基本公共服务供给格局。[①] 通过发展公众偏好显示技术和公众参与机制,增强基本公共服务决策过程和供给的透明度和公开性,使基本公共服务供给能够满足公众的偏好,促进供求的结构均衡。[②] 此外,在基本公共服务供给与均等化制度安排上,按照基本公共服务的原则,加大对欠发达地区和农村地区基本公共服务的制度支持,改变基本公共服务供给的歧视性制度安排。[③]

推进与实现基本公共服务均等化,需要政府从政府行为的理念、功能、政策工具、财政体制、绩效评估等多个方面予以变革。[④] 此外,在具体的操作层面,需要政府制定全国层面统一的基本公共服务均等化规划,制定科学、合理、动态的基本公共服务均等化标准[⑤],并以法律的形式予以促进和规范[⑥]。

### 3. 基本公共服务均等化研究述评

通过对国内外基本公共服务研究进行梳理,我们发现:一方面,学术界对基本公共服务均等化基础性研究较为成熟,学术界

① 刘桂芝.中国县乡公共治理与公共服务的财政支持研究.北京:人民出版社,2016:244.
② 杨波.论基本公共服务均等化的演进特征与变迁逻辑——基于 2006—2018 年政策文本分析.西南民族大学学报(人文社会科学版),2019(5):196—202.
③ 完颜邓邓、胡佳豪.欠发达地区农村公共数字文化服务供给与利用——基于湖南省衡南县的田野调查.图书情报工作,2019(16):54—61.
④ 梁波.加快推进基本公共服务均等化的改革举措.理论探讨,2018(4):34—40.
⑤ 李文军.区域财政社会保障支出差距与优化研究.华东经济管理,2018(2):75—82.
⑥ 陈雷.地方财政事权划分的法治进路:法理逻辑与基准塑造——兼议民法典立法精神与财政治理的协调性.西南民族大学学报(人文社会科学版),2020(7):134—142.

对基本公共服务、基本公共服务均等化的内涵、概念、特点、范围、衡量绩效的指标体系等内容已有了较为成熟的理论体系,研究成果数量多且研究较有深度,能结合中国国情发展延伸基本公共服务的内涵和层次。另一方面,基本公共服务均等化应用性研究呈现多样性,有从城乡对比、区域对比、类型对比、发展时间对比、国别对比等多种角度去分析当前我国基本公共服务均等化取得的经验、发展的现状、存在的问题、分析问题背后的原因并提出相应的对策,提出一系列具有针对性的对策建议,为我国基本公共服务均等化的发展提供了咨政建议。

虽然相关领域已经形成了较为丰硕的研究成果,但仍然有一些不足需要进一步研究。

第一,对推进基本公共服务的现状掌握不足,定性分析较多,定量分析不够。有效的实证研究需要时间跨度的推演,也需要结合省-市-县的实际情况进行具体剖析。然而,我国只有少数几个经济相对发达的省份如广东、浙江等地①,开展了较为系统的基本公共服务均等化改革,部分城市虽然也进行了相应的尝试和探索,但是时间相对较短,进行实证研究的基础不充分。因此,现有研究更多的是关注全国区域之间和省际间的差距,而

---

① 2009 年 12 月广东省印发《广东省基本公共服务均等化规划纲要(2009—2020 年)》,全力推进广东基本公共服务均等化,并把公共教育、公共卫生、公共文化体育、公共交通、生活保障、住房保障、就业保障、医疗保障等八大基本公共服务作为重点,在财力和保障机制方面进行深入探讨。2015 年 6 月广东省发布《广东省人民政府办公厅关于进一步扩大基本公共服务均等化综合改革试点的通知》,在江门、阳江、清远市继续深化基本公共服务均等化综合改革试点的基础上,进一步扩大基本公共服务均等化综合改革试点地区范围,将珠海、河源、湛江市纳入改革试点,并提出要在投入机制、服务供给方式、管理机制、民主决策机制、绩效考评机制等方面加强改革举措。

对省内差距的关注明显不够。

第二,静态分析较多,对省域基本公共服务与经济财政体制、社会体制改革的相关性的动态研究较少。现有研究主要通过对现状的静态分析提出一些政策操作层面上的解决思路,在很多深入的问题上无法达成共识,不能通过动态的系统性分析研究省级以下体制改革的路径。

第三,对通过系统性体制改革促进省域基本公共服务均等化的对策建议有待拓展。当前研究的重点是如何保证地方有足够的财力推进基本公共服务均等化,但是财力的均等化是一个表象,内含在其里面的体制机制还需要进一步深入探讨和思考。

## 四、研究框架与方法

### (一)研究框架

第一章是绪论。主要介绍本书研究的背景、意义、国内外相关研究状况、研究框架、研究方法和研究创新点等。

第二章是对相关概念与理论基础的介绍。首先对公共服务、基本公共服务、基本公共服务均等化等概念进行界定。其次,对文章理论基础进行梳理。对责任政府、复杂性理论和绩效评估理论进行介绍。

第三章主要介绍广西基本公共服务支出状况。在广西财政支出结构演变方面,围绕广西财政支出状况,从纵向和横向配置展开论述分析。随后从广西基本公共服务支出总量、分项目支出、支出力度、人均基本公共服务支出、城乡差距和支出区域差距方面,对广西基本公共服务支出总体状况进行分析。

第四章构建广西基本公共服务均等化评估体系。首先介绍广西基本公共服务均等化指标体系的设计原则与流程,其次对指标体系进行初步设计,初始指标的筛选和确定,最后对指标体系权重进行确定。

第五章对广西基本公共服务均等化进行实证分析,并探讨相应的影响因素。首先通过 14 个地级市数据和研究方法,对广西基本公共服务均等化绩效进行评价。其次,介绍广西基本公共服务均等化绩效障碍度模型,并从两方面对因子障碍度展开分析。一方面从指标层因子障碍度展开分析,对典型影响因子障碍度进行重点论述,另一方面对各准则层的障碍度因子展开分析。

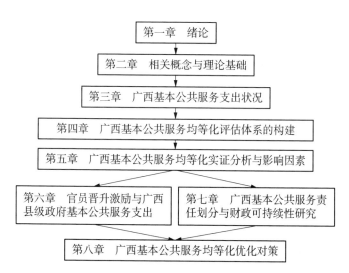

图 1-1　本书结构图

第六章以县级政府党政"一把手"为分析视角,以教育支出为例,分析他们对广西县级政府基本公共服务支出的影响。

第七章以广西城乡居民养老保险为例,研究广西城乡居民养老服务责任划分与财政可持续性。

第八章主要分析广西基本公共服务均等化优化对策。立足基本公共服务均等化的分析框架、从政治逻辑、经济逻辑和社会逻辑三方面入手,完善广西基本公共服务均等化优化路径。

## (二) 研究方法

方法与理论关系紧密,正如德国学者柏伊姆(Beyme, K. V., 1990)[①]所言:"一种理论如果不能从方法上检验与发展,则永远是一种没有用处的理论;反过来,一种方法如果离开了理论即使是具有使用价值的方法,也永远是一种不结果实的方法。"基本公共服务均等化是一项多学科交叉的综合研究,采用的研究方法包括:

### 1. 文献分析法

通过 EBSCO、Springer 等多个外文数据库,中国知网、万方等中文数据库,以及 Google Scholar、百度等搜索引擎,对基本公共服务均等化、政府责任、合法性、财政分权等相关文献进行收集、整理,作为研究的基础文献。

### 2. 定性分析与定量分析相结合的方法

在本研究中,对文献的回顾、理论基础的分析均需要定性研究方法,而基本公共服务均等化实证研究方面,则通过定量的方

---

① [德]克劳斯·冯·柏伊姆. 当代政治理论. 李黎译,北京: 商务印书馆,1990: 61.

法确定。

### 3. 德尔菲法

在构建广西基本公共服务均等化指标方面,我们采用两轮德尔菲法,将初步的指标发送到各位专家手里,咨询他们的意见与建议。随后将第一轮的综合意见分别反馈给专家,在此咨询意见,各专家依据这些意见和建议修改自己原来的意见,然后再汇总。经过两轮的咨询后取得比较一致的意见。

## 五、研究创新点

本书创新点主要在于:运用复杂性理论,来分析影响广西基本公共服务均等化的因素。基本公共服务均等化的变迁与经济、政治、社会文化因素密切相关,我们试图建立一个以经济、政治、社会文化为自变量,基本公共服务均等化为因变量的理论模式,也就是基本公共服务均等化是经济、政治、社会文化因素相互影响的结果。

## 第二章

# 相关概念与理论基础

## 一、相关概念界定

### (一) 公共服务

#### 1. 概念界定

公共服务是一个含义十分广泛的概念。最早的"公共服务"概念,是法国公法学派代表莱昂·狄骥 1912 年提出来的,他认为公共服务是:任何因其与社会团结的实现与促进不可分割,而必须由政府来加以规范和控制的活动,就是一项公共服务,只要它具有除非通过政府干预,否则便不能得到保障的特征。[①] 狄骥对于"公共服务"内涵的界定偏重于法治的核心作用,他不仅指出政府是唯一的传统公共服务的合法主体,而且将政府的控制与公共服务的内涵直接等同起来。虽然在现在看来这种原始的定义已经落后,但是狄骥的探索性研究工作,却让我们发现了

---

① [法]莱昂·狄骥. 公法的变迁. 郑戈、冷静译,沈阳: 辽海出版社,1999: 53.

"公共服务"的基本发展脉络。[①] 刘志昌(2014)[②]认为公共服务的界定有两种倾向。一是从产出形式的角度来定义公共服务。在经济学中,产出可以分为产品和服务两类,前者为有形的东西,生产和消费在时空上可以分离,如道路、桥梁、公共图书馆等,这些也被称为公共产品;后者的生产和消费是一体的,产出多为无形产品,如教育、社会保障、医疗等,也被称为公共服务。二是从产品的特性来定义公共服务。经济学理论根据物品是否有受益的排他性和消费的竞争性,将产品划分为公共产品和私人产品,当一种产出的社会效益大于产出提供者的私人效益时,称为正外部性,反之,则具有负外部性,具有外部性的产出就是公共产品。因此,经济学对于公共产品的定义不是针对产出形式是有形还是无形,而是针对物品的外部性来定义的。

随着理论与实践的发展,人们对公共服务的概念与内涵的解释观点越来越多,靳永翥(2009)[③]指出公共服务有以下五种解释法:第一,物品解释法,学者根据公共产品的非竞争性和非排他性,认为公共服务就是提供公共产品;第二,价值解释法,公共服务就是政府运用公共资源,根据权利、正义等公共价值,积极回应社会公共需要;第三,利益解释法,政府提供公共服务的根据是对公共利益的判断,公共利益才是判断公共服务的内在依据;第四,职能解释法,这属于一种缺乏学理思辨的解释,认为公

---

① 陈振明.公共服务导论.北京:北京大学出版社,2011:10.
② 刘志昌.中国基本公共服务均等化的变迁与逻辑.北京:中国社会科学出版社,2014:24.
③ 靳永翥.公共服务提供机制:以欠发达地区为研究对象.北京:社会科学文献出版社,2009:31—33.

共服务就是政府满足社会公共需要的实际生产活动或者职能之一;第五,主体解释法,把公共服务分为"纯公共服务"与"准公共服务",前者由政府生产,后者政府、市场、非盈利组织均可以参与。

胡志平(2012)[①]认为公共服务需要从以下三个层面去理解:

第一个层面是经济学研究层面,大部分经济学者都认为公共产品就是公共服务,也就是在消费上同时具有非竞争性和非排他性的产品。但是很多物品如教育、医疗卫生不具备这样的属性,也称为公共服务,就是因为这些物品对整个社会具有很强的正外部性。由于这些物品是随着老百姓的关注而成为政府的一项职责,因此用公共服务代替公共物品。

第二个层面是公共管理学研究层面,他们认为公共服务大于公共产品。公共管理学的研究核心就是政府,因此,从公共管理学来定义公共服务,也就是从政府的角度来定义,判断的标准是在提供过程中是否使用了公共资源和公共权力。公共服务一定程度上代表了公共利益,也就是一种公共需求,公共服务也就构成了政府的一项基本职能。公共利益成为政府判定公共服务的内在依据,只要该物品与公共利益相关其就具有公共服务的特性。公共服务不受物品性质的限制,当生存状态或者社会情势关系到公共利益时,任何物品都有可能作为公共服务,被政府提供。

公共管理学中的公共服务研究已经不仅仅是公共产品了,而且需要考虑到产品的社会属性。因此,公共服务的供给既要

---

① 胡志平.公共服务均等化:财政分权还是"三维"联动机制.南通大学学报(社会科学版),2012(5):116—122.

考虑到公共产品特征的资源配置效率问题,也要考虑到其作为社会属性的公平问题,因此公共服务大于公共产品。

第三个层面是政治学研究层面,他们认为公共服务大于公共产品。从政治学的视角来看,一种服务是不是公共服务,关键在于其提供方以及其所使用的权力与资源的性质。因此,从政治学角度看,公共服务就是指使用公共权力和公共资源向公民所提供的各项服务,这一概念突出了一个原则:国民待遇原则,而非产品的物质属性。政治学角度研究公共服务,一方面公共服务是公民权利的一项重要内容,另一方面公共服务是现代政治合法性的基础。因此,从政治学视角来看,公共服务具有现代合法性的重要意义。现代国家政权的合法性实际上是它能否提供满足整个社会的公共服务,如果无法满足整个社会的需要,这实质上也就意味着国家职能、政权合法性受到严重挑战。

### 2. 公共服务分析框架

亚当·斯密的市场秩序理论认为,在一组人们认同的规则之中追求自身利益的独立的努力将会导致有益的结果,在实施产权保护与契约安排的开放市场条件下,交易中买者和卖者的相互竞争和激励,将导致最有利的结果。而霍布斯的国家秩序理论则认为,自主组织与竞争将导致战争状态,因此有必要建立一个单一权力中心来支配所有的社会关系,并把和平和秩序加给其他人。国家被界定为这样一种组织,它垄断着立法权,以及合法使用暴力权。在市场与政府的这种两分法传统框架中,人们的政策选择倾向于运用亚当·斯密的秩序概念来处理私人物品,而用霍布斯的主权国家概念来处理公共物品。公共物品的提供被视为政府内在的职责,公共服务的供给状况成为衡量政府效率的主要指标。

在这种两分法的框架中,关于政府与市场的关系认识,往往是针锋相对。然而,随着世界政治经济的不断发展,政府和市场的边界并非一成不变和完全泾渭分明,政府和市场之间,不是谁替代谁的问题,而是相互协调、共同促进的关系。政府和市场之间的选择并不是一个单纯的选择,而是一个程度问题,正如查尔斯·沃尔夫(2007)[①]所言:"从所产生的体制的经济和社会绩效这两个角度来看,所选择的程度至关重要。体制的选择越倾向于市场,那么,体制就会遭遇越多的市场失灵的困境和缺陷;体制的选择越倾向于非市场,那么,所产生的体制就会遭遇越多的非市场失灵的陷阱和缺点。"

根据陈昌盛、蔡跃洲(2007)[②]的研究,任何公共服务都可以分为四个层次来考察,如表2-1所示。第一个层次必须首先回答什么是公共服务和公共服务的范围,因为公共服务本身会随着经济社会发展阶段的不同而变化,公共服务的范畴是一个发展的概念和动态调整的过程,正如法国学者莱昂·狄骥(1999)[③]所言:"公共服务的内容始终是多种多样和处于流变状态之中的。……随着文明的发展,与公共需求相关的政府活动呈数量上升趋势,而这样所带来的一个后果是公共服务的数量也在不断增加。这是非常合乎逻辑的。"在现实中,这主要是关

---

① [美]查尔斯·沃尔夫. 市场还是致富——不完善的可选事物间的抉择. 陆俊、谢旭译,重庆:重庆出版社,2007:135.

② 陈昌盛、蔡跃洲. 中国政府公共服务:体制变迁与地区综合评估. 北京:中国社会科学出版社,2007:22.

③ [法]莱昂·狄骥. 公法的变迁. 郑戈、冷静译,沈阳:辽海出版社,1999:50.

于政府和市场边界的划分、政府规模确定的过程。第二个层次是要回答提供多少,如何融资、生产与定价问题,从理论研究上,这是整个公共经济学研究中最为活跃的领域之一,基本上可以归入最优公共品供给理论范围。第三个层次更加注重公共服务实践中的运行问题,强调如何在现实中保证公共服务的效率与公平,需要建立什么样的机制来实现这一目的。第四个层次强调政策执行的效果与激励机制设计,并为政策工具的调整和改进直接提供依据,目的在于保证公共服务的稳定性、有效性和可持续性。

表2-1  公共服务分析框架

| 公共服务层次 | 对应理论及说明 |
| --- | --- |
| 第一层次:公共服务的范围 | 公共服务界定,政府的边界、政府规模 |
| 第二层次:公共服务的提供<br>● 提供多少<br>● 怎么融资<br>● 如何生产、定价与提供 | 偏好显示与公共选择、最优公共品供给<br>税收、公债或收费<br>公共品生产效率与定价、协作生产理论<br>公私合作(PPP) |
| 第三层次:公共服务运行机制<br>◆ 效率机制<br>● 分权化<br>● 市场化<br>● 从单中心到多中心<br>◆ 公平机制<br>● 内部化<br>● 中央政府再分配<br>● 基本公共服务与机会均等 | 公共产品层次性、以足投票、信息优势与竞争机制,地方政府治理理论<br>平民主义、市场准则与"企业化政府理论"<br>公私合作,协议外包等<br>偏好异质性、选择多样性与引入竞争机制<br>非政府组织<br>外部性<br>政府转移支付<br>社会保障、公共教育与公共医疗等<br>福利体系 |

| 公共服务层次 | 对应理论及说明 |
| --- | --- |
| 第四层次：公共服务：绩效与可持续性<br>● 公共服务绩效评估与审核<br>● 公共服务的可持续性 | 公共服务的生产力<br>制度效率与激励机制<br>成本-效益分析、公共监督<br>可持续战略、财政风险控制 |

　　以上四个层次的问题，是任何国家在公共服务提供时都必须面对的问题。只是不同的国家或者同一国家处在不同发展阶段，其主要问题会处于不同的层次，或者处于同一层次但是程度不同。对于欧美发达国家，第一层次的问题基本上已得到解决，只需要根据发展新阶段和经济形势进行调整即可；而对于中国这样的发展中国家，这一问题依然突出，"缺位"与"越位"现象并存。第二层次的最优供给问题，同样困扰中国。理论上公共服务的最优供给是：所有受益人的边际收益等于边际成本，但是人们一般不愿意公布自己的边际收益。此外，由于我国长期实行城乡分治，城市与农村的公共服务供给非常悬殊，而政治投票与"用脚投票"机制都不完善，如何满足人们的需求是一个重大问题。第三层次的问题主要是效率与公平的权衡问题。公共服务的分权化、市场化和多中心是保证效率的有效机制，但是通过我国的机构改革可以看出，我国的分权化还不到位，大部分改革中的协调问题需要解决；由于政府的一边独大，社会组织发育缓慢，多中心供给机制尚未成熟。公共服务的公平方面，城乡、地区差距是必须迈过的坎，因此，第三层面的研究显得困难重重。

　　由于前三个层次的问题都没有得到很好的解决，因此，加强公共服务绩效和激励的安排，使公共服务供给中的努力不偏离我们试图实现的目标,至关重要。由于公共服务受益者收益额难以确定,加上时滞和其他因素的影响,公共服务的确切效果难以衡量,这也为公共服务绩效评估带来了很大难题。长期以来,将"投入和过程控制"作为保障公共服务的质量手段,而忽视了公众更加关注的效果,20 世纪 80 年代以后,各国的绩效评估重点逐渐由"投入与过程控制"向"产出与效果"转变,如表 2-2 所示。

表 2-2　主要发达国家公共服务绩效评估关注重点比较

| 国家 | 美国 | 英国 | 瑞典 | 荷兰 | 法国 | 芬兰 | 丹麦 | 新西兰 | 加拿大 | 澳大利亚 |
|---|---|---|---|---|---|---|---|---|---|---|
| 过程 | | | ＊ | ＊＊ | | | ＊＊ | ＊ | | |
| 效率 | ＊＊ | ＊＊ | ＊＊ | ＊＊ | | ＊＊ | ＊ | ＊＊ | ＊＊ | ＊ |
| 效益 | ＊＊ | ＊＊ | ＊ | ＊ | | ＊ | | ＊ | ＊ | ＊＊ |
| 质量 | ＊ | ＊＊ | ＊ | ＊ | ＊ | ＊＊ | ＊＊ | ＊ | ＊＊ | ＊ |
| 财务绩效 | ＊ | ＊＊ | ＊ | | | | | ＊ | | |

注:其中"＊"表示重视,"＊＊"表示非常重视。
资料来源:OECD,In search of result:Performance Management Practice,Paris,1997.

　　因此,相对于公共服务的前三层次,更多的是注重一种"规则"和"制度"的构建,以便界定和约束政府行为,获得预期结果;第四层次的重点已经发生了很大变化,在某种程度上是一种对结果的验收,动态检验政府行为结果与预期目标的偏离程度,并作出及时的修正和调整。

## (二)基本公共服务

　　"基本公共服务和我们每一个人的切身利益息息相关,如同敏感的神经,一切正常时不会有特别的感觉,轻微的刺激便会让我们感受到不适。"[①]基本公共服务的概念源于公共服务,基本公共服务是指建立在一定社会共识基础上,根据一国经济社会发展阶段和总体水平,为维持本国经济社会的稳定、基本的社会正义和凝聚力,保护个人最近的生存权和发展权,所必须提供的公共服务,其规定一定阶段上公共服务应该覆盖的最小范围和边界。[②] 根据 2017 年 1 月国务院颁布的《"十三五"推进基本公共服务均等化规划的通知》[国发(2017)9 号],把基本公共教育、基本劳动就业创业、基本社会保险、基本医疗卫生、基本社会服务、基本住房保障、基本公共文化体育、残疾人基本公共服务等 9 项列为基本公共服务。基本公共服务具有以下三个特点:

1. 基本公共服务的责任主体是政府。从政府职能角度来分析,政府的职能是基本公共服务及其均等化实现的最终落脚点,可以从三个方面来理解。一是基本公共服务属于公共产品范围,其供给存在市场失灵问题,政府通过再分配机制及其他相关配套制度安排提供基本公共服务,可以最大化保障公共利益;二是保障公民的基本权利是政府合法性的基础之一,而公民的基本权利与基本公共服务密切相关,政府为了证明其合法性和存在的价值,就必须为人民提供充足且优质的基本公共服务,这也关系到国家的稳定和社会公平;三是在市场化程度不

---

① 刘春成.城市隐秩序:复杂适应系统理论的城市应用.北京:社会科学文献出版社, 2017:185.

② 陈昌盛、蔡跃洲.中国政府公共服务:体制变迁与地区综合评估.北京:中国社会科学出版社,2007:3.

断加深的背景下,由于道德风险和逆向选择等原因,政府必须建立一套社会安全体系,如社会保障制度,以此来解决市场风险等问题。

2. 基本公共服务具有层次性和阶段性。根据马斯洛的需求层次理论,人的需求具有层次性,分为生理需求、安全需求、社交需求、尊重需求和实现自我价值的需求。一般来说,只有在较低层次需求得到满足后,较高层次的需求才会有足够的动力来驱使行动。英国学者莱恩·多亚尔与伊恩·高夫(2008)[①]把需求分为两个类别,一类是基本需求,包括健康和自主;一类是中间需求,包括洁净的水、有保护功能的住房、无害的工作环境、无害的自然环境和适当的保健。其实,从公共服务领域角度看,每个人的经济状况和个人情况不尽相同,同一地区的不同居民对基本公共服务也不具有完全一致的需求程度,因此基本公共服务具有很强的层次性。基本公共服务是对全体人的基本保障,其服务的内容是随着社会演化而发展的,要与当期的公共治理理念和政府财力水平相适应。基本公共服务体系的要害是要处理好当前福利改善和激发国家发展活力的关系,服务不足会引起人们对现实的不满,高福利保障也容易滋生"懒人"从而损害未来的保障能力。因此,基本公共服务具有阶段性,政府必须量力而行,把握好"度",分清轻重缓急。

3. 基本公共服务既包括公共产品,也包括一些私人产品。

---

① [英]莱恩·多亚尔、伊恩·高夫. 人的需要理论. 汪淳波译,北京:商务印书馆,2008:63—243.

基本公共服务具有多样化的表现形式,所包含的内容也非常丰富多样。[①] 根据经济学家萨缪尔森的观点,公共产品需要满足非竞争性和非排他性,然而很多基本公共服务项目并不完全满足公共产品的标准,某些具有很强的正外部性特征的产品,如医疗、住房、教育则在私人产品的范围之内。当市场无法有效合理配置资源或者市场失灵时,政府就需要发挥政府职能,加强对公共产品的供给,这样才能保证这些产品和服务的供给水平达到社会期望的标准。

### (三) 基本公共服务均等化

基本公共服务均等化包括基本公共服务和均等化两个概念。如前所述,基本公共服务是要满足社会成员的基本生存权和发展权的公共服务,本书关注的是三农、科技、教育、文化、医疗、社保 6 项基本公共服务。

均等是"平均""相等"的意思,均等化的"化"是指一个过程。基本公共服务均等化是指为满足社会成员基本的生存和发展需要,通过公共政策的实施,使人们享有的基本公共服务大致相等。[②] 基本公共服务的均等化要求服务内容(项目)的均等以及服务水平的均等(服务质量),均等化的过程由政府财政保障实施。

所谓均等化,学术界普遍认为与公平、正义等价值理念密切

---

① 蓝相洁. 促进基本公共服务均等化的财政理论与实践. 北京:经济科学出版社,2017:24.
② 刘志昌. 中国基本公共服务均等化的变迁与逻辑. 北京:中国社会科学出版社,2014:25.

相连,但均等化绝不等于平均化、无差异化,而是在保证最低水平全国均等的基础上允许存在地区差异,不仅是结果均等,更应该是机会均等、过程均等。① 基本公共服务均等化是公正平等价值理念在公共领域的延伸和体现,是由其纯公共品属性所决定的,就是为全体公民提供公平可及、大致均等的公共产品与服务,包括城乡区域之间的大体均衡、贫困地区与全国平均水平接近持平、群体之间的可及性显著提高。需要注意的是,纳入均等化领域的也只是基本公共服务而不能是整个公共服务,但同时又是一个动态的过程,均等化随着人们对公平的认识理解和客观条件的变化而变化,呈现出动态性、阶段性。

均等化程度问题,涉及的是均等化在实践操作中的实施标准。按照罗尔斯原则,可能倾向于最低标准,即底线标准,按照阿马蒂亚·森和大多数经济学家的折衷方案,可能倾向于与此接近的基本标准,即全国平均水平的折扣数。作为分层次、分阶段的动态过程,公共服务均等化体现为不同的目标和程度水平。综合考虑我国目前的情况,基本公共服务选择基本标准更为现实。至于均等化水平测度中,国际实践中长期使用的是投入指标,同时规定严格的程序控制,最终表现为结果均等,即让公民获得均等的服务利益。可见,促进基本公共服务均等化,既是落实以人民为中心理念、保障公民基本权益的应有之义,同时也是政府提供公共服务的出发点和归宿点。

---

① 贾康. 区分"公平"与"均平"把握好政府责任与政策理性. 财政研究,2006(12):6—10.

## 二、理论基础

### (一)责任政府

#### 1. 责任政府概念

责任概念是责任政府的核心概念。通常意义上的责任是指：第一，使人担当起某种职务和职责；第二，份内应做的事情；第三，若做不好份内应做的事，则应承担的过失。也就是说，责任指一个人做份内应做的事，在做不好时应当接受制裁或惩罚，这里的"应当"即是一种义务和职责，因此，正如珍妮特·V.登哈特等(2016)[1]所言："承认责任并不简单。公务员应当关注的不仅仅是市场，他们还应该关注法令和宪法、社区价值观、政治规范、职业标准以及公民利益。"美国法哲学家哈特(H. L. A. Hart)从语义的角度分析责任概念，区分了责任的四个层次：角色责任、因果责任、课责责任、能力责任，并对此进行了深入的论述。[2]

责任政府是近代民主政治发展的产物，产生于英国，发展于美国，目前已成为世界各国现代政府治理的普遍理念和制度。[3] 何谓责任政府？毛寿龙(2007)[4]认为责任政府可从三个层次去理解，一种是个体意义上的理解，负责任，可以说是对自己

---

[1] ［美］珍妮特·V.登哈特、罗伯特·B.登哈特. 新公共服务：服务，而不是掌舵(第三版).丁煌译，北京：中国人民大学出版社，2016：88.

[2] H. L. A. Hart (1992). *Postscript*：*Responsibility and Retribution*，*in Punishment and Responsibility*：*Essays in the Philosophy of Law*，Oxford：Oxford University Press, p. 211.

[3] 李晓玲. 论责任政府. 江淮论坛，2010(3)：157—159.

[4] 毛寿龙. 责任政府的理论及其政策意义. 行政论坛，2007(2)：5—10.

的行为负责;第二,在集体意义上来理解责任政府,集体意义上的责任,往往是相互关系意义上的责任;第三,政府究竟应该承担什么样的责任,往往与相关的制度安排是有关系的,这可以说是制度意义上责任的含义。李建华(2007)[①]认为"责任政府就是指政府必须承担来自宪法和法律所规定的责任,并向所有公民及他们的代表机关负责,表明政府机关及其公职人员在违法失职或不当行政时必须承担政治上、法律上和道德上的责任"。顾肃(2017)[②]认为:责任政府是指政府及其公务人员能够积极地对社会民众的需求做出回应,并采取相应的政策举措,公正无私、卓有成效地满足民众的需求,促进其利益。公共行政改革的目的是要建设一种理想的政府形态,即责任政府,责任政府强调"责任是政府的基础,权力是政府履行责任的工具,是先有政府责任然后才有政府权力"[③]。责任政府是能够承担政府责任的重要政府类型,是政府履行责任的重要前提,也是现代公共治理的必然要求。政府无论起源于契约还是社会发展,承担公共责任都是其得以成立的重要理由,我们讨论基本公共服务均等化的政府责任,首要前提是这一政府能够承担责任。

**2. 责任政府的内涵**

责任政府是政府履行责任的重要前提。政府成立之初就基于人民权利的让渡,因其需要承担作为个体的人民不能完成的公共秩序塑造和公共治理而享有人民让渡出来的权利,也就是说当政府享有权力之初就应该对权力所对应的职责负有义务。

---

① 李建华.伦理学与公共事务.长沙:湖南人民出版社,2007:248.
② 顾肃.民主治理中的责任政府理念与问责制.学术界,2017(7):70—78.
③ 陈国权等.责任政府——从权利本位到责任本位.杭州:浙江大学出版社,2009:2.

根据人民主权原则,国家权力的本源在于人民,但是人民不可能直接管理国家和社会公共事务,必须通过一定的规则和程序,按照人民的意志,产生出能够代表人民利益的国家权力主体来管理国家和社会公共事务。政府就是这种权力主体的一个非常重要的部分。

责任政府是现代公共治理的必然要求。今日学界谈论"责任政府"这一概念虽然是西方舶来品,但它在本质上提倡限制政府权力,提倡政府提供更多的公共产品和公共服务,进而使公共权力的行使符合人民的意志与利益,直接或间接地对人民负责的职能没有发生根本性变化。当前,政府的职能由传统的社会管理甚至是社会统治已经向社会治理转变。之所以政府管理方式上要转向社会治理,一方面是回归政府本源的需要,体现政府与人民契约之初所约定的权责统一,另一方面也是社会发展的必然结果。随着社会发展进步以及社会民主进程和公民民主意识的发展,人民对政府合法性表现出浓厚兴趣,由此延伸出来的问题便是人民期望并要求政府必须积极地履行好其在职责范围内的义务。

党的十八大指出,行政体制改革是推动上层建筑适应经济基础的必然要求。要按照建立中国特色行政体制目标,深入推进政企分开、政资分开、政事分开、政社分开,建设职能科学、结构优化、廉洁高效、人民满意的服务型政府。党的十八届三中全会提出:必须切实转变政府职能,深化行政体制改革,创新行政管理方式,增强政府公信力和执行力,建设法治政府和服务型政府。党的十九大报告指出:深化机构和行政体制改革。统筹考虑各类机构设置,科学配置党政部门及内设机构权力、明确职责。统筹使用各类编制资源,形成科学合理的管理体制,完善国家机构组织法。转变政府职能,深化简政放权,创新监管方式,增强政府公信和执行力,建设人民满意的服务型政府。十九届四中全会提出:优化政府职责体系。完善政府经济调节、市场监管、社会管理、公共服务、生态环境保护等职能,实行政府权责清单制度,厘清政府和市场、政府和社会之间的关系。因此,把政府提供公共产品和公共服务纳入法定的政府责任,深入探究政府责任的权力来源、权力运行和权力约束,并以此规范责任政府在教育、医疗、社保等公共产品和公共服务中的责任边界具有重要价值。

**3. 基本公共服务均等化中政府责任的"价值-制度-角色"框架**

依据结构功能主义对政府系统进行分析时采用的"价值-制度-角色"分析方法,构建基本公共服务均等化中政府责任的分析框架(如图2-1)。在此框架中,价值、制度、角色构成了分析政府责任的三个维度,即价值维度、制度维度和角色维度,三者相互影响、相互支撑,共同构成了政府责任分析的内在结构。

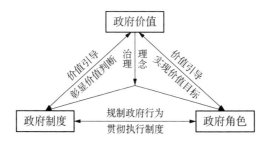

图2-1 基本公共服务均等化推进中的政府责任框架

（1）价值维度：基本公共服务均等化推进中的合法性支撑

政府价值是政府适应国家、社会、公民和自身总体需要的一种效用和思想价值观念的体现，它体现了政府的理念和政府对政治价值的信念和追求[①]，是现代政府存在、运行和发展的必要基础。作为政府结构的组成部分，价值主要通过价值引导的方式为政府系统提供合法性基础[②]。其价值引导的作用逻辑主要通过工具理性和价值理性两种方式展开。一是从工具理性角度看，价值表现为一种客体对主体需要的满足；二是从价值理性角度看，价值主要表现为提供一套客观的价值评判标准，并通过价值趋同的教化逻辑达到价值认同和价值共识。同样，就基本公共服务均等化过程中的政府责任而言，主要体现在两方面：一方面是为正确处理公平和效率的关系，在当前与未来之间寻求平衡点提供公平正义的价值理念；另一方面是对整个社会多元价值的引导，实现基本公共服务均等化的整体推进。

（2）制度维度：基本公共服务均等化推进中的权威保证

制度是结构行动中的正式组织和非正式规则和程序，其本质是一种规范，内含行动者之间关系的稳定性与秩序性。在基本公共服务均等化推进中，制度通过稳定的权威性制度供给，将各类行动主体的行为规范在可控范围内，以避免出现社会失序问题。制度可分为正式制度和非正式制度，而政府在基本公共服务均等化中制度供给方面的责任也体现在这两方面：一是正式制度。目前，基本公共服务均等化推进过程中财力的来源与

---

① 谢庆奎.政府学概论.北京：中国社会科学出版社，2005：106.
② ［美］T.帕森斯.现代社会的结构与过程.梁向阳译，北京：光明日报出版社，1988：161.

分配是一个重要难题。因此,恰当、及时的制度供给和体制机制创新是推进基本公共服务均等化的必然要求,政府应在加强制度供给增强制度权威和制度认同上有所作为。二是非正式制度。非正式制度是一种"根据本地方的实际需要而自发形成的一系列操作性较强的维持社会秩序、配置社会资源和保护本地区成员利益的规则体系。"①具体到农村基本公共服务,非正式制度多以人情观念、风俗习惯、村规民约等传统文化样态呈现,这些因素在促进农村基本公共服务均等化方面具有重要意义。

(3)角色维度:基本公共服务均等化推进中的行动者

基础角色表征了其特定的结构地位和相互关系,是实现基本公共服务均等化的重要支撑。角色总与特定的责任相联系,即角色是责任的逻辑起点。一定的角色必然会伴随相应的责任,没有很好履行社会对角色应有的期待就会产生越位、错位和缺位等问题。具体而言,政治系统为实现自身协调均衡,必然会依赖一定的共同目标实现对行动者的行为指引或行为纠偏。从应然层面讲,作为政治系统的基本组成单元,行动者应以共同目标作为其基本行动准则。在系统目标的实现过程中,每个行动者都被赋予特定角色,并承担相应责任。行动者能否按照角色期待扮演相应角色,这对系统共同目标的达成至关重要。一般而言,角色实现系统目标的方式主要有两种:一是通过恰当的角色定位促进共同目标的达成。行动者精准的角色定位,在政治系统目标达成过程中发挥着重要作用。二是通过形成结构稳定的行动者集体达成系统目标。在系统目标达成的过程中,不同

---

① 李怀.非正式制度探析:乡村社会的视角.西北民族研究,2004(2):125—131.

的行动者为实现系统目标必然进行角色互动并形成角色关系，并形成相对稳定的结构整体。政治系统以各行动者角色为中轴，将共同目标合法地转化为集体目标。[①] 在推进基本公共服务均等化的政府责任方面，政府角色内含于基本公共服务均等化中，并推动国家现代化建设目标的实现。无论是基本公共服务均等化，还是新时代国家现代化建设目标均内含于政府角色定位之中，政府以对自身角色的认知与认同为基础，正确处理政府与市场、社会等其他多方主体角色的关系，按照社会对其角色的应有期待进行"自我革命"，明确政府、市场、社会等多元主体各自在基本公共服务均等化中的角色和责任。

## （二）复杂性理论

### 1. 复杂性概念

近代以来随着科学技术所带来的深刻影响，特别是二战后我们正处于科学发展史上的一个大转折时代，经典的机械论科学向新兴科学转变。最新学科的交叉融合研究，以及以问题为中心的综合研究，均向传统的以还原论、机械论为特征的极简思维方式，提出了一系列挑战，正如维托·坦茨（2016）[②]所言："复杂化问题日益严重。随着政府经济职能日益扩大，政府将最终为此付出代价。……由于复杂化问题的存在，现实世界可能会逐渐背离我们的理想。"这促使人们探讨复杂事物及其演化的机

---

① 颜德如、张玉强.乡村振兴中的政府责任重塑：基于"价值-制度-角色"三维框架的分析.社会科学研究，2021（1）：133—141.
② ［美］维托·坦茨.政府与市场：变革中的政府职能.王宇、冯润祥译，北京：商务印书馆.2016：368.

理。新问题所形成的新研究对象,呼唤新的理论,复杂性理论由此诞生。

　　复杂性理论不管是从语法角度还是内涵分析,都与"复杂性"紧密联系,因此,我们需要明晰"复杂性"的内涵。在此,我们需要厘清一下"复合系统"(complicated worlds)和"复杂系统"(complex worlds)。在复合系统里,它的各种构成要素之间保持着一定程度的独立性,这样一来,从系统中移除某个要素(这将降低系统的复杂性)并不会导致那些由该被去除的要素所促发的系统行为被彻底颠覆。而复杂系统源于各要素之间的依赖性——当各要素之间的依赖性变得十分重要时,复杂系统便产生了。在这类系统中,移除某个要素对系统行为所产生的破坏程度远远超过该特定要素的具体内涵。[①] 尽管复杂系统对其组成成分的变动十分脆弱,然而对于某些非根本性的变化,它们也能展示出非同寻常的健壮性。对许多复杂系统而言,其行为"脱胎"于低层组成部分的行为。一般地,这种"脱胎"是通过将其低层组成部分的行为强而有力地组织起来而达到的,这样使得它们(指复杂系统)能承受对低层组成部分的各种改变。

　　什么是复杂性? 本身就是一个非常复杂的问题,它涉及到人类社会的各个领域,不同的人基于不同的观点,对复杂性的认识可能截然相反。管理科学专家 Starfield 在 1991 年说过:旧世界的特点是需要管理事务,新世界的特点是需要处理复杂性。清华大学吴彤教授(2004)[②]把 53 种复杂性概念划分为 9 类,包

---

① [美]约翰·H. 米勒,斯科特·E. 佩奇. 复杂适应系统:社会生活计算模型导论. 隆云滔译,上海:上海人民出版社,2012:10—11.
② 吴彤. 复杂性概念研究及其意义. 中国人民大学学报,2004(5):2—9.

括熵类、信息类、容量类、描述长度或距离类、复杂性类、深度类、独立参数个数或维数、多样性类、综合(隐喻)类。尹超、和学新(2017)[①]认为学术界关于复杂性的界定主要有 4 种阐释,包括词义中的复杂性、生活语境下的复杂性、科学审视下的复杂性、哲学意义上的复杂性。复杂性在系统科学上主要体现在:第一是"整体不低于局部之和",大量相对简单组分的集合会突现出复杂的现象和功能;第二是"复杂系统是秩序和不确定的集合",也就是在复杂系统中,事物表现出更多的不确定性,相互之间的作用方式呈现非线性动力学特征和混沌状态。[②]

显然这些定义均与系统研究有关,只能在某个特定范围使用。复杂性之为复杂性,在于它的实际表现具有无穷的多样性和差异性,普遍适用的复杂性定义也许并不存在。[③] 鉴于"复杂性"的多样性及其本身的复杂性,我们不能对其下一个统一的定义,想要用确切的语言对复杂性理论的内涵进行表述也是极其困难的,我们只能试图从已有的理论概述中抽出共识的部分对其进行阐释。

**2. 复杂性理论含义和特征**

复杂性理论的含义具体包括以下几方面:

第一,复杂性理论不仅是一种研究复杂系统的理论,是一种跨学科的方法论,更是一种与世界的多样性、无序性、涌现性、混沌性等概念相对应的综合化的、多元化的复杂性思维方式;

---

① 尹超、和学新.复杂性理论视阈下的教育研究及其变革.教育理论与实践,2017(25):12—16.
② 黄欣荣.复杂性科学的方法论研究(第 2 版).重庆:重庆大学出版社,2012:16.
③ 苗东升.系统科学精要(第 3 版).北京:中国人民大学出版社,2010:216.

第二,复杂性理论不是某一学科的具体理论,它分散在多个学科之中,它并不完全否定和排斥简单性,而是一种包容简单性的复杂性。它是一种强调有序与无序的交融、多样性的统一、整体论与还原论的结合、系统的整体性和局部的具体性相联系的理论框架体系;

第三,复杂性理论的主要特征为非线性、整体性、关系性和过程性。

复杂性理论为我们提供了观察世界的新视角以及新的思维方式。复杂性理论是一种跨学科的方法论,在有序与无序的相互交融、还原论和整体论相互联系的理论框架体系中,复杂性理论的特征表现为:

第一,非线性思维。非线性是相对于线性而言的。线性指两个变量之间的正比关系,也就是一个量的变化会引起另外一个量以相同比例发生相应的变化。非线性则表示两个变量之间不成比例关系,变量之间存在一定的偶然性和不确定性,部分之和不等于整体。在传统的经典科学范式下,事物间的关系就是因果关系,只要我们掌握了一种事物,就意味着我们掌控了一切,事物之间的关系就构成了因果链。事实上,世界在本质上是非线性的,关系也是复杂多变的,远比我们想象的要复杂得多。

第二,动态过程思维。复杂性用不断涌现的动态过程观念,取代了一般均衡理论的静态均衡观。经济社会的运行不是一种预先设定好的均衡状态,而是具有适应性的多主体之间相互作用的、共同演变的动态过程。演变的方式非常复杂、包括路径依赖、多重均衡、涌现等。在政策分析中,引入了时间维度,揭示了经济生活中的路径依赖、报酬递增等现象①,也就意味着作为解决问题的政策具有时间性,因此,最好的政策必须是与时俱进的政策,必须能够及时反映目前的制度约束和社会条件。

### 3. CAS 理论

复杂性的研究方法包括控制论、协同学、耗散结构理论、突变论、混沌理论、信息论、系统动力学等。国外运用较多的是复杂自适应系统(Complex Adaptive System,CAS)。CAS 理论是复杂系统的经典之一,1992 年由美国计算机科学家霍兰教授提出,其核心思想是适应性造就复杂性。② CAS 理论认为,系统是由若干相互作用的子系统组成的自组织体系,存在多个关键环节,各子系统以竞争或合作的方式分享共同利益;CAS 的秩序是内生的,无需借助外部力量,即不需要最高管理者的角色,从而整个系统是一个能根据环境变化而持续调整的有机体。

在 CAS 的管理上,Edgren(2008)③强调没有必要把时间花在分配细枝末节的任务上,而应该重点促进各部分的合作,包括结构设置、价值观和创新能力的效率,即指方向而非下指令,从而保证整个系统既不过于松散,也不过于紧密。复杂适应系统更适合间接管理而非直接领导,要充分保证各子系统、部门和要素更积极地参与进来,发挥各自的资源优势,团结合作,在系统中发挥运转和创造的动力功能。

---

① 刘勇. 企业环境行为机理与引导政策研究. 北京:经济科学出版社,2016:130.
② Holland, J. H. (1992). Complex adaptive systems. *Daedalus*, 121(1),17 - 30.
③ Edgren, L. (2008). The meaning of integrated care:a systems approach. *International Journal of Integrated Care*,(8):68 - 79.

## （三）绩效评估理论

### 1. 绩效评估的定义

"绩效"是根据"Performance"翻译而来，在英语中，该单词有"成效"和"表现"的意思。"绩效"最早用于投资项目管理，典型的用语有"项目绩效管理""项目绩效评估"，后来又被广泛用于人力资源管理，典型用语有"员工绩效""员工绩效考核"。最近十几年来，该词又被组织理论、公共行政学广泛使用，典型用语有"团队绩效"和"组织绩效"。

Armstrong M.、Baron A.（1998）[①]认为："绩效是一多维建构，测量的因素不同，其结果也会不同。"绩效的内涵主要有三种：

第一，目标论。如伯纳丁（2002）[②]认为，绩效是对在特定时间内，特定的工作职能或活动所创造的产出的记录。陈昌盛、蔡跃洲（2007）[③]认为：绩效一般指特定组织或个人完成既定目标的程度。这种定义将绩效与任务的产出、结果等联系起来。

第二，行为论，即"绩效是行为"。Murphy（1990）[④]认为绩效是"为一套与组织或组织单位的目标相互关联的行为。"而坎贝

---

① Armstrong, M.、Baron, A.（1998）. Performance management：The new realities. *State Mutual Book & Periodical Service*. p. 15.
② ［英］理查德·威廉姆斯. 组织绩效管理. 蓝天星翻译公司翻译，北京：清华大学出版社，2002：92.
③ 陈昌盛、蔡跃洲. 中国政府公共服务：体制变迁与地区综合评估. 北京：中国社会科学出版社，2007：22.
④ ［英］理查德·威廉姆斯. 组织绩效管理. 蓝天星翻译公司翻译，北京：清华大学出版社，2002：116.

尔(Campbell)指出,绩效是行为,应该与结果分开,因为结果会受系统因素的影响。

第三,能力论。能力可以产生或者预见行为或者绩效。具有较高能力的人,比较容易被预期产生高绩效,因此,期望产生高绩效的人总是努力提高自身的能力。

综上所述,绩效应该包括相关目标、过程、能力、产出的要素。

和绩效的定义一样,人们对于绩效评估的认识也没有达成一致。R. 韦恩·蒙迪和罗伯特·M. 诺埃(1998)[1]认为:"绩效评估是定期考察和评价个人和小组工作的一种正式制度。"我国学者邓国胜(2008)[2]认为,绩效评估是一种对评估客体的价值的评价和判断活动,它的核心内容是对评估客体的价值进行判断和评估,对社会干预的效果的考察和研究,其目的在于评估社会干预的影响。麻宝斌、董晓倩(2010)[3]认为:绩效评估是依据一定标准进行的价值判断活动,评估指标的选择是绩效评估的基本前提和有效评估的特征。徐阳(2018)[4]认为:绩效评估是基于不同的功能定位,通过有效的制度安排、机制设计和技术运用,对评估对象在一定时期内的绩效进行全面、公正、客观、准确的判断的过程。

---

① ［美］R. 韦恩·蒙迪、［美］罗伯特·M. 诺埃. 人力资源管理(第六版). 葛新权等译,北京:经济科学出版社,1998:296.

② 邓国胜. 事业单位治理结构与绩效评估. 北京:北京大学出版社,2008:178.

③ 麻宝斌、董晓倩. 我国城市社区公共服务绩效评价问题研究. 云南行政学院学报,2010(5):79—83.

④ 徐阳. 中国地方政府绩效评估的历史、模式与问题. 哈尔滨工业大学学报(社会科学版),2018(3):30—36.

绩效评估是一个系统概念,由多种要素组成,如评估主体、评估客体、评估环境、评估目的与标准、评估过程与方法等,因此,绩效评估包括以上各要素及其各要素间的相互作用关系。我们认为,绩效评估就是指:在特定的政策制度下,评估主体按照一定的评估标准和程序,对公共政策(或者服务项目)的质量和效果,以及构成政策系统的诸要素和环节进行局部或全面分析,并获得相关信息与政策结论的过程。

**2. 绩效评估的发展**

美国学者埃贡·G.古贝和伊冯那·S.林肯(2008)[①]认为"评估并不是简单地在某一天就突然出现的,它是众多相互影响的建构和再建构发展的结果。"他们把评估分为四个时代:"二战"前的评估研究为第一代;"二战"后到 1960 年为第二代;1960 年到 1980 年为第三代评估;1980 年以后为第四代评估。

(1)第一代绩效评估:测量

早期主要研究的是关于学生特征的测量,数百年来,学校的考试一直以学生是否掌握了课程的内容为主。Rice(1897)指出以考试分数作为原始数据的情况在当时非常普遍,并设计了一个拼写测试,通过多所学校学生的测试,发现学生用在拼写方面的时间与后来的考试成绩根本没有关系。法国心理学家 Alfred Binet 设计了以常识考察为基础的测试方法,来确定学生的智商,而促成这种方法传播开来的重要因素就是"一战"中军队筛选服役人员的需要。

---

① 〔美〕埃贡·G.古贝、〔美〕伊冯那·S.林肯. 第四代评估. 秦霖、蒋燕玲译,北京:中国人民大学出版社,2008:2.

很多与测试间接相关的因素也在第一代评估的发展中起了重要作用,第一个间接因素是随着社会科学迅速发展而提出的合理性问题;第二个因素是商业和工业中出现的科学管理运动。到 20 世纪二三十年代测试的影响达到了顶峰,1908 年的《数学测试推断魁宝》初步开创了学校测试的先河,而这种测试现在正以多种形式进行;1922 年发行的《斯坦福成就测试》第一次提供了一种可同时评估学生在多种学科中的相对名次的工具。

第一代绩效评估称为测量时代,评估者的角色是技术性的,他完全掌握可利用的工具,如果没有合适的工具,评估者必须应用专业技术创造出来。需要指出的是,技术性的评估今天依然存在。

(2) 第二代绩效评估:描述

第二代评估它是一种以描述关于某些规定目标的优劣模式为特征的方法,评估者的角色是描述者,尽管该角色还保留了早期的技术性。测量不再等同于评估,而是作为评估工具的一种被重新定义。

"二战"后大规模的实地调查成为当时评估研究的主题,评估计划纷纷运用于住房、科技文化、都市发展等领域。第二代绩效评估研究主要是针对"二战"前评估研究的缺点而兴起的:实验室内的评估无法推广应用,绩效评估必须走出户外,实地调研研究逐步成为研究的重点。其研究焦点为个人人格与态度议题,例如包尔思与卫玛(1951)的预防青少年犯罪计划。

(3) 第三代绩效评估:判断

这一代评估以努力得出判断为特征,评估者在其中扮演评判员的角色,同时还保留了早期的技术性和描述性功能。这个要求在同行业中引起了广泛反响,尤其是迈克尔·斯克里文(1967)提出了许多在早期评估中未充分咀嚼的问题,首先它要求目标本身被看成是问题性的,目标和实现过程一样,都要服从评估;其次,判断标准必须是将价值观渗透进科学的、并且公认的价值中立事业中的标准;最后,只要有判断,就必须要有评判员。

在最终的分析中,不能忽视对判断的要求,评估者也很快开始应对这一挑战。1967年以后,迅速出现了一系列新的评估模型:新泰勒主义模式、决策导向模型、效果导向模型、直接判断模型等。这些1967年以后出现的模型在判断是评估整体的一部分这一点上达成了共识,所有模型都或多或少的主张评估者应当是评估员。在1967年以后的十多年中,判断成为第三代绩效评估者的标志。

(4)第四代绩效评估:建构

由于前三代绩效评估存在"功利主义倾向、在采纳价值多元化方面的失败、过分强调调查的科学范式"①三个缺陷,因此迫切需要另外一种评估方法,这就是第四代评估——响应式建构主义评估。它是以利益相关者的"主张""焦虑"和"争议"作为评估焦点以决定所需信息的一种评估形式,采用的方法论是建构主义调查范式。评估者的工作是发现"主张""焦虑"和"争议"这些不同的因素,并且在评估中解决这些问题。

响应式评估有四个阶段,它们可能有叠加或者重复。第一阶段,识别出利益相关者,并要求它们提出各自的主张、焦虑和

---

① [美]埃贡·G.古贝、[美]伊冯那·S.林肯.第四代评估.秦霖、蒋燕玲译,北京:中国人民大学出版社,2008:9—14.

争议;第二阶段,利益相关者群体提出的主张、焦虑和争议由其他群体来进行讨论、驳斥、赞同或者其他能迎合它们的回应,这一阶段许多主张、焦虑和争议将被解决;第三阶段,那些未被解决的主张、焦虑和争议就成了评估者收集信息中的先导组织者;第四阶段是在评估者的引导下,利益相关者开始利用收集到的信息进行协商,力求在每个有争议的问题上达成共识,但是并不是每个问题都会被解决,那些未解决的问题将成为下一次评估的核心。

第四代评估的特点是:评估行为的最后产出并不是"事情是什么""事情如何进行",而是个体或者群体行为者为"理解"自身所存在的环境而作的建构;人们借以理解自身环境而形成的建构在很大程度上受建构者本身价值观的影响;建构者必然与具体的特质、心理、社会和文化相关联,这种关联构成的正是建构者生活的"环境";评估可以通过各种方式给予或者剥夺利益相关者的特权;评估者具有行为导向性;由于评估是牵涉多人的活动,因此,评估者有责任与其他人交往时,尊重他们的身份、相信他们的诚意、保护他们的隐私。①

### 3. 绩效评估的类型

随着评估的内容和表现形式呈现多样化的发展趋势,出于角度和标准的差异,绩效评估可以分为多种。从评估活动的形式来看,绩效评估可以分为正式评估和非正式评估;从评估主体来看,可分为内部评估和外部评估;从绩效过程来看,可以分为

---

① [美]埃贡·G. 古贝、[美]伊冯那·S. 林肯. 第四代评估. 秦霖、蒋燕玲译,北京:中国人民大学出版社,2008,前言:2—4.

执行前评估、执行中评估和执行后评估等。[①]

（1）正式评估与非正式评估

正式评估是指评估主体按照预设的评估方案，根据一定的评估标准，采取一定的形式，通过特定的程序，对政策绩效做出判断和评价，从而得出政策信息的过程。正式评估具有评估方法科学化、评估过程标准化以及评估结论客观化的特点。另一方面，正式评估所要求的条件也较为苛刻，它不仅要求严密的评估方案、遵循严格的评估程序和原则，而且需要具有专业素养的分析专家，充足的评估经费，以及尽可能全面系统的信息资料等。所以，正式评估的适用范围较为有限。非正式评估是指不对评估主体、评估形式和标准，以及评估程序做出特别的限制，评估者只需根据所依据的正式或非正式信息及资料对政策绩效做出自己的评价和判断。其特点是方式灵活、简便易行、成本低廉、随意性强，但也缺乏必要的科学性，因此在评估实践中适用范围较为局限，只能对正式评估起一种辅助和补充作用。

（2）内部评估和外部评估

内部评估是指由被评估对象系统内部的评估者所完成的评估，内部评估具有信息资料全面、政策过程熟悉、评估结果易被采纳等优势，其缺点则在于难以突破原有政策框架和研究视野的限制，客观性也有待进一步提高。外部评估是指由被评估对象系统以外的评估者所完成的评估，其评估主体可以是学术团体，也可以是商业机构，可以是营利性的，也可以是非营利性的。

---

[①] 贠杰、杨诚虎. 公共政策评估：理论与方法. 北京：中国社会科学出版社，2006：29—31.

外部评估虽然研究视野开阔,较为客观中立,但获取信息资料困难,评估缺乏权威性,结论也不易受重视等。由此看来,内部评估和外部评估具有较强的互补性,在实践中应相互结合,取长补短,共同提高绩效评估质量。

(3) 执行前评估、执行中评估和执行后评估

执行前评估也称为预评估,是指在政策执行之前对方案进行的一种预测性评估,其重点在于对政策进行可行性分析和对政策效果及发展方向进行预测。执行中评估是在政策执行过程中所进行的评估,其目的就是通过分析政策在实际执行过程中的相关情况,准确地反映执行效果,并及时反馈和纠偏,以充分地、更好地实现既定目标。执行后评估,是指政策执行活动完成后所进行的一种全面的、综合性的系统评估,也是最为重要的一种评估形式,它最终决定着一项政策的延续、改进或终止,以及长期性的政策资源的获取和更新分配等重要问题。这三种评估形式,是根据政策过程的不同阶段来划分的,虽然它们的评估对象不同,作用、侧重点和分析方法也各有差异,但共同构成了对整个政策过程的完整评估。

### 4. 绩效评估的标准

评估标准既是绩效评估系统的有机组成部分,也是绩效评估的基本依据。要进行绩效评估,首先需要确立评估标准,正如威廉·N.邓恩(2002)[1]指出:"如果评估者将自以为是的评估标准等同于社会公认的价值观并应用到实际评估,那么即使评估

---

① [美]威廉·N.邓恩.公共政策分析导论(第二版).谢明译,北京:中国人民大学出版社,2002:436.

者使用了实验设计、数学统计、随机抽样、问卷调查等计量化的评估方法,其评估依然是一种假评估,不仅不会对政策进行准确的评估,甚至会形成错误的引导。"

（1）国外学者评估标准

"二战"后,西方学者深受实证主义思潮的影响,认为评估应该遵循"价值中立"原则,"测量"（Measurement）而不是"评判"成为这些早期的评估专家们的信条。在他们看来,评估无非是严格按照"投入——产出"分析模型,以效果（Effectiveness）、效率（Efficiency）、效能（Efficacy）及其充分性（Adequacy）为标准（即"3E＋1A"）确定绩效。1967 年美国学者萨茨曼在《评估研究：公共事务与执行程序的理论与实践》一书中,首次将政策效果评估标准与政策执行过程评估标准结合起来考察,并较早地概括出政策评估的五项标准：效果、效果的充分性、效率、工作量、执行过程。20 世纪 70 年代,学者白瑞和雷伊提出了"政治评估"的观点,以区别于"技术评估",强调评估应该加强对政治原则的讨论。与这一现实要求相呼应,著名学者鲍斯特 1978 年在《公共项目分析：应用方法》一书中,提出了评估的七项标准：效能、效率、充分性、适当性、公平性、反应度和执行能力,这个标准比萨茨曼标准增加了适当性、公平性、反应度三个社会衡量指标。1984 年斯图亚特·内格尔提出了公众参与度、可预见性和程序公正性的过程评估标准。因此西方学者的评估标准由单一的技术标准向社会、政治等多元复合评估标准进行转变。

20 世纪 90 年代以后,多数学者使用的评估标准仍然是鲍斯特提出的七项标准,如威廉·N.邓恩基本上全盘接受了鲍斯特的标准。邓恩(2002)[1]的六项政策评估标准实际上仍可归纳为两类：效果、效率、充足性属于政策评估的技术标准，而公平性、回应性、适宜性则属于政策评估的政治标准。21世纪以后，评估标准在表达上有一定变化，但是实质性的变化较少，如英国学者克里斯托夫·鲍利特(2011)[2]把评估标准划分为七项，如表2-3所示。

表2-3　克里斯托夫·鲍利特评估指标

| 评估标准 | 解 释 性 说 明 |
|---|---|
| 效能 | 最初的目标真正实现到什么程度？取得的成效是否与目标相吻合？ |
| 成本效能 | 不仅仅是目标实现的程度，还要考虑目标实现的成本。两种不同的政策都可以实现同样的目标，人们需要选择成本较低的方式完成任务。 |
| 全面影响力 | 一项政策的全面影响力是什么？这不仅包括目标实现的程度，也要看可能拥有的有意或无意的其他影响力。当然也有可能产生各种"副作用"，既有正面的，也有负面的，这类标准也称为"无目标"评估。 |
| 效率 | 产出是否能够最大化地满足既定投入的要求，也就是说，投入与产出之比能否尽可能的高？ |
| 经济 | 各种投入的购买价格是最低的，还是有资金浪费现象？ |
| 回应性 | 项目计划的制定和执行是否征询了其他利益主体的意见？是否顾及到所有受到影响的各方群体的需要？ |

---

① ［美］威廉·N. 邓恩. 公共政策分析导论(第二版). 谢明译，北京：中国人民大学出版社，2002：249.
② ［英］克里斯托夫·鲍利特. 重要的公共管理者. 孙迎春译，北京：北京大学出版社，2011：128—129.

续　表

| 评估标准 | 解 释 性 说 明 |
|---|---|
| 程序性更正 | 项目是否是按照法律和规定执行的？所有列出的要求是否都进行了适当评述？项目是否没有腐败问题？ |

（2）国内学者评估标准

国内学者近年来对绩效评估标准进行了较多的研究，代表性成果如表2-4。从表2-4看出，虽然学者们的评估标准多样，但是主要强调以下几个方面：①效率标准：如投入、工作量等；②效果标准，如产出、效果、目标达成度等；③公平公正标准：如工作过程、公平、社会公正等；④可行性标准：如适当性、妥当性、执行力等；⑤影响标准：如目标、回应、社会发展指标、战略相关性等。

表2-4　国内代表性学者的绩效评估标准划分

| 学者 | 评 估 标 准 |
|---|---|
| 林水波、张世贤① | 工作量、绩效、效率、生产力、充分性、公平性、妥当性、回应程度、过程、社会指标 |
| 陈庆云② | 投入工作量、绩效、效率、充分性、公平、适当性、执行力、社会发展总指标 |
| 陈振明③ | 生产力、效益、效率、公平、回应性 |

① 林水波、张世贤. 公共政策. 台北：五南图书出版社，1987.
② 陈庆云. 公共政策分析. 北京：中国经济出版社，1996.
③ 陈振明. 政策科学——公共政策分析导论. 北京：中国人民大学出版社，2003：471—472.

续　表

| 学者 | 评估标准 |
|---|---|
| 负杰、杨诚虎[①] | 技术标准：经济、效益、效率、工作过程；社会政治标准：公平标准、社会标准、科学标准、可行性标准 |
| 吴勇[②] | 目标标准、投入标准、公平标准、效率标准回应性程度 |
| 张润泽[③] | 形式维度、事实维度、价值维度 |
| 金敏力、周晓世[④] | 经济、效率、效果、公平、公众满意度以及战略相关性 |

① 负杰、杨诚虎.公共政策评估：理论与方法.北京：中国社会科学出版社,2006：214—240.
② 吴勇.公共政策评估标准初探.科技管理研究,2007(3)：27—29.
③ 张润泽.形式、事实和价值：公共政策评估标准的三个维度.湖南社会科学,2010(3)：31—34.
④ 金敏力、周晓世.事业单位绩效评估.北京：经济管理出版社,2012：72—75.

# 第三章

# 广西基本公共服务支出状况

随着广西经济的不断发展,财政能力不断提高,这为广西经济社会的健康可持续发展提供了物质保障。但是,在财政能力提高的同时,"看病难""住房难""上学难"等问题日渐突出,不仅影响了广西城乡居民的生活质量,也不符合新时代广西高质量发展的要求。"新三座大山"产生的一个重要原因在于政府基本公共服务供给存在短缺现象,而基本公共服务短缺的一个重要原因就是政府财政支出结构存在一定的问题。[①] 因此,在分析广西基本公共服务均等化这一问题中,我们需要厘清广西财政支出结构现状,在此基础上,进一步分析广西基本公共服务支出情况。

## 一、广西财政支出结构演变

### (一)广西财政收支状况分析

财政支出结构与政府支出的分类方法关系密切,根据不同

---

① 董幼雏、李永友.省以下财政支出分权结构:中国经验.财贸经济,2021(6):5—20.

的标准和方法,可以将政府支出划分为不同种类。财政支出分类方法主要有四种,按照政府职能分类、按照经济性质分类、按照政府支出管理权限分类,以及按照政府支出用途分类。[①] 对于广西财政支出结构的分析,首先我们需要分析广西财政收支的状况。其次,我们从纵向和横向两个层面对广西财政支出结构进行分析,纵向财政配置主要考察广西财政支出在各级政府之间的配置是否有利于财政职能实现,横向财政配置主要分析财政支出在广西不同部门间的配置,是否更有利于财政职能的实现。[②]

由于1994年分税制改革的核心目标是要确保增加中央财力,促进国家财政收入的合理增长(高淋,2016)[③],因此,在财政收入方面中央表现出了强烈的集权色彩,而在支出领域却表现出浓厚的分权特征,这种"收入集权——支出分权"被称为非对称性的财政分权体制(丁菊红,2010)[④]。这种非对称性的财政分权体制也深深地影响了广西财政收支状况。

表3-1 1991—2020年广西财政收支状况　　单位:亿元

| 年份 | 财政收入 | 财政支出 | 收支差额 | 中央补助 | 年份 | 财政收入 | 财政支出 | 收支差额 | 中央补助 |
|---|---|---|---|---|---|---|---|---|---|
| 1991 | 55.9 | 71.6 | 15.7 | 16.4 | 2006 | 342.5 | 729.5 | 387 | 439 |
| 1992 | 61.2 | 78.4 | 17.2 | 15.7 | 2007 | 418.8 | 985.9 | 567.7 | 618.5 |

① 刘长生.大国政府支出规模及其结构优化:基于社会福利水平视角的中国政府支出研究.上海:上海人民出版社,2018:74—76.
② 李文军.中国财政支出结构演变与转型研究.社会科学,2013(8):47—59.
③ 高淋.分税制、地方财政自主权和经济发展绩效研究.上海:上海人民出版社,2016:49—51.
④ 丁菊红.中国财政分权体制的经验、现实选择与未来展望.税务研究,2010(4):3—7.

续　表

| 年份 | 财政收入 | 财政支出 | 收支差额 | 中央补助 | 年份 | 财政收入 | 财政支出 | 收支差额 | 中央补助 |
|---|---|---|---|---|---|---|---|---|---|
| 1993 | 95.9 | 107.4 | 11.5 | 17.6 | 2008 | 518.4 | 1297.1 | 778.7 | 786.2 |
| 1994 | 62.2 | 124.9 | 62.7 | 65.1 | 2009 | 620.9 | 1621.8 | 1000.9 | 985.1 |
| 1995 | 79.4 | 140.5 | 61.1 | 66 | 2010 | 772 | 2007.6 | 1235.6 | 1161.3 |
| 1996 | 90.5 | 157 | 66.5 | 73 | 2011 | 947.7 | 2545.7 | 1598 | 1590.4 |
| 1997 | 99.1 | 170.8 | 71.7 | 75 | 2012 | 1166 | 2985.2 | 1819.2 | 1782.9 |
| 1998 | 119.6 | 198.3 | 78.7 | 85.4 | 2013 | 1317.6 | 3208.6 | 1891 | 1816.4 |
| 1999 | 133.5 | 224.9 | 91.4 | 100.6 | 2014 | 1422.2 | 3479.8 | 2057.6 | 1938 |
| 2000 | 147 | 258.4 | 111.4 | 122.9 | 2015 | 1515.1 | 4065.5 | 2550.4 | 2198.4 |
| 2001 | 178.6 | 351.6 | 173 | 183.9 | 2016 | 1556.2 | 4441.7 | 2885.5 | 2419.4 |
| 2002 | 186.7 | 419.8 | 233.1 | 217.7 | 2017 | 1615.1 | 4908.5 | 3293.4 | 2628.4 |
| 2003 | 203.6 | 443.6 | 240 | 234 | 2018 | 1681.4 | 5310.7 | 3629.3 | 2846 |
| 2004 | 237.7 | 507.4 | 269.7 | 299.3 | 2019 | 1811.9 | 5850.9 | 4039 | 3047.7 |
| 2005 | 283 | 611.4 | 328.4 | 350.6 | 2020 | 1716.9 | 6155.4 | 4438.5 | 3435.4 |

数据来源:《广西财政年鉴》(1989—2020 年),2020 年数据来自《关于广西壮族自治区全区与自治区本级 2020 年预算执行情况和 2021 年预算草案的报告》。

1991 年—2020 年的 30 年间,广西财政收入由 1991 年的 55.9 亿元增长到 2020 年的 1716.9 亿元,财政收入年均增长率超过 10%,达到 12.5%;与此同时,财政支出也迅速增长,由 1991 年的 71.6 亿元增长到 2020 年的 6155.4 亿元,财政支出年均增长率达到 16.6%,高于财政收入增速 4.1 个百分点。30 年来广西财政收支差额逐渐扩大,1991 年财政收支差额为 15.7 亿元,到了 2020 年收支差额达到 4438.5 亿元,30 年来收支差额增长了 282.7 倍,年均增长率达到 21.4%,远远高于财政收支年均增长率。此外,从当年收支差额占财政支出比例看,1991 年仅仅为 21.9%,到了 2020 年收支差额占财政支出比例达到了 72.1%。广西巨大的财政收支差额,最终只能通过中央政府的补助[1]来弥补,1991 年补助为 16.4 亿元,2020 年增长到 3435.4 亿元,年均增长率达到 20.2%,高于广西财政支出增长率。

另一方面,我们从广西财政支出压力[2]来分析,如果没有中央补助,广西的财政支出压力非常大,1991 年支出压力为 1.28,此后逐渐下降,到 1993 年为 1.12,是 30 年来广西财政支出压力的最小值。1994 年国家进行分税制改革后,广西财政支出压力迅速上升到 2,也就是财政支出为财政收入的两倍;1995 年—2001 年财政支出压力均在 2 以内,2002 年后达到 2.24,此后数值缓慢上升,特别是我国经济进入“新常态”后,广西财政支出压力保持高位,2017 年财政支出压力超过 3,达到 3.04,此后压力数值不断增长,到 2020 年财政支出压力达到 30 年来的最高值 3.58。考虑到中央政府对广西的财政补助[3],广西的财政支出压力则相对缓和很多,如图 3-1 所示。1991—2008 年的 18 年期间,除了 1992 年、2002 年和 2003 年三年财政支出压力超过 1(分别为 1.02、1.03、1.01)以外,其余年份财政支出压力均小于 1,也就是说经过中央政府的财政补助后,广西财政总收入略大于支出,还有一定的结余。2009 年—2015 年的 7 年期间,财政支出

---

[1] 这里的补助为广西获得的纯补助,计算公式为:补助=中央补助收入-上解中央支出。

[2] 财政支出压力=财政支出/财政收入

[3] 1991—1993 年,财政补助为中央补助收入,1994 年以后中央补助包括中央补助收入+中央税收返还收入-上解中央支出。

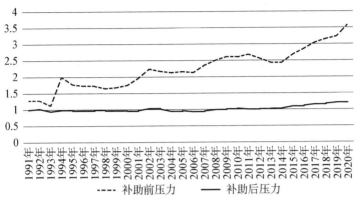

图 3-1 广西财政支出压力

压力指数在1—1.1之间,基本上处于紧平衡状态;"十三五"时期的 2016 年到 2020 年广西财政支出压力相对较大,尽管中央政府给与了很大的补助,但是财政支出压力一直在增长,其中 2019 年财政支出压力为 30 年来最大值的 1.2,2020 年略有下降为 1.19,也就是说在 2020 年,经过中央政府的财政补助,广西依然存在 1003.1 亿元的财政缺口,占当年财政支出的比例达到 16.3%,这部分资金缺口主要由地方债来填补。因此,随着广西经济社会体制改革的不断推进,以及支出刚性的约束,未来广西的财政支出压力依然较大。

## (二)广西财政支出的纵向配置

就纵向配置而言,财政支出在不同层级政府间进行分工,主要就是因为地方政府在提供公共产品上拥有相对效率优势,"一个集权中央政府的重大欠缺是,它很有可能对不同社区居民的各种偏好熟视无睹。……由于地方预算支出的决策更加取决于实际的资源成本,因此,有理由认为,分权将导致更加效率的公共产品产出水平。"[1]同时,出于组织效率的考虑,赋予地方政府一定支出权可以极大地调动地方政府的主观能动性,从而提高整个组织的产出效率。改革开放以来,我国通过行政分权的方式,把很多中央政府管理经济社会方面的权力赋予地方政府,伴随着这一过程的是,政府支出也呈现出"地方化"趋势。[2]

如表 3-2 所示,广西省级政府财政总收入占广西财政总收入的比例不断上升,由 1999 年的 56.3%增长到 2020 年的71.7%,22 年来上升了 15.4 个百分点;与此同时,省级政府支出比例却呈现出下降趋势,1999 年省级政府支出比例为 25.4%,此后略有上升,到 2002 年比例达到最高值的 31.6%,此后不断下降,到 2019 年,省级政府支出比例仅仅为 15.9%,为 22 年来比例最低的年份,2020 年比例略有上升达到 17.9%。在省级政府财政收入占据优势的情况下,市级政府的财政收入占比相对较低,且呈现不断下降的趋势,1999 年比例为 43.7%,此后不断下降,到 2020 年比例仅仅为 28.3%,22 年下降了 15.4%。在收入下降的同时,市级政府的财政支出占比却呈现出不断上升趋势,1999 年市级政府财政支出占 74.6%,到了 2020 年比例上升到82.1%,从这一点来看,广西的市、县、乡政府成为广西财政支出的"主力军"。

---

① [美]华莱士·E. 奥茨. 财政联邦主义. 陆符嘉译,南京:译林出版社,2012:17—18.
② 江依妮. 中国政府公共服务职能的地方化及其后果. 经济学家,2011(7):78—84.

表 3-2　1999—2020 年广西省级和市级财政收支比例①　单位：%

| 年份 | 省级收入比例 | 省级支出比例 | 市级收入比例 | 市级支出比例 |
|------|------|------|------|------|
| 1999 | 56.3 | 25.4 | 43.7 | 74.6 |
| 2000 | 60.2 | 26.7 | 39.8 | 73.3 |
| 2001 | 60.2 | 29.6 | 39.8 | 70.4 |
| 2002 | 63.5 | 31.6 | 36.5 | 68.4 |
| 2003 | 65.1 | 27.9 | 34.9 | 72.1 |
| 2004 | 64.5 | 27.1 | 35.5 | 72.9 |
| 2005 | 68.8 | 27.6 | 31.2 | 72.4 |
| 2006 | 68.2 | 24.1 | 31.8 | 75.9 |
| 2007 | 68.5 | 26.2 | 31.5 | 73.8 |
| 2008 | 68.6 | 26 | 31.4 | 74 |
| 2009 | 68.8 | 23.1 | 31.2 | 76.9 |
| 2010 | 65.2 | 20.4 | 34.8 | 79.6 |
| 2011 | 69.1 | 23.8 | 30.9 | 76.2 |
| 2012 | 67.7 | 19.9 | 32.3 | 80.1 |
| 2013 | 65.5 | 18.4 | 34.5 | 81.6 |
| 2014 | 66.9 | 16.9 | 33.1 | 83.1 |
| 2015 | 71.4 | 16.8 | 28.6 | 83.2 |
| 2016 | 70.4 | 16.8 | 29.6 | 83.2 |
| 2017 | 71.7 | 17.4 | 28.3 | 82.6 |
| 2018 | 70.6 | 17.5 | 29.4 | 82.5 |
| 2019 | 65.7 | 15.9 | 34.3 | 84.1 |
| 2020 | 71.7 | 17.9 | 28.3 | 82.1 |

数据来源：广西预算执行情况报告(2000—2020 年)，2020 年数据来自《关于广西壮族自治区全区与自治区本级 2020 年预算执行情况和 2021 年预算草案的报告》。

———————

① 根据数据的可得性，收集到最早的数据是 1999 年，因此这里从 1999 年开始。

　　虽然市、县、乡政府成为广西财政支出的"主力军",但是这并不代表广西省级政府财政支出责任的下降,因为在市、县、乡三级政府支出中,很大一部分是广西省级政府对下级政府的财政补助。如表 3-3 所示,从可获得数据的 2009 年—2020 年来看,广西获得的中央补助资金从 2009 年的 991 亿元增长到 2020 年的 3481.3 亿元,中央的财政补助资金也成为广西省级政府收入的主要来源。广西省级政府获得中央财政补助收入以后,大部分都补助给了市、县政府,如 2009 年省级政府补助市、县支出为 823.2 亿元,也就是说广西获得的中央财政补助,83% 是补助给了市、县政府支出,省级政府仅仅保留了 17% 的资金。补助市、县政府比例最高的是 2020 年,中央补助收入 92.3% 的资金都补助给了市、县政府,补助市、县政府支出达到 3215.9 亿元。12 年间广西省级政府获得的中央补助收入,补助市、县政府支出比例平均值达到 86.3%,也是因为这些补助,市、县政府的财政支出才相对庞大,也正是如此,市、县政府的财政支出压力才得到大大缓解。

表 3-3　广西获得中央补助以及补助市县支出状况　单位:亿元

| 年份 | 中央补助广西收入 | 广西补助市县支出 | 补助市县占比(%) |
|---|---|---|---|
| 2009 | 991 | 823.2 | 83 |
| 2010 | 1158.4 | 971.2 | 83.8 |
| 2011 | 1572.9 | 1222.6 | 77.7 |
| 2012 | 1792.1 | 1511.5 | 84.3 |
| 2013 | 1798.8 | 1543 | 85.7 |
| 2014 | 1933.1 | 1672.8 | 86.5 |

| 年份 | 中央补助广西收入 | 广西补助市县支出 | 补助市县占比（%） |
|------|------|------|------|
| 2015 | 2208.4 | 2006.9 | 90.8 |
| 2016 | 2424.7 | 2145.4 | 88.4 |
| 2017 | 2634.7 | 2314.5 | 87.8 |
| 2018 | 2858 | 2474.8 | 86.5 |
| 2019 | 3091.9 | 2750.3 | 88.9 |
| 2020 | 3481.3 | 3215.9 | 92.3 |

数据来源：广西预算执行情况报告（2009—2020 年）

## （三）广西财政支出的横向配置

财政支出横向配置比较复杂，它包括地区间横向配置和项目间横向配置两种。

### 1. 地区间横向配置

首先我们分析广西财政支出在地区间的配置情况。分析方法是比较各地区的财政支出水平。在分析各地区财政支出中，为了排除规模因素对分析结果可能产生的扭曲，在财政支出地区结构分析中，采用人均财政支出指标。理论上如果将财政支出与公共产品提供一一对应，则公共产品提供的均等化意味着人均财政支出在地区间配置应该是均等的。[1]　由于崇左市、贺州市和来宾市均在 2002 年成立地级市，从而形成了现阶段广西 14 个地级市格局，这种状况一直维持到现在，因此，为了保持数据的可比性，我们选取的分析数据从 2003 年开始。在这里，我们用

① 李永友. 我国财政支出结构演进及其效率. 经济学（季刊），2009（1）：307—332.

变异系数来反映广西地区间财政支出的差异程度。

如表 3-4 所示,2003 年—2020 年,广西地区间人均财政支出最大值除了 2020 年为防城港之外,其他年份最大值均为柳州市,最小值均为贵港市,最小值的贵港由 2003 年的 329 元增长到 2020 年的 5392 元,年均增长率为 17.8%;最大值由 2003 年的 1092 元,增长到 2020 年的 14777 元,年均增长率为 16.5%。贵港和柳州(或者防城港)两者的极差由 2003 年的 763 元增长到 2020 年的 9385 元,极差呈现不断扩大的趋势。虽然极差不断扩大,但是两者的极值比却呈现出缩小趋势,极值比由 2003 年的 3.32 倍减少到 2018 年的 2.31 倍,2020 年略有上升,达到 2.74。变异系数是最能反映地区间差距程度的指标,2003 年—2009 年,变异系数基本上没有变化,由 0.319 上升到 0.329,说明此阶段广西地区间人均财政支出差距在扩大;2020 年变异系数为 0.285,相对 2003 年来说,下降了 10.6%,这也在一定程度上说明人均财政支出差距有缩小的趋势。

**表 3-4　广西地区间人均财政支出状况** 单位:元

| 指标 | 2003 | 2006 | 2009 | 2012 | 2015 | 2018 | 2020 |
|---|---|---|---|---|---|---|---|
| 最小值 | 329 | 570 | 1260 | 2382 | 3395 | 4700 | 5392 |
| 最大值 | 1092 | 1736 | 3467 | 5940 | 8116 | 10869 | 14777 |
| 极差 | 763 | 1166 | 2207 | 3558 | 4721 | 6169 | 9385 |
| 极值比 | 3.32 | 3.04 | 2.75 | 2.49 | 2.39 | 2.31 | 2.74 |
| 标准差 | 227 | 367 | 853 | 1467 | 2465 | 2330 | 2772 |
| 平均值 | 710.9 | 1176.2 | 2592.4 | 4790.8 | 6755 | 8283.3 | 9716 |
| 变异系数 | 0.319 | 0.312 | 0.329 | 0.306 | 0.365 | 0.281 | 0.285 |

数据来源:《广西统计年鉴》(2010—2020 年),2020 年数据由各城市国民经济与社会发展统计公报获得。

　　此外,我们从低于平均值城市的数量,也可以看出广西地区间财政支出差距非常大,改善效果相对比较弱。2003 年—2020 年,在广西 14 个地级市中,7 个地级市超过当年平均值,7 个地级市低于广西平均值,并且超过均值和低于均值的城市名单从未改变。超过均值的城市是：南宁、柳州、桂林、北海、防城港、百色、崇左,超过均值的这些城市来自广西经济前三甲的南宁、柳州、桂林,沿海地区的北海、崇左和防城港,以及革命老区百色;低于均值的是梧州、贵港、玉林、贺州、钦州、河池、来宾,这些城市很多来自广西东部地区如梧州、贵港、玉林,成立时间比较短的来宾和贺州,以及贫困地区河池,最后是沿海的钦州。高于均值和低于均值的城市名单从未改变,在一定程度上说明广西省级政府在对地方的转移支付方面,并未做到"精准帮扶",特别是人口众多的广西东部两个城市贵港和玉林,以及沿海的钦州,获得的转移支付相对比较少,也说明了广西省级政府预算的模式属于渐进主义模式(姚东旻等,2020)[1],而非间断平衡模式。

### 2. 项目间横向配置

　　项目间横向配置能够反映政府的财政支出方向和支出偏好。财政支出的项目间横向配置需要正确处理好市场与政府之间的关系,也就是在资源配置中市场和政府的"度"或者边界问题。改革开放以来,我国政府角色不仅仅限定在基本公共产品的供给方面,也经常"主动"地参与到竞争性领域,引领相关企业

---

① 姚东旻、朱泳奕、余凯. 制度惯性、地方领导人更替与财政支出结构变动. 社会学研究,2020(2)：99—123.

和产业的发展。① 政府过度的伸向市场领域,不利于市场经济体制的完善,习近平总书记在党的十八届三中全会上指出：经济体制改革是全面深化改革的重点,核心问题是处理好政府和市场的关系,使市场在资源配置中起决定性作用。正如查尔斯·沃尔夫(2007)②所言:"无论从静态还是动态方面看,无论从短期的配置效率还是从长期的经济增长方面看,市场体制都绝对要比非市场体制运行得更好。"改革开放 40 多年来,现阶段我国经济发展水平、社会发育程度、政府与市场关系都与上世纪八九十年代明显不同,因此,政府的财政支出项目间横向配置不仅需要与我国经济发展相适应,也要与政府转型建立公共服务型政府相适应。我们从两个层面对广西财政支出项目间横向配置情况进行分析。

首先,我们分析整个广西财政支出的项目间横向配置。如图 3-2 所示,1992 年—2018 年,经济建设支出和科教文卫支出始终是广西的主要支出项目,行政管理支出排第三,社会保障支出排第四,最后为其他支出。经济建设支出 27 年来平均值达到整个广西财政支出的 34.07%,其中 1998 年—2002 年以及 2006年—2012 年支出比例均呈现不断上升的趋势,最大值出现在2002 年的 38.6%。科教文卫支出由 1992 年的 29.9%下降到2002 年的 24.9%,此后缓慢上升,2014 年达到 27 年的最大值32.9%,此后逐渐下降,2018 年为 30.2%。行政管理支出变化比较平稳,均值为 18.7%,除了 2007 年国家统计局调整统计方法,

① 杨灿明.关于政府与市场关系的再思考.中南财经政法大学学报,2019(6)：26—31.
② ［美］查尔斯·沃尔夫.市场,还是政府——不完善的可选事物间的抉择.陆俊、谢旭译,重庆：重庆出版社,2007：135.

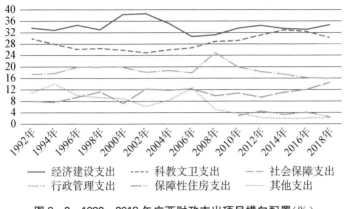

图 3‑2 1992—2018 年广西财政支出项目横向配置(%)

导致 2008 年支出大幅度上升到 24.9%之外,最近十年均呈现下降趋势,2018 年比例下降到 15.9%,为 27 年来的最低值。社会保障支出是 1992 年以来增长非常快的支出项目,1992 年广西社会保障支出仅 6.34 亿元,占财政支出比例为 8%,比例非常低,此后这项支出规模不断扩大,2002 年突破 50 亿元,达到 51.21 亿元,2008 年突破 100 亿元,达到 128.97 亿元,占财政支出比例为 9.9%,此后每年以 100 亿元的速度增长,到 2018 年社会保障支出达到 769.7 亿元,占财政支出比例上升到 14.5%,比例非常接近行政管理支出。保障性住房支出占比较小,2010 年为 2.9%,2012 年达到 4.5%,此后不断下降,2018 年仅仅为 2.4%。其他支出变化较大,由 1992 年的 11%下降到 2018 年的 2.3%,比例的下降在一定程度上说明了广西财政预算科学化、公开化的进一步提高。

为了检验广西财政支出结构变化与广西经济社会发展是否匹配,在这里我们对经济社会发展状况与财政支出结构的匹配程度做分析。匹配程度的研究方法是：政府经济职能随着市场经济的不断成熟而逐渐减弱，我们运用广西非国有经济比重表示市场化程度，随着广西市场经济的不断成熟，非国有经济比重不断上升，政府从经济职能中逐渐退出；假定两者是一进一退的关系，这样就可以利用国有经济的比重①作为经济职能适当与否的标准，这一标准与广西实际的经济建设支出的差距，就能体现出广西财政支出从经济职能退出的适当程度。教育支出根据1993 年的《中国教育改革与发展纲要》规定，2000 年国家教育支出要达到 GDP 的 4%，我们采用这一标准测算 2000 年—2018 年数据，1992 年—1999 年的数据我们按照当年财政收入增长率来测算。农业支出根据广西农业增加值占 GDP 比例的原则确定其合理配置水平；根据瓦格纳原理，随着经济的发展，政府的职能也随之扩大，我们假定两者以同样的速度增长，这样就以 GDP的增长率作为广西行政管理支出的增长率；社会保障支出我们根据广西当年财政支出增长率来确定。

如表 3-5 所示，广西财政支出配置到经济建设领域的支出比例除了 1992 年和 1994 年不够之外，其余年份均配置过多，1996 年仅仅超过 1.2%，此后不断上升，2002 年达到 12%，此后虽有一定下降，但是 2010 年以后又有较大幅度上升，2018 年为11.2%。教育支出在 1996 年、2000 年—2010 年期间均有缺口，且缺口呈现缩小趋势，2012 年以后，随着中央大规模的教育转移支付，广西的教育支出盈余不断扩大，2018 年达到 14.6%。行政

---

① 由于数据有限，也因为工业在我国经济的重要性，所以我们利用国有经济工业增加值的比例来代替。

管理支出除了 2004 年和 2014 年配置不足外，其余年份均配置过多，最高值为 1998 年的 12%，此后配置盈余不断减少，特别是 2012 年中央"八项规定"出台后，盈余逐渐缩小，到 2018 年仅为 6.3%，说明广西行政成本控制相对比较有效。农业支出和社会保障支出配置缺口比较大，1992 年—2018 年广西农业支出均呈现缺口，1992 年缺口最大，达到 29.6%，此后逐渐缩小，2008 年首次低于 10%，为 9.6%，此后不断下降，2018 年缺口为 2.5%。社会保障支出 1992—2012 年均存在缺口，缺口最多的为 2000 年的 12.4%，随着政府对社会保障的重视程度越来越高，2016 年开始，广西社会保障出现了一定的盈余，比例为 3.1%，2018 年为 5.9%。

表 3-5　广西财政支出横向配置缺口　　　单位：%

| 年份 | 经济建设支出 | 教育支出 | 农业支出 | 行政管理支出 | 社会保障支出 |
|------|------------|---------|---------|------------|------------|
| 1992 | −32 | 7 | −29.6 | 1.3 | −11.5 |
| 1994 | −14.5 | 52 | −19 | 14 | −10.2 |
| 1996 | 1.2 | −9 | −21.1 | 4.1 | −9.2 |
| 1998 | 2.2 | 0.9 | −23.2 | 12 | −10.6 |
| 2000 | 9.6 | −46.2 | −18.7 | 7.6 | −12.4 |
| 2002 | 12 | −28.5 | −17.2 | 9.6 | −8.4 |
| 2004 | 10.1 | −34.08 | −15.3 | −0.4 | −7.1 |
| 2006 | 6.3 | −28.6 | −14.2 | 4.4 | −5.2 |
| 2008 | 7.2 | −10.7 | −9.6 | 2.5 | −5.7 |
| 2010 | 10.7 | −4.5 | −4.7 | 0.54 | −3.6 |
| 2012 | 12.4 | 12.5 | −4.4 | 4.5 | −2.8 |

| 年份 | 经济建设支出 | 教育支出 | 农业支出 | 行政管理支出 | 社会保障支出 |
|------|------|------|------|------|------|
| 2014 | 11.8 | 4.9 | －4.2 | －6.5 | －0.8 |
| 2016 | 10.9 | 16.7 | －2.4 | 7.8 | 3.1 |
| 2018 | 11.2 | 14.6 | －2.5 | 6.3 | 5.9 |

注：正值表示配置过多，负值表示配置不足。

数据来源：《广西统计年鉴》(1993—2019 年)

其次，我们分析广西自治区、市、县三级政府财政支出项目间的横向配置。政府职能的划分既不能重叠也不能遗漏，否则就会出现职责"缺位"或者"越位"现象。政府间职能划分直接决定了政府间支出权的配置，两者之间存在严格的对应关系。随着公共服务型政府的提出，以及习近平总书记在 2016 年提出的"创新、协调、绿色、开放、共享"五大发展理念，为政府职责的配置提供了参考。在公共服务型政府建设以及"共享"理念下，也就意味着公共服务目标的高度实现，公共服务均等化成为政府的基本职能，更是中国政府发展的新形态。[1]

如表 3 - 6 所示，2004 年以来广西自治区、市、县三级政府，在财政支出项目间的横向配置存在一定差异。2004 年经济建设支出、科教文卫支出是广西省级政府财政支出的主要项目，两项支出占省级支出的 70.9%，行政管理支出排在第三，占 14.9%，社会保障支出仅仅排在第四位，占 8.4%；到了 2017 年，经济建设支出和科教文卫支出仍然是省级政府主要支出项目，两者合

---

[1] 孙涛、张怡梦. 从转变政府职能到绩效导向的服务型政府——基于改革开放以来机构改革文本的分析. 南开学报(哲学社会科学版)，2018(6)：1—10.

计为 59.5%，比 2004 年下降 11.4%，下降主要来自经济建设支出，下降了 18.9%，科教文卫支出则上升了 7.5%，排第三的为社会保障支出，占 24.8%，比 2004 年大幅度上升了 16.4%，行政管理支出排在第四，为 13.9%，比 2004 年低 1%。在市级政府方面，2004 年经济建设支出和行政管理支出排名前两位，合计达到 50.2%，科教文卫支出和社会保障支出分别为 15.2%、12.9%，排在第三和第四位；到了 2017 年，经济建设支出和科教文卫支出排名前两位，分别为 44.7%、24.3%，两者合计达到 69%，两者相较 2004 年均有较大幅度提高，行政管理支出排名第三，为 18.1%，社会保障支出排名第四，仅仅占 8%。县级政府方面，2004 年科教文卫支出排名第一，达到 34.8%，这是与省、市政府不同的，经济支出和社会保障支出排名第二第三位，比例为 27.3%、22.1%，行政管理支出仅仅排第四，为 19.6%；到了 2017 年，县级政府与省、市政府一样，经济建设支出排名第一，达到 51.8%，科教文卫支出为 35.5%，基本上与 2004 年比例相当，行政管理支出超越社会保障支出排第三，比例为 14.3%，社会保障支出仅仅占 12.6%，比例差不多下降 10%，主要原因在于经济建设支出挤占了其他支出。

表 3-6　广西三级政府财政支出项目横向配置状况　　单位：%

| 职责分类 | 2004 | | | 2017 | | |
|---|---|---|---|---|---|---|
| | 自治区 | 市 | 县 | 自治区 | 市 | 县 |
| 经济支出 | 51.3 | 33 | 27.3 | 32.4 | 44.7 | 51.8 |
| 科教文卫 | 19.6 | 15.2 | 34.8 | 27.1 | 24.3 | 35.5 |
| 农业支出 | 15.9 | 5.6 | 7 | 9.2 | 5.5 | 16.8 |

| 职责分类 | 2004 | | | 2017 | | |
|---|---|---|---|---|---|---|
| | 自治区 | 市 | 县 | 自治区 | 市 | 县 |
| 社会保障 | 8.4 | 12.9 | 22.1 | 24.8 | 8 | 12.6 |
| 国防 | 0.46 | 0.13 | 0.1 | 0.29 | 0.32 | 0.1 |
| 行政管理 | 14.9 | 20.2 | 19.6 | 13.9 | 18.1 | 14.3 |
| 债务利息 | 0 | 0.28 | 0.06 | 1.35 | 3.97 | 0.57 |
| 其他 | 5.1 | 7.9 | 6.6 | 0.03 | 0.42 | 0.12 |

注：农业支出属于经济支出的一部分，本研究把它单独列出来是为了分析需要，因此，百分比例加总可能大于 100，特此说明。

数据来源：《广西财政年鉴》(2005—2018 年)

经济建设方面，省级政府大幅度下降，市、县政府成为"主角"，在官员晋升锦标赛体制下，市、县两级政府经济建设的竞争压力比较大，特别是县级政府；

科教文卫方面，自治区、市、县三级政府均有提高，说明政府对科教文卫的重视程度不断上升，特别是自治区、市级政府分别上升了 7.5%、9.1%，提高幅度较大，县级政府上升 0.7%，幅度非常小；

在农业支出方面，自治区、市级政府均存在下降趋势，县级政府由 7% 上升到 16.8%，上升比例明显；

社会保障支出方面，省级政府大幅度提升，由 8.4% 上升到 24.8%，而市、县政府均下降；

行政管理支出是三级政府变化一致的，均呈现下降趋势，降幅最大的是县级政府，说明广西各级政府在"八项规定"之下，严格控制行政成本，取得了良好效果。

## 二、广西基本公共服务支出总体状况

法国社会学家涂尔干在 19 世纪就感叹道"个人越来越自立同时变得越来越依赖社会,这到底是为什么? 为什么个人越来越个体化的同时越来越需要团结?"其实涂尔干所面对的是一种个体化现象,保护个人的各种中间组织正在逐渐解体,失去任何保护的个人与国家直接对峙,其指的个体化不是具有人格的个人而是核心家庭。20 世纪上半期随着个体化的进一步发展,核心家庭遭到了分割,"个体化意味着生活在所有方面对市场的依赖。所产生的生存形式是孤立的大众市场(没有对自身的意识),……个体化将人们引向一种在家庭和世族亚文化中并不知晓的内在控制和标准化。这些制度塑造生涯的方式意味着,教育体系、职业生活和社会保护体系中的规制直接与人们的生涯各阶段相互结合"[①]。而 21 世纪,个体化正在向家庭的个体化、工作单位的个体化、地域社会的个体化和消费个体化发展,其后果是"一方面,个人摆脱集团的束缚获得自立;另一方面,个人因丧失集体的保护而受到社会性排斥……个体化正在侵蚀着福利国家的前提条件(稳定的核心家庭、对工作单位的归属感、地域社会的融合)"。[②] 在西方,文化民主以及国家完善的福利制度对个体化过程起了重要的支撑作用。

在中国,自新中国建立以来,"国家建设的基本逻辑是用国家

---

① [德]乌尔里希·贝克. 风险社会. 何博闻译,南京:译林出版社,2003:162.
② [日]武川正吾. 福利国家的社会性. 李莲花、李永晶、朱珉译,北京:商务印书馆,2011:122.

意识去消解个体意识,以集体主义、国家主义去抑制个体主义的扩张,通过集体化与'大跃进'运动,国家试图推动集体主义,从而使个体将其忠诚的对象从家庭转移到集体,最终转到国家那里,从而逐步形成一种总体性的社会结构。"①这种总体性社会结构的特征就是"国家几乎垄断着全部重要资源。这种资源不仅包括物质财富,也包括人们生存和发展的机会,其中最重要的是就业机会及信息资源。以这种垄断为基础,国家对几乎全部的社会生活实行着严格而全面的控制。"②个体在总体性社会中缺乏自主性,由此不得不依赖于国家的资源配置,服从于国家意识形态,在国家"给定"的有限空间里活动。在总体性社会中,人民面临的各种公共风险几乎全部由国家承担。随着改革开放的不断深入,特别是市场经济的发展与产权关系的确立,在加速中国现代化的进程中,也推动着中国社会的急剧转型,当代中国社会正在从总体性社会向个体化社会变迁,个体化社会是对国家主义和集体主义的反叛,个体越来越原子化,其更加需要来自国家的社会保障。当前,我国个体化进程更多的是给予个体相对的流动性、选择和自由,国家所提供的制度保护和支持还远远不够。

在社会结构转变为个体化社会的同时,我国也进入了风险社会。乌尔里希·贝克(2008)③指出:"中国正在全面迈向现代化,用30年的时间走完西方两三百年现代化的过程。期间社会

---

① 文军. 个体化社会的来临与包容性社会政策的建构. 社会科学,2012(1):81—86.
② 孙立平、王汉生、王思斌、林彬、杨善华. 改革以来中国社会结构的变迁. 中国社会科学,1994(2):47—62.
③ [德]乌尔里希·贝克. 什么是全球化? 全球主义的曲解——应对全球化. 常和芳译,上海:华东师范大学出版社,2008:5.

转型的痛苦、震荡是不可避免的,宛如一个饥肠辘辘的人快速吃下一盒压缩饼干,短时间可能还尚无饱意,但不久肠胃胀痛和不适就会接踵而来,故中国也即将进入风险社会。"改革开放战略有意或无意将中国置于一个世界风险社会之中,"就中国目前发展阶段而言,则丛集了农业社会、工业社会与风险社会三种形态。对于当下的中国人,既有自然界的危险,也有市场中的概率风险,亦有致命性后果的化学品泄露风险;而且,这些风险处于个体决定与公共决策双重动力的推动下,被有机地整合在一起,形成了充满威胁的风险链。而置身于这条风险链中,人们处于高度'不平等'和'不安全'的状态。"①而张康之(2009)②指出:"在人类所面对的风险中,绝大多数风险是由处于中心地带的人们生产出来的。……处于中心地带的人们在生产风险的同时也获得了一种风险分配的权力,他们总是能够成功地把自己所遇到的风险分配出去,让那些处于边缘地带的人们去承担更多的风险。"不同风险群体之间的风险转移,构成了风险社会另一个重要的运行机制。

因此,"中国式风险社会的特点,并不在于其内容和形式,而在于人为的分布体系。……不同社会群体之间的风险分配不均衡是各国的常态,但像中国这样的极度不均衡恐怕也属异类。很难想象,为中国经济运行承担最大风险的,例如像农民工和农民这样的'弱势群体',同时也是社会保险覆盖最小的群体。换而言之,中国式的'风险社会'似乎并不是贝克定义的那种代替

---

① 李瑞昌. 风险社会的政治挑战. 文化纵横,2012(10):57—61.
② 张康之、熊炎. 风险社会中的风险治理原理. 南京工业大学学报(社会科学版),2009 (2):5—9.

了阶级社会的新型组织,因为中国的风险分配格局几乎复制了社会阶层的分布格局,对任何个体而言,风险与权力和财富完全成反比。"①在个体化社会与风险社会夹杂的中国,如何降低民众,特别是处于弱势地位的民众所面临的各种风险,是政府面临的一大挑战。因此,必须通过财政支出结构的调整来应对,正如王绍光所言,我们需要进行一个"反向运动",即"政府通过再分配的方式,尽力将对与人类生存权相关的领域进行'去商品化',让全体人民分享市场运作的成果,让社会各阶层分担市场运作的成本,从而把市场重新'嵌入'社会伦理关系之中。"②唯有这样才能不断提高人们抵御风险的能力。

基本公共服务均等化需要政府职能转型来保障,构建完备的现代公共财政体制和打造公共服务型政府成为必然选择。1998年12月,时任财政部部长的项怀诚在全国财政工作会议上首次提出建立公共财政框架的目标要求,此后财政管理体制开始为构建公共财政框架进行了一系列的调整,将财政公共化的目标明确定位于弥补市场失灵,其后有序地展开部门预算、国库集中收付、政府采购改革、"收支两条线"改革等制度创新和管理创新,同时在这一过程中以增量的拓展和存量的结构性调整,继续完成传统职能的退出和对改革进程的驾驭,以及对改革全局的促进与配合。③ 2003年10月党的十六届三中全会要求"健全公共财政体制,明确各级政府的财政支出责任",2007年10月党

---

① 郑永年、黄彦杰. 风险时代的中国社会. 文化纵横,2012(10): 50—56.
② 王绍光. 大转型: 1980年代以来中国的双向运动. 中国社会科学,2008(1): 129—148.
③ 贾康、张鹏、程瑜. 60年来中国财政发展历程与若干重要节点. 改革,2009(10): 17—34.

的十七大提出"围绕推进基本公共服务均等化和主体功能区建设,完善公共财政体系",2012年11月党的十八大提出"加快改革财税体制,健全中央和地方财力与事权相匹配的体制,完善促进基本公共服务均等化和主体功能区建设的公共财政体系",2013年11月党的十八届三中全会提出"建立现代财政制度,发挥中央和地方两个积极性",2017年10月党的十九大报告指出"加快建立现代财政制度,建立权责清晰、财力协调、区域均衡的中央和地方财政关系"。我国财政改革的20多年来,公共财政从"提出→健全→完善→加快改革→建立→加快建立"可以看出,我国的公共财政体制不断完善和成熟。与此同时,2006年10月党的十六届六中全会提出建立公共服务型政府,到2018年2月党的十九届三中全会指出"转变政府职能,优化政府机构设置和职能配置,是深化党和国家机构改革的重要任务……完善公共服务管理体制,强化事中事后监管,提高行政效率,全面提高政府效能,建设人民满意的服务型政府。"

"政府支出给社会福利和经济发展带来强大积极的有利条件。其实,在富裕社会中,政府支出的一种附加措施可能会给我们带来更多的福利,比我们作为个体为满足个体需要而花费同样多的款项所带来的还要多。"[1]面对国际国内环境的不确定性和经济社会发展转型过程中的各种公共风险,政府支出要回归到解决公共事务上来,以公共财政化解人们的公共风险为己任,在基本公共服务项目上,我们选取农林水事务、科学技术、教育、

---

[1] [美]彼得·伯恩斯坦.伯恩斯坦金融三步曲1:繁荣的代价.田唯、穆瑞年译,北京:中国人民大学出版社,2009:108.

文化与传媒、医疗卫生、社会保障等 6 项基本公共服务,这 6 项基本公共服务与人的自身发展密切相关,也与公共服务型政府建设的"服务性"和"公共性"特征相符。[①] 在时间选取上,我们以1998 年为开始,这不仅仅是因为 1998 年为公共财政体制的提出年,也是我国当时新一届政府的开始之年,因此我们考察 1998年—2019 年广西基本公共服务均等化状况。

由于 2007 年财政部统计口径的变化,在数据选取上面,农林水事务支出 1998 年—2006 年为农林水利气象等部门事业费,2007 年—2019 年为农林水支出;科学技术支出 1998 年—2006年为科学事业费,2007 年—2019 年为科学技术支出;教育支出1998 年—2006 年为教育事业费,2007 年—2019 年为教育支出;文化与传媒支出 1998 年—2006 年为文体广播事业费,2007 年—2019 年为文化体育与传媒支出;医疗卫生支出 1998 年—2006 年为卫生经费,2007 年—2019 年为医疗卫生与计划生育支出;社会保障支出 1998 年—2006 年为抚恤和社会福利救济费、行政事业离退休经费、社会保障补助支出,2007 年—2019 年为社会保障和就业支出。

## (一)广西基本公共服务支出总量

如表 3-7 所示,广西基本公共服务支出总量由 1998 年的70.89 亿元,增长到 2019 年的 3292.42 亿元,22 年增长了 46.44倍,年均增长率达到 20%,高于广西同期财政支出年均增长率

---

① 扶松茂、竺乾威. 公共服务型政府建设若干问题的思考. 苏州大学学报(哲学社会科学版),2011(5):57—61.

(17.4%),广西基本公共服务支出在财政上得到了财力保障。从基本公共服务支出年均增长率来看,增长率最高的是 2007年,达到 45.4%,这在很大程度上是因为 2007 年国家统计口径调整,其次为 2009 年的 35.8%,第三为 2008 年的 35.4%,22 年中,超过 20% 的为 1998 年、2001 年、2002 年,以及 2006 年—2012 年,一共 10 年,其余 12 年均低于平均值,增长率最低的为2018 年的 5.2%。

表 3-7　广西基本公共服务支出状况　　单位:亿元　%

| 年份 | 支出 | 增长率 | 支出占比 | 人口占比 | 年份 | 支出 | 增长率 | 支出占比 | 人口占比 |
|------|------|--------|----------|----------|------|------|--------|----------|----------|
| 1998 | 70.89 | 20.2 | 2.57 | 3.74 | 2009 | 874.49 | 35.8 | 2.85 | 3.81 |
| 1999 | 83.03 | 17.1 | 2.5 | 3.74 | 2010 | 1064.07 | 21.6 | 2.95 | 3.84 |
| 2000 | 96.59 | 16.3 | 2.4 | 3.74 | 2011 | 1320.97 | 24.1 | 2.89 | 3.85 |
| 2001 | 131.86 | 36.5 | 2.61 | 3.75 | 2012 | 1582.11 | 20.2 | 2.87 | 3.87 |
| 2002 | 168.09 | 27.4 | 2.72 | 3.75 | 2013 | 1719.74 | 8.7 | 2.82 | 3.88 |
| 2003 | 193.74 | 15.2 | 2.91 | 3.75 | 2014 | 1922.75 | 11.8 | 2.9 | 4.00 |
| 2004 | 232.56 | 20 | 3.26 | 3.76 | 2015 | 2290.33 | 19.1 | 2.94 | 4.01 |
| 2005 | 271.72 | 16.8 | 2.96 | 3.76 | 2016 | 2551.42 | 11.4 | 3.00 | 4.03 |
| 2006 | 326.68 | 20.2 | 2.95 | 3.77 | 2017 | 2882.41 | 12.9 | 3.11 | 4.02 |
| 2007 | 475.2 | 45.4 | 3.41 | 3.78 | 2018 | 3034.04 | 5.2 | 3.01 | 4.05 |
| 2008 | 643.79 | 35.4 | 2.69 | 3.8 | 2019 | 3292.42 | 8.5 | 3.00 | 4.06 |

数据来源:《中国统计年鉴》(1999—2020 年)、《广西统计年鉴》(1999—2020 年)

广西基本公共服务支出占地方 31 个省(自治区、直辖市)基本公共服务总支出的比例，1998 年为 2.57%，2007 年达到最高值 3.41%，此后基本上呈现下降趋势，2019 年比例仅仅为 3%，22 年来，平均值为 2.87%。与此同时，广西人口占全国人口的比例 22 年来均值为 3.85%，并且人口比例一直高于基本公共服务支出比例，说明广西基本公共服务支出不仅无法与广东、浙江等发达地区相比，而且还未达到地方的平均水平，未来广西基本公共服务支出不管是支出总量还是占全国比例情况均任重道远。

## （二）广西基本公共服务分项目支出

分项目支出上，教育支出均为广西基本公共服务支出中的"老大"项目，如表 3 - 8 所示，教育支出由 1998 年的 34.63 亿元，增长到 2019 年的 1014.52 亿元，年均增长率为 17.4%，低于同期广西基本公共服务支出年均增长率，其占当年广西基本公共服务支出的比例 1998 年达到 48.8%，接近一半，到 2019 年比例下降到 30.8%，22 年下降了 18%。排名第二的是社会保障支出，由 1998 年的 11.61 亿元增长到 2019 年的 816.75 亿元，年均增长率为 22.4%，高于同期广西基本公共服务支出增长率，其占当年广西基本公共服务支出比例由 1998 年的 16.3% 上升到 2019 年的 24.8%，22 年上升了 8.5%。排名第三的为农林水支出，由 1998 年的 6.79 亿元增长到 2019 年的 747.2 亿元，年均增长率为 25.08%，大大高于同期广西基本公共服务支出增长率，其占当年广西基本公共服务支出比例由 1998 年的 9.5%，上升到 2019 年的 22.7%，22 年上升了 13.2%，是六类支出项目上升比例最高的。科学技术支出、文体与传媒支出排名后两位，2019

年支出分别是 72.32 亿元、76.32 亿元,年均增长率分别为 19.8%、12.7%,均低于同期广西基本公共服务支出年均增长率。

表 3-8　广西基本公共服务分项目支出　　单位:亿元

| 年份 | 农林水事务 | 科学技术 | 教育 | 文化与传媒 | 医疗卫生 | 社会保障 |
|---|---|---|---|---|---|---|
| 1998 | 6.79 | 1.63 | 34.63 | 6.2 | 10.03 | 11.61 |
| 1999 | 7.58 | 1.81 | 39.26 | 6.96 | 10.68 | 16.74 |
| 2000 | 8.65 | 2.13 | 44.71 | 8.18 | 11.64 | 21.28 |
| 2001 | 11.91 | 2.38 | 62.01 | 9.54 | 15.62 | 30.4 |
| 2002 | 17.89 | 3.14 | 72.16 | 11.43 | 17.86 | 45.61 |
| 2003 | 23.92 | 3.5 | 79.09 | 13.58 | 21.01 | 52.64 |
| 2004 | 46.48 | 3.73 | 90.53 | 15.31 | 22.01 | 54.5 |
| 2005 | 47.48 | 4.07 | 105.26 | 17.77 | 25.99 | 71.15 |
| 2006 | 53.23 | 5.03 | 135.46 | 20.62 | 33.4 | 78.94 |
| 2007 | 89.81 | 13.18 | 189.38 | 21.41 | 50.75 | 110.67 |
| 2008 | 139.39 | 16.21 | 251.22 | 29.24 | 78.76 | 128.97 |
| 2009 | 210.74 | 18.07 | 296.59 | 29.27 | 116.14 | 203.68 |
| 2010 | 260.26 | 21.65 | 366.83 | 32.77 | 165.49 | 217.07 |
| 2011 | 314.85 | 28.24 | 456.88 | 37.48 | 232.88 | 250.64 |
| 2012 | 369.06 | 42.81 | 589.23 | 45.52 | 253.17 | 282.32 |
| 2013 | 371.89 | 54.35 | 609.93 | 49.85 | 285.61 | 348.11 |
| 2014 | 391.28 | 59.92 | 660.53 | 68.52 | 355.32 | 387.18 |
| 2015 | 497.52 | 49.63 | 789.69 | 79 | 413.86 | 460.63 |
| 2016 | 573.48 | 45.19 | 854.54 | 71.08 | 468.18 | 538.95 |

| 年份 | 农林水事务 | 科学技术 | 教育 | 文化与传媒 | 医疗卫生 | 社会保障 |
|------|------------|----------|--------|------------|----------|----------|
| 2017 | 646.86 | 60.04 | 920.2 | 64.35 | 512.31 | 678.65 |
| 2018 | 656.58 | 64.43 | 933.22 | 63.59 | 546.52 | 769.7 |
| 2019 | 747.2 | 72.32 | 1014.52 | 76.32 | 565.28 | 816.75 |

数据来源:《广西统计年鉴》(1999—2020 年)

## (三) 广西基本公共服务支出力度

　　从支出力度看,我们用广西基本公共服务支出占财政支出比例来衡量。如表 3-9 所示,广西基本公共服务支出力度由1998 年的 35.7%,上升到 2019 年的 56.2%,22 年上升了20.5%,年均上升 0.97%,支出力度呈现不断上升的趋势。而同期我国地方政府平均基本公共服务支出力度由 1998 年的35.88%增长到 2019 年的 53.78%,广西的基本公共服务支出力度大多数年份高于同期我国地方政府平均水平,一方面说明广西财政支出由经济建设型财政转向公共服务型财政,但是,从另一方面来看,也说明广西基本公共服务支出压力比较大,也在一定程度上说明广西获得的中央财政转移支付相对处于不利地位。[①] 2009 年以来广西基本公共服务支出力度均超过了 50%,不仅与发达国家相比差距依然很大,就是与“金砖四国”的俄罗

---

[①] 2019 年广西获得的中央政府人均财政转移支付为 6144 元,不仅大大低于新疆(12699元)、内蒙古(10303 元)、西藏(55907 元)、宁夏(12727 元)等其他 4 个自治区,也低于青海(21844 元)、甘肃(10043 元)、贵州(8294 元)、云南(7763 元)、陕西(6658 元)等西部省份。

斯也存在一定的距离①,因此,广西基本公共服务支出力度还需进一步提高。

表3-9　广西基本公共服务支出力度　　单位：%

| 年份 | 广西支出力度 | 地方政府平均力度 | 年份 | 广西支出力度 | 地方政府平均力度 |
|------|------|------|------|------|------|
| 1998 | 35.7 | 35.88 | 2009 | 53.9 | 50.13 |
| 1999 | 36.9 | 36.9 | 2010 | 53 | 48.67 |
| 2000 | 37.3 | 38.42 | 2011 | 51.9 | 49.14 |
| 2001 | 37.5 | 38.39 | 2012 | 53 | 51.4 |
| 2002 | 40 | 40.36 | 2013 | 53.6 | 50.79 |
| 2003 | 43.6 | 38.56 | 2014 | 55.2 | 51.17 |
| 2004 | 45.8 | 34.63 | 2015 | 56.3 | 51.83 |
| 2005 | 44.4 | 36.5 | 2016 | 57.4 | 53 |
| 2006 | 44.7 | 36.35 | 2017 | 58.7 | 53.4 |
| 2007 | 48.2 | 36.29 | 2018 | 57.1 | 53.47 |
| 2008 | 49.6 | 48.59 | 2019 | 56.2 | 53.78 |

数据来源:《中国统计年鉴》(1999—2020年)、《广西统计年鉴》(1999—2020年)

## (四)广西人均基本公共服务支出

在人均基本公共服务支出方面,如表3-10所示,广西人均基本公共服务支出由1998年的151.6元增长到2019年的5781.2元,22年增长了38.13倍,年均增长率为18.9%,低于广

---

① 李永友.公共服务型政府建设与财政支出结构效率.经济社会体制比较,2011(1):67—78.

93

西基本公共服务总量支出年均 20% 的增长率,但是高于同期广西财政支出 17.4% 的年均增长率。

表 3-10　广西人均基本公共服务支出　　　单位:元

| 年份 | 1998 | 1999 | 2000 | 2001 | 2002 | 2003 |
|---|---|---|---|---|---|---|
| 人均支出 | 151.6 | 176.1 | 203.3 | 275.4 | 348.5 | 398.8 |
| 年份 | 2004 | 2005 | 2006 | 2007 | 2008 | 2009 |
| 人均支出 | 475.6 | 551.7 | 658.5 | 950 | 1275 | 1717.3 |
| 年份 | 2010 | 2011 | 2012 | 2013 | 2014 | 2015 |
| 人均支出 | 2062.5 | 2540.8 | 3019.3 | 3255.8 | 3511.8 | 4150.6 |
| 年份 | 2016 | 2017 | 2018 | 2019 | | |
| 人均支出 | 4572.3 | 5147.1 | 5361.4 | 5781.2 | | |

数据来源:《广西统计年鉴》(1999—2020 年)

22 年来,广西人均基本公共服务支出虽然有较大增长,但是与全国平均水平相比,差距还是比较大,1998 年全国平均值为 270.6 元,到 2019 年增长到 7827.4 元,广西人均基本公共服务支出值与全国平均值的差距由 1998 年的 119 元增加到了 2019 年的 2360.8 元,差距的绝对值进一步增长。从差距相对值看,1998 年广西人均基本公共服务支出为全国均值的 56%,到 2019 年比例提高到 73.8%,22 年提高了 17.8%,但是与全国平均水平差距依然非常大。

## (五)广西基本公共服务城乡差距

分城乡来看,由于我们无法采集到 6 项基本公共服务分城乡的数据,因此,在这里,我们只能采取其他方法来分析。一方面,在支出项目选择方面,我们选取教育支出作为分析,因为从前面分析我们发现教育支出是广西基本公共服务支出最多的项目,占据的比例非常高,应该说可以在一定程度上代表广西基本公共服务状况,此外,教育支出数据 14 个地级市都能完整的收集到,数据的可获得性比较强。另一方面,关于城乡人口享受到的基本公共服务,由于《广西统计年鉴》中有一项是"城市概况",这一部分主要是分析广西 14 个地级市的各种情况介绍,里面包括人口、GDP、财政收支等,在这里我们选取"城市概况"里面的人口数据作为"城"的人口数据,而"乡"的人口数据我们通过整个城市人口减去市区人口得到,虽然"城"和"乡"的人口存在一定的误差,但是我们认为误差相对较小,不影响我们的分析结论。通过这样的方法来操作,得到每个城市相应的基本公共服务和人口数据,然后加总 14 个地级市数据,得到广西"城"和"乡"基本公共服务支出数据。

如表 3-11 所示,2003 年广西城市财政支出为 142.14 亿元,人均支出达到 1254.3 元,教育支出为 20.13 亿元,人均教育支出为 177.6 元;乡村的财政支出为 183.21 亿元,人口多达 3696.84 万人,占总人口的 76.5%,人均财政支出为 495.5 元,为城市支出的 39.5%,教育支出 47.18 亿元,占广西教育支出的 70.1%,但是由于人口基数大,人均教育支出仅仅为 127.6 元,教育人均支出为城市的 71.8%,城乡人均教育支出差距为 50 元。到了 2018 年,城市人均财政支出为 11568.5 元,教育支出为 344.56 亿元,人均教育支出达到 1925.2 元,而乡村的人均财政支出为 5961.3 元,仅仅占城市的 51.5%,比 2003 年的 39.5%提高了 12%,乡村的教育支出为 460.01 亿元,占广西教育支出的比例仅仅为 57.1%,人均教育支出为 1188.8 元,占城市的 61.7%,比 2003 年下降了 10.1%,两者差距 736.4 元。因此,不管是教育支出占比,以及人均教育支出,广西城乡的人均教育支出差距都进一步扩大,这也说明了广西城市户籍人口获得的基本公共服务比乡村人口获得的基本公共服务要多。[①]

表 3-11　广西城乡教育支出

| | 城市 | | 乡村 | |
|---|---|---|---|---|
| | 2003 | 2018 | 2003 | 2018 |
| 财政支出(亿元) | 142.14 | 2070.44 | 183.21 | 2306.72 |
| 人口(万人) | 1133.2 | 1789.72 | 3696.84 | 3869.45 |
| 人均财政支出(元) | 1254.3 | 11568.5 | 495.5 | 5961.3 |
| 教育支出(亿元) | 20.13 | 344.56 | 47.18 | 460.01 |
| 人均教育支出(元) | 177.6 | 1925.2 | 127.6 | 1188.8 |

数据来源:《广西统计年鉴》(2004 年、2019 年)、《广西财政年鉴》(2004 年)

## (六)广西基本公共服务支出区域差距

从区域来看,我们按照地理位置以及本研究的需要,将广西 14 个地级市划分为四个经济区,分别是:①北部湾经济区,包括南宁市、钦州市、北海市、防城港市;②桂西资源富集区,包括河池市、百色市、崇左市;③珠江—西江经济区,包括玉林市、梧州市、来宾市、贵港市;④桂北经济区,包括桂林市、贺州市、柳州市。

---

① 蒋三庚、王莉娜、李林君.中国公共服务增量供给的户籍偏向:2007—2015 年——基于省际差异测度视角.云南财经大学学报,2019(4):85—99.

我们以医疗卫生支出为例,来说明广西基本公共服务支出的区域差异。如表 3-12 所示,广西四大区域医疗卫生支出起点低,但是增长迅速,2003 年为 14.38 亿元,到了 2019 年增长到 526.09 亿元,17 年增长了 36.58 倍,年均增长率为 25.5%,高于广西财政支出增长率。北部湾经济区医疗卫生支出由 2003 年的 3.93 亿元增长到 2019 年的 135.12 亿元,17 年增长了 34.38 倍,年均增长率为 24.7%,支出占比由 2003 年的 27.33% 慢慢下降到 2019 年的 25.68%。桂西资源富集区医疗卫生支出由 2003 年的 3.23 亿元增长到 2019 年的 124.03 亿元,17 年增长了 38.4 倍,年均增长率为 25.6%,17 年来占比变化比较小,也是四个区域变化最小的,由 2003 年 22.46% 上升到 2019 年的 23.57%。珠江—西江经济区医疗卫生支出由 2003 年的 2.86 亿元增长到 2019 年的 140.57 亿元,15 年增长了 49.15 倍,是四个区域增长倍数最多的,年均增长率高达 27.5%,占比也存在较大幅度的上升,2003 年仅仅占 19.9%,此后上升到 2014 年最高值的 30.47%,此后略有下降,2019 年下降到 26.72%,17 年上升了 6.82%。桂北经济区医疗卫生支出由 2003 年的 4.36 亿元增长到 2019 年的 126.37 亿元,15 年仅仅增长 28.98 倍,是四个区域中增长倍数最少的,年均增长率仅仅 23.4%,占比也是逐渐下降,由 2003 年的 30.31% 下降到 2019 年的 24.03%,17 年下降了 6.28%。从以上分析看出,广西医疗卫生支出区域差距相对较大。

表 3-12  广西医疗卫生支出区域差距状况

| 年份 | 总支出（亿元） | 北部湾经济区 | | 桂西资源富集区 | | 珠江—西江经济区 | | 桂北经济区 | |
|---|---|---|---|---|---|---|---|---|---|
| | | 支出（亿元） | 比例（%） | 支出（亿元） | 比例（%） | 支出（亿元） | 比例（%） | 支出（亿元） | 比例（%） |
| 2003 | 14.38 | 3.93 | 27.33 | 3.23 | 22.46 | 2.86 | 19.9 | 4.36 | 30.31 |
| 2005 | 19 | 5.58 | 29.36 | 3.93 | 20.68 | 3.71 | 19.54 | 5.78 | 30.42 |
| 2007 | 41.88 | 10.82 | 25.83 | 9.7 | 23.17 | 9.98 | 23.83 | 11.38 | 27.17 |
| 2009 | 123.09 | 30.91 | 25.11 | 31.72 | 25.77 | 35.06 | 28.48 | 25.4 | 20.64 |
| 2010 | 145.11 | 37.19 | 25.62 | 32.14 | 22.17 | 40.55 | 27.94 | 35.23 | 24.27 |
| 2012 | 232.84 | 62.4 | 26.8 | 49.1 | 21.09 | 66.29 | 28.47 | 55.05 | 23.64 |
| 2014 | 326.11 | 82.28 | 25.23 | 70.72 | 21.68 | 99.37 | 30.47 | 73.77 | 22.62 |
| 2016 | 431.08 | 106.08 | 24.6 | 95.11 | 22.08 | 122.12 | 28.32 | 107.77 | 25 |
| 2018 | 501.55 | 129.04 | 25.72 | 113.93 | 22.73 | 138.65 | 27.64 | 119.93 | 23.91 |
| 2019 | 526.09 | 135.12 | 25.68 | 124.03 | 23.57 | 140.57 | 26.72 | 126.37 | 24.03 |

数据来源：《广西统计年鉴》（2004—2020 年）；《广西财政年鉴》（2004—2020 年）

此外，从区域人均医疗卫生支出差距来看，区域差距也非常明显。桂西资源富集区和桂北经济区相对处于优势地位，均高于平均值，北部湾经济区基本上与平均值持平，处于劣势地位的是珠江—西江经济区，主要原因在于人口较多所致，如表 3-13所示。

表 3-13  广西人均医疗卫生支出区域差距状况  单位：元

| 人均支出 | 2003 | 2007 | 2010 | 2014 | 2018 |
|---|---|---|---|---|---|
| 北部湾经济区 | 32.64 | 84.58 | 283.1 | 589.51 | 881.6 |
| 桂西资源富集区 | 33.05 | 95.11 | 316.15 | 645.78 | 1030.47 |
| 珠江—西江经济区 | 17.9 | 59.51 | 231.49 | 534.88 | 723.89 |

续　表

| 人均支出 | 2003 | 2007 | 2010 | 2014 | 2018 |
|---|---|---|---|---|---|
| 桂北经济区 | 41.48 | 104.83 | 326.97 | 645.71 | 1021.09 |
| 平均值 | 31.26 | 86 | 289.42 | 603.97 | 914.26 |
| 变异系数 | 0.313 | 0.226 | 0.148 | 0.089 | 0.157 |

数据来源:《广西统计年鉴》(2004—2019 年)

## 第四章

# 广西基本公共服务均等化
# 评估体系的构建

　　评估指标体系是广西基本公共服务均等化评价的重要组成部分。首先介绍指标体系设计的原则和流程,明确基本公共服务均等化的评估标准,运用科学的方法设计基本公共服务均等化的指标体系,并确定各个指标的权重。

## 一、广西基本公共服务均等化指标体系的设计原则与流程

　　绩效评估的关键在于评估指标的设计和开发。[①] 基本公共服务均等化评估指标体系的设计,其出发点是把基本公共服务均等化系统中涉及的所有领域的关系简单化,用适当的评估指标获取尽可能多的评估信息,为把握和了解基本公共服务均等化现状、存在问题提供判断依据。因此建立基本公共服务均等化评估指标体系是评估广西基本公共服务均等化的关键和保证。

---

① 郭俊华.知识产权政策评估:理论分析与实践应用.上海:上海人民出版社,2010:
　124.

## （一）指标体系设计的原则

国际上指标设计的原则是"SMART"原则，包括具体性原则（Specific），可测性原则（Measurable），可实现性原则（Achievable），现实性原则（Realistic）和时限性原则（Time-bound）。具体到基本公共服务均等化指标的设计，我们需要遵循以下几个原则：

### 1. 系统性原则

设计的基本公共服务均等化指标体系，需要有足够的覆盖面，能够充分反映基本公共服务绩效的系统性特征。与此同时，各个指标并不是简单的堆砌，而是根据各层次、各评估要素之间的相互关系，建立逻辑严密、层次分明的指标体系。

### 2. 可比性原则

指标的选取尽可能的考虑到广西基本公共服务发展的实际情况，突出政府转型时期的特点，指标设置既要符合地区间的代表性和通用性，也要体现基本公共服务发展是一个动态发展过程，使指标具有相对可比性，提高指标体系的使用范围。此外，根据基本公共服务的实际情况合理控制指标的规模，避免形成庞大的指标群或层次复杂的指标。

### 3. 可度量性原则

所选指标必须是可度量的，而且能够实际获取数据，数据来源自《中国统计年鉴》《广西统计年鉴》等各类年鉴，以及各个地方的政府工作报告、经济与社会发展统计公报等经验数据。

### 4. 关联性原则

指标体系所选择的每个指标至少能够在一定程度上、一定时期内近似地反映基本公共服务的某一个方面的某些基本特征。

**5. 有效性原则**

设计的指标体系必须与待评估基本公共服务的内涵和结构相符合,能够真正反映基本公共服务绩效的本质或者主要特征。可以通过内容效度、聚合效度、预测效度等进行评估指标有效性的检验。

## (二) 指标体系的设计流程

指标体系的构建是一个系统的流程,为确保质量,依据如下流程来设计广西基本公共服务均等化评估的指标体系,如图4-1。

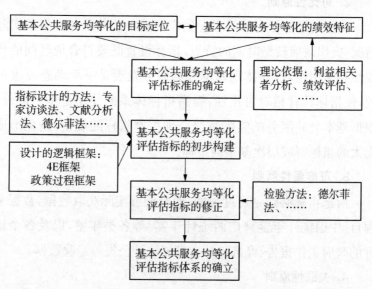

**图4-1 广西基本公共服务均等化评估指标体系的设计流程和方法**

在基本公共服务均等化的国家大战略背景下,明确基本公共服务均等化绩效评估的目标定位,以及绩效特征。通过查阅大量相关绩效评估、利益相关者、公共服务等方面的研究成果,在此基础上设计基本公共服务均等化评估指标的初步框架。通过德尔菲法等研究方法修正初始指标体系,最终确立基本公共服务均等化评估指标体系。

在设计评估指标体系时,应当选择恰当的逻辑框架。逻辑框架是国际上常用的评估指标体系设计、项目管理的根据。不同的学者或者政府部门提出了多种绩效评估框架,如"政治-经济-社会"三维逻辑框架,"3E""4E"逻辑框架等。本书在设计评估指标体系时主要采用"4E"逻辑框架。经济(economic)、效率(efficiency)、效果(effectiveness)、公平(equity)这"4E"框架是目前国内外公认的绩效评估指标体系的基本主题,在设计基本公共服务均等化评估的细化指标时可以依据此逻辑框架。经济指标是指政府投入到基本公共服务中的资源,它关心的是"投入"的大小;效率是指政府在提供基本公共服务过程中是否以最低的成本得到最有效的产出;效果是指符合政策目标的程度,如政策目标的达成度、政策目标的满意程度等;公平关注的是不同的个人是否受到公平的待遇,基本公共服务的提供能否得到公平的分配。

## 二、广西基本公共服务均等化指标体系的初步设计

什么是指标?指标源自拉丁语中的"indicare",原意是指明、说明的意思。它用来表明某种迹象或展示他物的某种状况

或特征,它表现了一种状况:指明了是什么,说明了处于什么状态,例如展示经济的一般状况或经济能力、社会的满意度或企业的发展。正如德国学者赖因哈德·施托克曼(2008)[①]所言:"指标是运用经验的方法将不能直接测定的现象清楚明白地表现出来。指标通常说明某种状况(例如对服务的满意度、使用的特性、仪器的状态等)、表明某种绩效(例如速度、考试分数、产量等)或测定某种状态(例如油耗、能耗、有害物质排放等)。"根据指标的目的,可以划分为以下四种:

(1)投入指标,它表明为实现目标而投入的资源和支出;

(2)产出指标,它表明实施措施的具体(物质性)结果;

(3)成果指标,它指的是符合目标的效果,也就是鉴于目标实现由产出所带来的直接效益;

(4)影响指标,它测算超越本来的目标和目标群的效果,尤其是非预期效果和效果的长久性。

一个好的指标必须满足理论、方法、实践和社会的要求。因此,指标的开发不仅涉及技术程序,同时也是一个重要的项目相关方群体都参与的社会过程。为了设计"好的"指标,不仅需要"社会科学的创造力",而且也需要方法能力、渊博的(内容方面的)专业知识、实践经验和社会技巧。[②]

指标设计必须防止"绩效悖论"(Performance Paradox)的出现,绩效悖论是指衡量绩效的指标和真实的绩效之间联系微弱,

---

① [德]赖因哈德·施托克曼.非营利机构的评估与质量改进:效果导向质量管理之基础.唐以志、景艳燕译,北京:中国社会科学出版社,2008:234—235.

② [德]赖因哈德·施托克曼.非营利机构的评估与质量改进:效果导向质量管理之基础.唐以志、景艳燕译,北京:中国社会科学出版社,2008:238.

其产生的原因是因为绩效指标有随着时间的变化而过时的趋势,它们会失去作为衡量绩效尺度的价值。Meyer,M. W. Gupta,V(1994)①指出:这种情况由四个过程引起,第一个过程叫正面学习(positive learning),指随着绩效的改善,绩效衡量指标失去了灵敏性;第二个过程是歪曲性学习(perverse learning),即尽管机构的绩效在改善,但是实际上没有真正改善,甚至可能在恶化;第三个过程是挑选(selection),指用好的执行人代替差的执行人,以减少绩效的差别;第四个过程是绩效掩盖(suppression),指忽视绩效的差别,为解决这一问题,他们建议应该使用大量的、互不关联的,但是具有可比性的指标来评价它们的绩效。

如前文所述,本书定义的基本公共服务包括:农林水事务、科学技术、教育、医疗卫生、文体与传媒、社会保障与就业等 6 个方面。项目种类较多、产出形式多元化,因而对广西基本公共服务均等化水平高低的评估,显然不能够通过某单一化的指标来反映,通常需要设计一套综合性定量评价指标体系。我们在借鉴尹向飞(2021)②,辛冲冲、陈志勇(2019)③,刘传明、张春梅(2019)④,常忠哲、丁文广(2015)⑤等人研究的基础上,依据指标

① Meyer,M. W. Gupta,V.(1994). The performance paradox. Research in Organizational Behavior,16,pp:309-369.
② 尹向飞.中国基本公共服务不均等测算与分解.数量经济技术经济研究,2021(1):3—22.
③ 辛冲冲、陈志勇.中国基本公共服务供给水平分布动态、地区差异及收敛性.数量经济技术经济研究, 2019(8):52—71.
④ 刘传明、张春梅.基本公共服务与经济发展互动耦合机制及时空特征——以江苏省 13 城市为例.经济地理,2019(4):26—33.
⑤ 常忠哲、丁文广.基于 PSR 模型的社会保障基本公共服务均等化水平研究.广西社会科学,2015(12):167—172.

体系构建过程中需遵循的系统性原则、可比性原则、可度量性原则、关联性原则、有效性原则,初步构建了涵盖目标层、准则层和指标层在内的广西基本公共服务均等化初始评价指标体系,具体指标详见表 4-1。

表 4-1　广西基本公共服务均等化初始评价指标体系

| 目标层(O) | |
|---|---|
| 广西基本公共服务均等化评价指标 | |
| 准则层(F) | 指标层(S) |
| 农林水事务(F1) | S1:农林水支出占财政支出比例 |
| | S2:人均农林水支出 |
| | S3:耕地面积 |
| | S4:农业机械总动力 |
| | S5:粮食总产量 |
| | S6:肉类总产量 |
| | S7:水产品总产量 |
| 科学技术(F2) | S8:科学技术支出占财政支出比例 |
| | S9:人均科学技术支出 |
| | S10:每万人专利授权数量 |
| 教育(F3) | S11:教育支出占财政支出比例 |
| | S12:人均教育支出 |
| | S13:15 岁及以上文盲人口占比 |
| | S14:普通小学生师比 |
| | S15:普通中学生师比 |
| | S16:高等学校生师比 |

| 目标层（O） | |
|---|---|
| 广西基本公共服务均等化评价指标 | |
| 准则层（F） | 指标层（S） |
| 文体与传媒（F4） | S17：文体与传媒支出占财政支出比例 |
| | S18：人均文体与传媒支出 |
| | S19：公共图书馆数 |
| | S20：公共图书馆总藏书量 |
| | S21：体育馆数 |
| | S22：剧场、影院数 |
| 医疗卫生（F5） | S23：医疗卫生支出占财政支出比例 |
| | S24：人均医疗卫生支出 |
| | S25：每千人口卫生机构数 |
| | S26：每千人口医疗机构床位数 |
| | S27：每千人口卫生机构人员数 |
| | S28：平均预期寿命 |
| | S29：孕妇住院分娩率 |
| 社会保障与就业（F6） | S30：社会保障支出占财政支出比例 |
| | S31：人均社会保障支出 |
| | S32：城镇职工基本养老保险参保率 |
| | S33：城镇基本医疗保险参保率 |
| | S34：年末城镇登记失业率 |
| | S35：城乡就业人数占总人口比例 |
| | S36：城镇居民人均可支配收入 |
| | S37：农村居民人均可支配收入 |

### 三、广西基本公共服务均等化初始指标的筛选和确定

由于第一轮广西基本公共服务均等化评估指标存在一定的主观性,因而需要对其进行客观筛选,尽可能的消除主观因素影响。比较理想的评价指标体系应该满足以下要求:指标的维度覆盖要完整;筛选出最重要、最关键的指标;指标间需要相互独立,交叉内容较小;筛选出的指标鉴别力强,能较好地评估出差异状况;确立科学的指标权重。①

指标筛选的方法比较多,包括主成分分析法、因子分析法、德尔菲法、灰色关联度分析法等。由于基本公共服务项目较多,覆盖人群较广,再加上现阶段也没有可供参考的数量指标,因此,在本书中,我们采用德尔菲法,对初步构建的广西基本公共服务均等化评估指标进行筛选。德尔菲法是 20 世纪 60 年代,由美国兰德公司与道格拉斯协作创立的专家咨询法,它是一种结合了会议与问卷调查优点的研究方法,由若干该领域的专家,以非面对面的方式,通过问卷形式进行沟通,并逐步达成共识。德尔菲法实施的程序是:

第一,设计问卷,发给咨询专家,以便让他们通过填写问卷提出解决问题的方案;

第二,专家以独立、匿名的方式完成问卷的填写;

第三,在综合专家意见的基础上,修改问题设置,再一次发

---

① 陈明亮、邱婷婷、谢莹. 微博主影响力评价指标体系的科学构建. 浙江大学学报(人文社会科学版),2014(2):53—63.

给每一位专家；

第四，经过多次专家意见后，形成具有普遍意见的政策。

德尔菲法广泛应用于各类议题的研究，但是其在实施上仍有时间较长方面的限制。因此，考虑时间、空间、人力与经费等客观因素，需要对德尔菲法进行修改，而"修正型德尔菲法"应运而生，其要点是：

第一，省略第一回合开放式咨询步骤。不使用开放式问卷咨询专家，而是依据文献中相关研究或研究者的经验拟出各项指标，再请专家依据拟出指标填写问卷，以提高问卷回收率。

第二，合并第三与第四回合问卷。将第二回合整理的结果寄给专家，请其依照研究者的视角，对指标进行"重要性"和"等级"评价，减少一次专家再次审视意见的机会。

对于广西基本公共服务均等化评估指标的筛选，限于时间、人力、财力等因素的制约，我们采用"修正型德尔菲法"，进行两次德尔菲问卷调查。

专家的遴选是影响德尔菲法研究质量的重要因素。根据学者 Vincent W. Mitchell(2007)[①]的观点，德尔菲法运用过程中，专家人数达到 13 人以上误差降幅才不明显，本研究我们选取了 14 位专家，因此符合误差最小化的要求。14 位专家来自学术界专门从事公共政策、公共服务研究的学者，专家长期从事政治学、社会学、经济学、公共管理学等研究工作，具有非常深厚的学理研究基础。

---

① Mitchell，V. W. （2007）. The delphi technique：an exposition and application. *Technology Analysis & Strategic Management*，3，4，333 – 358.

## （一）第一次德尔菲问卷调查

2019 年 10—11 月进行了第一轮德尔菲专家咨询。将第一轮构建好的评估指标制成专家咨询表，把专家咨询表送给各位专家，要求专家根据自身的专业知识，对表 4-1 中的指标层指标的重要程度进行判断。我们采用指标的适当程度进行 5 分制打分方法，1 分代表非常不适当，2 分代表不适当，3 分代表一般，4 分代表比较适当，5 分代表非常适当，让调查专家对各个指标的重要度做出判断；此外，调查问卷还设计了调查对象的建议部分。专家咨询表具体内容见附录一。

表 4-2　指标层指标适当程度集中数统计表

| 指标 | 众数 | 平均数 | 指标 | 众数 | 平均数 | 指标 | 众数 | 平均数 |
|------|------|--------|------|------|--------|------|------|--------|
| S1 | 5 | 4.71 | S14 | 5 | 4.64 | S27 | 4 | 4.5 |
| S2 | 5 | 4.71 | S15 | 5 | 4.78 | S28 | 3 | 3.64 |
| S3 | 3 | 3.64 | S16 | 5 | 4.78 | S29 | 3 | 3.64 |
| S4 | 5 | 4.64 | S17 | 5 | 4.57 | S30 | 4 | 4.42 |
| S5 | 5 | 4.57 | S18 | 5 | 4.64 | S31 | 5 | 4.64 |
| S6 | 4 | 4.35 | S19 | 5 | 4.78 | S32 | 5 | 4.57 |
| S7 | 5 | 4.71 | S20 | 4 | 4.28 | S33 | 4 | 4.35 |
| S8 | 5 | 4.85 | S21 | 4 | 4.28 | S34 | 4 | 4.57 |
| S9 | 4 | 4.42 | S22 | 5 | 4.64 | S35 | 3 | 3.35 |
| S10 | 4 | 4.28 | S23 | 5 | 4.78 | S36 | 3 | 3.64 |
| S11 | 5 | 4.64 | S24 | 4 | 4.35 | S37 | 3 | 3.42 |
| S12 | 5 | 4.71 | S25 | 5 | 4.57 | | | |
| S13 | 3 | 3.5 | S26 | 5 | 4.92 | | | |

如表 4-2 所示,在 37 个指标的众数中,共有 20 个指标的众数为 5(代表非常适当),10 个指标的众数为 4(代表适当),因此 37 个指标中有 30 个指标达到适当程度,占所有指标的 81.1%,仅仅 7 个指标的众数为 3。而在平均数中,大于等于 4.5 的指标有 21 个,大于 4 小于 4.5 的指标有 9 个,小于 4 的指标有 7 个(S3、13、S28、S29、S35、S36、S37)。由于有部分专家对于上述指标提出修改意见,我们结合众数与平均数标准,把 S3、S13、S28、S29、S35、S36、S37 等 7 个指标列入删除的考虑,并在第二次问卷调查结果后加以处理。

在专家修改意见中,意见主要包括新指标的设立、指标改为均值或者比例、指标重合等方面,具体如下:

在农林水事务中,S3:耕地面积改为"有效灌溉面积";增加指标:人均农林牧渔产值,S4、S5、S6、S7 均改为人均指标;

在教育中,增加幼儿园教育指标,在园儿童数占人口比例;

在文体与传媒中,S19、S20、S21、S22 均换成人均数;

在医疗卫生中,S27:每千人口卫生机构人员数改为"每千人口卫生技术人员数";

在社会保障与就业中,S34 和 S35 有一定的重合现象,保留一项;增加低保指标,领取低保待遇人数占总人口比例。

## (二)第二次德尔菲问卷调查

2020 年 1 月—3 月,我们进行了德尔菲第二次问卷调查。调查内容为第一次德尔菲法问卷中的 37 个指标层指标,以及新增加的 3 个指标(S38、S39、S40),一共 40 个指标。在问卷中我们将第一次问卷得到的众数与平均数附上,供各位专家参考,再次邀请 14 位专家对指标适当程度进行评价并提出修改意见,其中 S3、S13、S28、S29、S35、S36、S37 等 7 个指标,因为在第一次德尔菲法问卷中指标适当程度的平均值小于 4,将依照专家意见修改并列入删除的考虑,在第二次问卷调查结果加以处理。专家咨询表具体内容见附录二。

如表 4-3 所示,在 37 个原始指标中,众数为 5(代表非常适当)的指标有 26 个,比第一次多了 6 个,众数为 4(代表适当)的指标有 4 个,虽然指标程度达到合适的为 30 个,但是众数为 5 的多了 6 个,说明专家的意见更加趋于一致。新增的 3 个指标中,平均值均超过 4.5,众数都是 5,说明专家意见非常一致。

表 4-3　德尔菲第二次问卷指标适当程度集中数统计表

| 指标 | 众数 | 平均数 | 指标 | 众数 | 平均数 | 指标 | 众数 | 平均数 |
|---|---|---|---|---|---|---|---|---|
| S1 | 5 | 4.78 | S15 | 5 | 4.78 | S29 | 3 | 3.5 |
| S2 | 5 | 4.78 | S16 | 5 | 4.85 | S30 | 5 | 4.57 |
| S3 | 3 | 3.42 | S17 | 5 | 4.57 | S31 | 5 | 4.71 |
| S4 | 5 | 4.71 | S18 | 5 | 4.71 | S32 | 5 | 4.64 |
| S5 | 5 | 4.64 | S19 | 5 | 4.78 | S33 | 5 | 4.57 |
| S6 | 4 | 4.42 | S20 | 5 | 4.57 | S34 | 5 | 4.64 |
| S7 | 5 | 4.71 | S21 | 4 | 4.35 | S35 | 3 | 3.28 |
| S8 | 5 | 4.85 | S22 | 5 | 4.64 | S36 | 3 | 3.5 |
| S9 | 4 | 4.42 | S23 | 5 | 4.78 | S37 | 3 | 3.28 |
| S10 | 4 | 4.35 | S24 | 5 | 4.57 | S38 | 5 | 4.64 |
| S11 | 5 | 4.71 | S25 | 5 | 4.64 | S39 | 5 | 4.57 |
| S12 | 5 | 4.71 | S26 | 5 | 4.92 | S40 | 5 | 4.57 |
| S13 | 3 | 3.35 | S27 | 5 | 4.57 | | | |
| S14 | 5 | 4.64 | S28 | 3 | 3.57 | | | |

## （三）两次德尔菲法问卷的比较

为了深入检验德尔菲法第一次与第二次问卷指标适当程度集中量数的改变情况，我们计算了各指标结果两次问卷中平均数的变化情况。如果第二次平均数比第一次的平均数增加了，说明第二次德尔菲法的指标适当程度已经进一步改善，则可以保留此指标，改变情况如表 4-4 所示。S3、S13、S29、S35、S36、S37 等 6 个指标平均值变化均为负值，不仅未改善，还进一步恶化。S1、S2、S4、S5、S6、S10、S11、S16、S18、S20、S21、S24、S25、S27、S28、S30、S31、S32、S33、S34 等 19 个指标平均数都有改善。剩余的其他指标均没有变化。

表 4-4　德尔菲法第一、二次问卷指标平均数改变情况统计表

| 指标 | 平均值变化量 | 指标 | 平均值变化量 | 指标 | 平均值变化量 |
|------|------|------|------|------|------|
| S1 | 0.07 | S14 | 0 | S27 | 0.07 |
| S2 | 0.07 | S15 | 0 | S28 | 0.14 |
| S3 | −0.22 | S16 | 0.07 | S29 | −0.14 |
| S4 | 0.07 | S17 | 0 | S30 | 0.14 |
| S5 | 0.07 | S18 | 0.07 | S31 | 0.07 |
| S6 | 0.07 | S19 | 0 | S32 | 0.07 |
| S7 | 0 | S20 | 0.29 | S33 | 0.22 |
| S8 | 0 | S21 | 0.07 | S34 | 0.07 |
| S9 | 0 | S22 | 0 | S35 | −0.07 |
| S10 | 0.07 | S23 | 0 | S36 | −0.14 |
| S11 | 0.07 | S24 | 0.22 | S37 | −0.14 |

| 指标 | 平均值变化量 | 指标 | 平均值变化量 | 指标 | 平均值变化量 |
|---|---|---|---|---|---|
| S12 | 0 | S25 | 0.07 | | |
| S13 | −0.15 | S26 | 0 | | |

## (四)广西基本公共服务均等化评估指标的确定

经过两轮德尔菲法问卷后,我们把平均值低于 4,众数为 3 的 S3、S13、S28、S29、S35、S36、S37 等 7 个指标在最终指标体系中删除,S38、S39、S40 等 3 个指标众数为 5,将其放在其相应指标的位置。最终,我们确定了包括 6 项准则层和 34 项指标层的广西基本公共服务均等化评估体系,如表 4-5 所示。

表 4-5　广西基本公共服务均等化评估体系

| 目标层(O) | | |
|---|---|---|
| 广西基本公共服务均等化评价指标 | | |
| 准则层(S) | 指标层(S) | 量纲(D) |
| 农林水事务<br>(F1) | S1:农林水支出占财政支出比例 | (%) |
| | S2:人均农林水支出 | (元) |
| | S3:每万人有效灌溉面积 | (千公顷/万人) |
| | S4:人均农业机械动力 | (千瓦/人) |
| | S5:人均粮食产量 | (斤/人) |
| | S6:人均肉类产量 | (斤/人) |
| | S7:人均水产品产量 | (斤/人) |
| | S8:人均农林牧渔产值 | (元/人) |

| 目标层(O) | | |
|---|---|---|
| 广西基本公共服务均等化评价指标 | | |
| 准则层(S) | 指标层(S) | 量纲(D) |
| 科学技术<br>(F2) | S9：科学技术支出占财政支出比例 | (%) |
| | S10：人均科学技术支出 | (元) |
| | S11：每万人专利授权数量 | (项/万人) |
| 教育(F3) | S12：教育支出占财政支出比例 | (%) |
| | S13：人均教育支出 | (元) |
| | S14：在园儿童数占人口比例 | (%) |
| | S15：普通小学生师比 | (/万人) |
| | S16：普通中学生师比 | (/万人) |
| | S17：高等学校生师比 | (/万人) |
| 文体与传媒(F4) | S18：文体与传媒支出占财政支出比例 | (%) |
| | S19：人均文体与传媒支出 | (元) |
| | S20：每百万人公共图书馆数 | (个/百万人) |
| | S21：人均公共图书馆藏书量 | (册/人) |
| | S22：每百万人体育馆数 | (个/百万人) |
| | S23：每百万人剧场、影院数 | (个/百万人) |
| 医疗卫生(F5) | S24：医疗卫生支出占财政支出比例 | (%) |
| | S25：人均医疗卫生支出 | (元) |
| | S26：每千人口卫生机构数 | (个/千人) |
| | S27：每千人口医疗机构床位数 | (张/千人) |
| | S28：每千人口卫生技术人员数 | (个/千人) |

| 目标层（O） | | |
|---|---|---|
| 广西基本公共服务均等化评价指标 | | |
| 准则层（S） | 指标层（S） | 量纲（D） |
| 社会保障与就业（F6） | S29：社会保障支出占财政支出比例 | （%） |
| | S30：人均社会保障支出 | （元） |
| | S31：城镇职工基本养老保险参保率 | （%） |
| | S32：城镇基本医疗保险参保率 | （%） |
| | S33：年末城镇登记失业率 | （%） |
| | S34：领取低保待遇人数占总人口比例 | （%） |

## 四、广西基本公共服务均等化指标体系权重的确定

### （一）指标权重的设计方法

指标的权重，也就是各项指标在绩效评估指标体系中相对重要性的数量表示，权重确定的是否合理，对绩效评估结果与评估质量有着决定性的影响。评价指标的赋权方法很多，在实践中，常用的方法主要有模糊综合评价法、层次分析法、主成分分析法、密切值法等，虽然指标赋权方法形式多样，但是从本质上看可以分为两类：主观赋权法、客观赋权法。主观赋权法是根据主观经验或专家判断，来设计各项指标权重的一种定性分析法；客观赋权法是根据指标体系中各项指标的内在联系，运用多元

统计分析方法,确定各项指标权重的一种定量分析法。[①] 对于广西基本公共服务均等化评估指标体系权重的制定,我们采用层次分析法(AHP)与专家问卷调查法,其中层次分析法主要用于准则层指标权重的确定,专家问卷调查法适用因素层与指标层指标权重的确定。

层次分析法(AHP)是20世纪70年代初期,由美国运筹学家、匹兹堡大学教授 T. L. Saaty 提出,在层次分析法(AHP)诞生的40多年时间里,许多学者把该理论应用到多个方面,收到了良好的效果。层次分析法(AHP)是用相对标度把人的主观判断进行客观量化、将定性问题进行定量分析的一种简单而又实用的多准则评价方法,它利用了人的经验和判断能力,并充分结合了人的思维中定量和定性的因素:定义问题和构造层次的定性,精确表达判断和偏好程度的定量。

运用层次分析法(AHP)确定指标权重的主要步骤如下[②]:

(1)对于同一层次的各个项构造判断矩阵,并从高层次到低层次依次展开;

(2)评定某一层次中各相关元素的相对重要性,构建判断矩阵,如表4-6。其中 $b_{ij}$ 表示对于 $A_K$ 而言,元素 $B_i$ 对 $B_j$ 的相对重要性的判断值。

---

① 范柏乃、阮连法. 干部教育培训绩效的评估指标、影响因素及优化路径研究. 杭州:浙江大学出版社,2012:116.

② 张炳江. 层次分析法及其应用案例. 北京:电子工业出版社,2014:15—16.

表 4-6  判断矩阵事例

| $A_K$ | $B_1$ | $B_2$ | ... | $B_n$ |
|---|---|---|---|---|
| $B_1$ | $b_{11}$ | $b_{12}$ | ... | $b_{1n}$ |
| $B_2$ | $b_{21}$ | $b_{22}$ | ... | $b_{2n}$ |
| ... | ... | ... | ... | ... |
| $B_n$ | $b_{n1}$ | $b_{n2}$ | ... | $b_{nn}$ |

$b_{ij}$ 一般取 1,3,5,7,9 等五个等级,如表 4-7 所示,其意义为:1 表示 $B_i$ 与 $B_j$ 同等重要;3 表示 $B_i$ 比 $B_j$ 重要一点;5 表示 $B_i$ 比 $B_j$ 重要得多;7 表示 $B_i$ 比 $B_j$ 更重要;9 表示 $B_i$ 比 $B_j$ 极端重要。而 2,4,6,8 表示相邻判断的中间值,而 i 与 j 比较的标度为 $S_{ij}$,则因素 j 与 i 比较的标度为 $S_{ji}=1/S_{ij}$。

表 4-7  相对重要性等级表

| 标度 | 含　义 |
|---|---|
| 1 | 表示两个元素相比,具有同样的重要性 |
| 3 | 表示两个元素相比,前者比后者略微重要 |
| 5 | 表示两个元素相比,前者比后者明显重要 |
| 7 | 表示两个元素相比,前者比后者强烈重要 |
| 9 | 表示两个元素相比,前者比后者极端重要 |
| 2,4,6,8 | 表示上述相邻判断的中间值 |
| 倒数 | 若元素 i 与 j 的重要性之比为 $S_{ij}$,则 j 与 i 重要性之比为 $S_{ji}=1/S_{ij}$ |

(3) 层次单排序。确立本层次与之有联系的元素重要性次序的权重值,可通过计算判断矩阵的特征根和特征向量来解决。在具体确定权重时,我们采用近似方法求解特征根,具体步骤

为：计算判断矩阵每一行元素的乘积 $M_i$；计算 $M_i$ 的 n 次方根；将向量归一化，得到特征向量；计算最大特征根。

（4）层次总排序。利用同一层次中所有层次单排序的结果，就可以计算针对上一层次而言的本层次所有元素的重要性权重值。层次总排序需要从上到下逐层顺序进行。

由于指标层指标数量太多，不宜采用 AHP 法来确定权重，因此，我们采用专家问卷调查法来确定权重。这里的专家问卷调查法是将指标列出，请专家直接给出权重，按照 14 位专家给出的数值，进行标准差（SD）的检验，如果标准差小于 1，则认为专家给出的权重合适，并计算 14 位专家的平均值作为某项指标的最终权重。如果标准差大于 1，则我们进一步反馈信息给专家，重新给出合适的权重，直到标准差小于 1 为止。

## （二）指标权重的确定

采用上述方法，最终确定了所有指标权重，结果如表 4-8 所示。

表 4-8　广西基本公共服务均等化指标体系权重　　　单位：%

| 目标层（O） | | | |
|---|---|---|---|
| 广西基本公共服务均等化评价指标 | | | |
| 准则层 | 准则层权重 | 指标层 | 指标层权重 |
| 农林水事务（F1） | 22 | S1 | 3 |
| | | S2 | 4 |
| | | S3 | 2 |
| | | S4 | 2 |

| 目标层（O） | | | |
|---|---|---|---|
| 广西基本公共服务均等化评价指标 | | | |
| 准则层 | 准则层权重 | 指标层 | 指标层权重 |
| | | S5 | 3 |
| | | S6 | 3 |
| | | S7 | 3 |
| | | S8 | 2 |
| 科学技术<br>（F2） | 9 | S9 | 3 |
| | | S10 | 4 |
| | | S11 | 2 |
| 教育<br>（F3） | 18 | S12 | 3 |
| | | S13 | 4 |
| | | S14 | 2 |
| | | S15 | 3 |
| | | S16 | 3 |
| | | S17 | 3 |
| 文体与传媒<br>（F4） | 15 | S18 | 3 |
| | | S19 | 4 |
| | | S20 | 2 |
| | | S21 | 2 |
| | | S22 | 2 |
| | | S23 | 2 |
| 医疗卫生<br>（F5） | 16 | S24 | 3 |
| | | S25 | 4 |

续　表

| 目标层（O） | | | |
|---|---|---|---|
| 广西基本公共服务均等化评价指标 | | | |
| 准则层 | 准则层权重 | 指标层 | 指标层权重 |
| | | S26 | 3 |
| | | S27 | 3 |
| | | S28 | 3 |
| 社会保障<br>与就业（F6） | 20 | S29 | 3 |
| | | S30 | 4 |
| | | S31 | 3 |
| | | S32 | 3 |
| | | S33 | 3 |
| | | S34 | 4 |

# 第五章

# 广西基本公共服务均等化实证分析与影响因素

## ——以广西 14 个地级市为例

在上一章确定好广西基本公共服务均等化评估指标体系和权重之后,这一章通过选择适当的研究方法和相应的数据,以广西 14 个地级市为例,分析广西基本公共服务均等化状况,并进一步探讨影响广西基本公共服务均等化的因素。

## 一、研究方法与数据来源

### (一)研究方法的选择

#### 1. TOPSIS 法概述

广西基本公共服务均等化指标体系构建的目的,是对广西 14 个地级市的六项基本公共服务项目水平进行评价,因此,需要采用综合评价法。一个可行的方法是 TOPSIS 法,它满足"纵横向"可比的要求,除此之外,它还有其他一系列优点:第一,原理简单,具有明确、直观的几何意义;第二,具有客观性,屏除了主观色彩;第三,可操作性强,既可以做多单位之间的横向对比,也可用于不同年度的纵向分析。[①] 因此,本书利用 TOPSIS 法,对广西基本公共服务均等化状况进行评价。

TOPSIS(Technique for Order Preference by Similarity to Ideal Solution)法也称为逼近理想解排序法,意为与理想方案相似性的顺序选优技术,是系统工程中有限方案多目标决策分析的一种常用方法,可用于效益评价、卫生决策、公共事业管理等多个领域。

TOPSIS 法的基本思路是:基于归一化后的数据矩阵,找出有限方案中的最优方案和最劣方案(分别用最优向量和最劣向量表示),然后分别计算诸评价对象与最优方案和最劣方案间的距离,获得各评价对象与最优方案的相对接近程度,以此作为评价优劣的依据。[②] 相对接近程度的取值范围在 0 与 1 之间,如果该值愈接近 1,则表示该评价对象越接近最优水平;如果该值愈接近 0,则表示该评价对象越接近最劣水平。

假设有 $n$ 个评价对象,$m$ 个评价指标,原始数据如表 5 - 1 所示。

表 5 - 1　原始数据表

| 评价对象 | 指标 1 | 指标 2 | … | 指标 $m$ |
|---|---|---|---|---|
| 对象 1 | $x_{11}$ | $x_{12}$ | … | $x_{1m}$ |
| 对象 2 | $x_{21}$ | $x_{22}$ | … | $x_{2m}$ |

---

① 曹海军、李明. 中国政府数据开放平台服务质量评价——基于熵权 TOPSIS 的实证分析. 上海行政学院学报,2020(4):55—64.

② 孙振球、徐勇勇. 医学统计学(第三版). 北京:人民卫生出版社,2010:422.

| 评价对象 | 指标 1 | 指标 2 | … | 指标 $m$ |
|---|---|---|---|---|
| … | … | … | … | … |
| 对象 n | $x_{n1}$ | $x_{n2}$ | … | $x_{nm}$ |

## 2. TOPSIS 法计算步骤

第一,建立原始数据矩阵。

根据原始数据,建立矩阵。根据表 4-7 和表 4-8,以及研究对象数量形成由 $n$ 个对象 $m$ 个指标构成的 $n \times m$ 的空间矩阵 $X$,其中 $n$ 为 14,$m$ 为 34。

$$X = \begin{bmatrix} x_{11} & x_{12} & \cdots & x_{1m} \\ x_{21} & x_{22} & \cdots & x_{2m} \\ \cdots & \cdots & \cdots & \cdots \\ x_{n1} & x_{n2} & \cdots & x_{nm} \end{bmatrix}$$

第二,评价指标同趋势化。

由于原始决策矩阵中各指标值具有不同的量纲,有些是高优指标(数据越高越好),有些的低优指标(数据越低越好),这给综合评价研究带来不便。因此,运用 TOPSIS 法进行评价的时候,要求所有指标变化方向一致,也就是所谓的同趋势化,将高优指标转化为低优指标,或者将低优指标转化为高优指标,通常情况下采用的是将低优指标转化为高优指标。转换方法常用倒数法,即令原始数据中低优指标 $x_{ij}(i = 1, 2, \cdots n; j = 1, 2, \cdots m)$,通过 $y_{ij} = \dfrac{1}{x_{ij}}$ 转变成高优指标 $y_{ij}$,然后建立同趋势化的原始数据表。

第三，对同趋势化后的原始数据矩阵进行归一化处理，并建立相应矩阵。

$$a_{ij} = \begin{cases} \dfrac{x_{ij}}{\sqrt{\sum\limits_{i=1}^{n} x_{ij}^2}} & \text{（原高优化指标）} \\[4mm] \dfrac{x_{ij}}{\sqrt{\sum\limits_{i=1}^{n} y_{ij}^2}} & \text{（原低优化指标）} \end{cases} \qquad \text{（公式 5-1）}$$

公式 5-1 中，$x_{ij}$ 表示第 $i$ 个评价对象第 $j$ 个指标上的取值，$y_{ij}$ 表示经过倒数转换后的第 $i$ 个评价对象第 $j$ 个指标上的取值。

由此得到经过归一化处理后的矩阵 $A$ 为：

$$A = \begin{bmatrix} a_{11} & a_{12} & \cdots & a_{1m} \\ a_{21} & a_{22} & \cdots & a_{2m} \\ \cdots & \cdots & \cdots & \cdots \\ a_{n1} & a_{n2} & \cdots & a_{nm} \end{bmatrix}$$

如果指标有权重，需要构建加权的决策矩阵。各个指标的权重 $W = (W_1, W_2, \cdots W_m)$ 且 $W_1 + W_2 + \cdots W_m = 1$，则加权后的规范化矩阵 $B$ 为：

$$B = A \times W, \ B = \begin{bmatrix} b_{11} & b_{12} & \cdots & b_{1m} \\ b_{21} & b_{22} & \cdots & b_{2m} \\ \cdots & \cdots & \cdots & \cdots \\ b_{n1} & b_{n2} & \cdots & b_{nm} \end{bmatrix}$$

第四,根据矩阵 $B$ 得到最优值向量和最劣值向量,即有限方案中的最优方案和最劣方案为:

$$最优方案\ B^+=(b_{i1}^+,\ b_{i2}^+,\ \cdots b_{im}^+)$$

$$最劣方案\ B^-=(b_{i1}^-,\ b_{i2}^-,\ \cdots,\ b_{im}^-) \quad (公式\ 5-2)$$

在公式 $5-2$ 中, $i=1,\ 2,\ \cdots,\ n$ ; $j=1,\ 2,\ \cdots,\ m$ 。 $b_{ij}^+$ 与 $b_{ij}^-$ 分别表示现有评价对象在第 $j$ 个评价指标上的最大值与最小值。

第五,分别计算各评价对象与最优方案和最劣方案的距离 $D^+$ 与 $D^-$ 。

$$D_i^+=\sqrt{\sum_{j=i}^m(b_{ij}^+-b_{ij})^2}$$

$$D_i^-=\sqrt{\sum_{j=i}^m(b_{ij}^--b_{ij})^2} \qquad (公式\ 5-3)$$

公式 $5-3$ 中, $D_i^+$ 与 $D_i^-$ 分别表示第 $i$ 个评价对象与最优方案及最劣方案的距离; $b_{ij}$ 表示某个评价对象 $i$ 在第 $j$ 个指标的取值。

第六,计算各评价对象最优方案的接近程度 $C_i$ 。

$$C_i=\frac{D_i^-}{D_i^-+D_i^+} \qquad (公式\ 5-4)$$

根据公式 $5-4$ , $C_i$ 在 0 与 1 之间取值,愈接近 1,表示该评价对象愈接近最优水平;愈接近 0,表示该评价对象愈接近最劣水平。

第七,按 $C_i$ 大小将各评价对象排序, $C_i$ 值越大,表示绩效越好。

## （二）数据来源

本章各个指标的数据来自历年《中国统计年鉴》《广西统计年鉴》《广西财政年鉴》《广西卫生和计划生育年鉴》《中国科技统计年鉴》,国家统计局网站、广西统计局网站以及 14 个地级市统计局网站,此外数据还包括广西壮族自治区以及 14 个地级市历年《国民经济和社会发展统计公报》《政府工作报告》等。由于国家统计局 2007 年实施了政府收支分类改革,这一改革在支出分类上,采用了国际通行做法,因此,为了避免财政支出统计口径前后不一致的问题,影响分析的客观性,本书数据选取跨度为 2007 年—2018 年,一共 12 年。

## 二、广西 14 个地级市基本公共服务均等化结果分析

### （一）计算过程

1. 根据统计年鉴等资料整理得统计数据(见附录三),建立原始矩阵 $X$。

以 2007 年为例,首先将 14 个城市在各个指标上的数据作为行向量,行向量为 S1—S34,14 个城市在一个指标上的数值为列向量,列向量的区域分别为南宁、柳州、桂林、梧州、北海、防城港、钦州、贵港、玉林、百色、贺州、河池、来宾、崇左市,构造广西各城市基本公共服务均等化原始矩阵: $X = (x_{nm})_{14 \times 34}$

2. 对原始矩阵 $X$ 中的部分指标进行趋势化处理。

指标体系中的 S33 和 S34,2 个指标均为非高优指标,因此需要进行同趋势化处理。我们通过 $y_{ij} = \dfrac{1}{x_{ij}}$ 对指标的原始数据进行趋势化处理。(见附录四)

3. 根据公式 5 - 1,对原始矩阵 $X$ 中的各指标进行归一化处理。

例如,南宁市 S1 指标归一化值由如下方法求得:

$$a_{11} = \frac{x_{11}}{\sqrt{\sum_{i=1}^{14}(x_{i1})^2}} = \frac{8.8}{\sqrt{8.8^2 + 6.58^2 + \cdots + 8.41^2}}$$

$$= \frac{8.8}{32.77} = 0.27$$

其他 33 个指标也通过这一公式计算,得到最终的归一化矩阵,矩阵值见附录五。由于各个指标均有权重,因此需要构建加权的决策矩阵。根据表 4 - 8 得知,广西基本公共服务指标的权重 $W = (W_1, W_2, \cdots, W_m)$,分别计算各个指标数据,可以得到加权后的规范化矩阵 B。经过加权处理以后的归一化数据,如附录六所示。

4. 根据表中数据,可以得到最优值向量,即最优方案 $B^+$,和最劣值向量 $B^-$:

$B^+ = (0.97, 1.68, 0.76, 0.76, 1.09, 1.30, 2.14, 0.81, 1.57, 2.43, 1.21, 1.19, 1.30, 0.76, 1.09, 1.02, 1.08, 1.17, 1.66, 0.56, 1.17, 1.40, 1.10, 0.91, 1.43, 1.48, 1.32, 1.25, 1.04, 1.74, 1.95, 1.81, 0.97, 1.91)$

$B^- = (0.55, 0.43, 0.39, 0.30, 0.63, 0.52, 0.04, 0.36,$
$0.26, 0.19, 0.06, 0.58, 0.80, 0.14, 0.50, 0.65, 0.00, 0.46,$
$0.28, 0.03, 0.12, 0.05, 0.12, 0.58, 0.46, 0.10, 0.40, 0.47,$
$0.47, 0.27, 0.26, 0.37, 0.66, 0.39)$

5. 综合 34 个评价指标值,根据公式 4 - 3,分别求得 14 个城市的距离和,例如南宁市:

$$D_1^+ = \sqrt{\sum_{j=1}^{34} (b_{1j}^+ - b_{1j})^2}$$
$$= \sqrt{(0.97 - 0.81)^2 + (1.68 - 1.19)^2 + \cdots + (1.91 - 1.08)^2}$$
$$= 3.04$$

$$D_1^- = \sqrt{\sum_{j=1}^{34} (b_{1j}^- - b_{1j})^2}$$
$$= \sqrt{(0.55 - 0.81)^2 + (0.43 - 1.19)^2 + \cdots + (0.39 - 1.08)^2}$$
$$= 0.26$$

其他 13 个城市的数据也通过以上公式计算,则可以计算出 2007 年的 $D^+$ 和 $D^-$,如下:

$D^+ = (3.04, 3.12, 3.24, 4.78, 3.47, 4.20, 5.28, 5.81,$
$4.88, 4.85, 4.79, 4.61, 4.95, 4.46)$

$D^- = (3.99, 4.85, 3.82, 2.05, 3.79, 3.50, 1.59, 1.02,$
$2.62, 2.11, 2.19, 2.64, 2.12, 2.67)$

6. 计算各评价对象与最优方案的接近程度。

以南宁市为例,计算过程如下:根据公式 5 - 4 计算各评价对象与最优方案的接近程度,14 个城市的结果,如表 5 - 2 所示。

$$C_1 = \frac{D_1^-}{D_1^- + D_1^+} = \frac{3.99}{3.99 + 3.04} = 0.57$$

表 5-2 2007 年广西 14 个城市采用 TOPSIS 评价的结果

| 城市 | 南宁 | 柳州 | 桂林 | 梧州 | 北海 | 防城港 | 钦州 |
|------|------|------|------|------|------|--------|------|
| $D^+$ | 3.04 | 3.12 | 3.24 | 4.78 | 3.47 | 4.20 | 5.28 |
| $D^-$ | 3.99 | 4.85 | 3.82 | 2.05 | 3.79 | 3.50 | 1.59 |
| $C_i$ | 0.57 | 0.61 | 0.54 | 0.30 | 0.52 | 0.45 | 0.23 |
| 排序 | 2 | 1 | 3 | 11 | 4 | 5 | 13 |
| 城市 | 贵港 | 玉林 | 百色 | 贺州 | 河池 | 来宾 | 崇左 |
| $D^+$ | 5.81 | 4.88 | 4.85 | 4.79 | 4.61 | 4.95 | 4.46 |
| $D^-$ | 1.02 | 2.62 | 2.11 | 2.19 | 2.64 | 2.12 | 2.67 |
| $C_i$ | 0.15 | 0.35 | 0.30 | 0.31 | 0.36 | 0.30 | 0.37 |
| 排序 | 14 | 8 | 10 | 9 | 7 | 12 | 6 |

7. 依次对 14 个城市进行排序,如表 5-2 所示。

从 $C_i$ 值来看,2007 年柳州市基本公共服务均等化绩效最优,$C_i$ 值为 0.61,排名广西第一;其次为南宁市,$C_i$ 值为 0.57,排名第二,桂林市 $C_i$ 值分别为 0.54,排名第三位,北海市和防城港市 $C_i$ 值分别为 0.52、0.45,排名第四位和第五。百色市、梧州市、来宾市、钦州市、贵港市的绩效排名为后 5 位,特别贵港市 $C_i$ 值仅仅为 0.15,是 14 个地级市最差的,仅仅是柳州的 24.6%。

## (二)评价结果

通过 TOPSIS 法,对广西 14 个地级市 2007 年—2018 年数据进行计算,得到各地级市基本公共服务均等化数值,如表 5-3 所示。

表 5-3 广西 14 个地级市基本公共服务均等化评估表

| 年份\城市 | 2007 | 2008 | 2009 | 2010 | 2011 | 2012 | 2013 | 2014 | 2015 | 2016 | 2017 | 2018 |
|---|---|---|---|---|---|---|---|---|---|---|---|---|
| 南宁 | 0.57 | 0.56 | 0.46 | 0.50 | 0.50 | 0.50 | 0.49 | 0.47 | 0.38 | 0.41 | 0.39 | 0.41 |
| 柳州 | 0.61 | 0.46 | 0.59 | 0.52 | 0.55 | 0.51 | 0.51 | 0.45 | 0.45 | 0.48 | 0.41 | 0.41 |
| 桂林 | 0.54 | 0.39 | 0.58 | 0.54 | 0.48 | 0.44 | 0.43 | 0.39 | 0.41 | 0.41 | 0.39 | 0.36 |
| 梧州 | 0.30 | 0.21 | 0.35 | 0.37 | 0.35 | 0.36 | 0.34 | 0.38 | 0.38 | 0.25 | 0.23 | 0.24 |
| 北海 | 0.52 | 0.38 | 0.42 | 0.40 | 0.44 | 0.51 | 0.49 | 0.46 | 0.37 | 0.47 | 0.50 | 0.60 |
| 防城港 | 0.45 | 0.36 | 0.46 | 0.61 | 0.49 | 0.50 | 0.52 | 0.52 | 0.44 | 0.45 | 0.38 | 0.39 |
| 钦州 | 0.23 | 0.18 | 0.24 | 0.21 | 0.24 | 0.25 | 0.25 | 0.26 | 0.21 | 0.19 | 0.23 | 0.21 |
| 贵港 | 0.15 | 0.12 | 0.14 | 0.24 | 0.24 | 0.28 | 0.27 | 0.32 | 0.35 | 0.35 | 0.35 | 0.32 |
| 玉林 | 0.35 | 0.21 | 0.29 | 0.29 | 0.31 | 0.30 | 0.27 | 0.34 | 0.29 | 0.28 | 0.28 | 0.31 |
| 百色 | 0.30 | 0.27 | 0.32 | 0.31 | 0.45 | 0.35 | 0.37 | 0.32 | 0.44 | 0.47 | 0.50 | 0.32 |
| 贺州 | 0.31 | 0.40 | 0.30 | 0.36 | 0.25 | 0.28 | 0.28 | 0.25 | 0.21 | 0.23 | 0.24 | 0.20 |
| 河池 | 0.36 | 0.27 | 0.28 | 0.28 | 0.31 | 0.32 | 0.30 | 0.31 | 0.38 | 0.38 | 0.35 | 0.37 |
| 来宾 | 0.30 | 0.22 | 0.25 | 0.32 | 0.32 | 0.32 | 0.29 | 0.26 | 0.26 | 0.24 | 0.23 | 0.22 |
| 崇左 | 0.37 | 0.27 | 0.31 | 0.31 | 0.33 | 0.32 | 0.33 | 0.32 | 0.38 | 0.38 | 0.35 | 0.29 |
| 平均值 | 0.38 | 0.3 | 0.35 | 0.37 | 0.37 | 0.37 | 0.36 | 0.35 | 0.35 | 0.35 | 0.34 | 0.32 |

1. 总体上看,2007—2018 年 12 年间,南宁市、柳州市、桂林市、北海市、防城港市等 5 个城市,均属于基本公共服务均等化得分较高的城市,排名非常靠前;而贺州市、玉林市、钦州市、来宾市、梧州市、贵港市等 6 个城市均属于得分较低的城市,排名靠后,崇左市、百色市、河池市等 3 个城市基本公共服务均等化得分中等,属于排名中等的城市。得分较高的城市基本上在广西属于经济实力强、人均 GDP 高、财政能力强的城市,而得分较

低的城市,其经济基础相对较弱,人均 GDP 偏低,获得的财政转移支付也较少,这也说明经济(财政)实力是影响一个地方基本公共服务发展状况的重要影响因素。

2. 从得分的升降来看,12 年来,只有北海市、贵港市、百色市、河池市等 4 个城市得分是上升的,除了北海上升幅度比较大之外(15.38%),贵港市、百色市、河池市等 3 个城市上升的幅度非常小,如百色市由 2007 年的 0.3 上升到 0.32,12 年上升比例仅仅 6.66%,得分上升说明 12 年来这 4 个城市的基本公共服务均等化状况是不断改善的。南宁市、柳州市、来宾市等 10 个城市基本公共服务均等化得分都是下降的,如柳州市 2007 年为0.61,到 2018 年仅仅为 0.41,排名由 2007 年的第一降到 2018 年的第二,得分下降了 0.2,降幅达到 32.78%,南宁市、桂林市也是如此,下降幅度达到 28.07%、33.33%,分值的下降,也就意味着离最优化的数值 1 差距进一步拉大。

3. 从基本公共服务均等化得分的平均值来看,14 个地级市 2007 年为 0.38,此后平均值缓慢下降,到 2018 年均值仅仅为0.32,比 2007 年下降了 0.06,降幅为 15.78%,这也在一定程度上说明 14 个地级市基本公共服务均等化程度未有实质性提升。从各个城市得分与平均值的比较来看,2007 年—2014 年超过平均值的基本上是南宁市、柳州市、桂林市、北海市、防城港市等 5 个城市,再加上零星的一个城市,如 2008 年的贺州市,2011 年和2013 年的百色市,一起有 6 个城市超过均值;2015 年后,情况稍微好转,超过均值的城市,除了南宁市、柳州市、桂林市、北海市、防城港市等 5 个城市外,增加了百色市、贵港市、崇左市、河池市,如 2015 年—2017 年均有 9 个城市分值大于等于平均值,这是 12 年来比较少见的,2018 年有 7 个城市分值超过平均值。虽然超过平均值的城市不断的增加,但是总体的平均值却呈现下降趋势,也说明了 14 个地级市之间内部基本公共服务均等化水平差距明显。

## (三)广西基本公共服务均等化发展状况分类

我们引入最大序差概念,来对广西 14 个地级市基本公共服务均等化发展状况进行分类。记 $R_{it}$ 为某市基本公共服务发展状况综合评价结果的排序,则称 $R_{max i} = \max_i \{R_{it}\} - \min_i \{R_{it}\}$,$t = 2007$,$2008$,$\cdots$,$2018$;$i = 1$,$2$,$\cdots$,$14$ 为该市基本公共服务均等化发展状况综合评估的最大序差。

当 $R_{max i}$ 小于等于 3 时,则称该市基本公共服务均等化为稳步发展型,当 $R_{max i}$ 大于等于 4 小于等于 7 时,则称该市基本公共服务为亚稳步发展型,当 $R_{max i}$ 大于等于 8 时,则称该市基本公共服务为跳跃发展型。如果在考察期间排名上升,则属于向前发展型,反之,则属于向后倒退型。

从表 5-4 我们可以看出:2007 年—2018 年,广西各市基本公共服务均等化排名发生了较大波动。在考察期内,属于稳步发展型的城市有 2 个,包括柳州市和钦州市,属于跳跃发展型的有 4 个,包括百色市、贺州市、梧州市和北海市,属于亚稳步发展型的最多,达到 8 个城市,包括南宁市、桂林市、防城港市、贵港市、玉林市、河池市、来宾市和崇左市,其中南宁市、桂林市、玉林市、河池市、崇左市属于向后倒退型,防城港市、贵港市、来宾市属于向前发展型。

我们把时间分为两个 6 年,2007 年—2012 年,以及 2013 年—2018 年,前面 6 年各城市排名的相对波动,小于后面 6 年。

表 5-4 广西各城市基本公共服务均等化程度排名表

| 年份<br>城市 | 2007 | 2008 | 2009 | 2010 | 2011 | 2012 | 2013 | 2014 | 2015 | 2016 | 2017 | 2018 | 最大序差 |
|---|---|---|---|---|---|---|---|---|---|---|---|---|---|
| 南宁 | 2 | 1 | 3 | 4 | 2 | 4 | 4 | 2 | 7 | 5 | 4 | 2 | 6 |
| 柳州 | 1 | 2 | 1 | 3 | 1 | 2 | 2 | 4 | 1 | 1 | 3 | 3 | 3 |
| 桂林 | 3 | 4 | 2 | 2 | 4 | 5 | 5 | 5 | 4 | 6 | 5 | 5 | 4 |
| 梧州 | 11 | 12 | 6 | 6 | 7 | 6 | 7 | 6 | 8 | 11 | 14 | 10 | 8 |
| 北海 | 4 | 5 | 5 | 5 | 6 | 3 | 3 | 3 | 9 | 2 | 2 | 1 | 8 |
| 防城港 | 5 | 6 | 4 | 1 | 3 | 3 | 1 | 1 | 3 | 4 | 6 | 4 | 5 |
| 钦州 | 13 | 13 | 13 | 14 | 13 | 14 | 14 | 13 | 14 | 14 | 12 | 13 | 2 |
| 贵港 | 14 | 14 | 14 | 13 | 14 | 12 | 13 | 9 | 10 | 9 | 8 | 7 | 7 |
| 玉林 | 8 | 11 | 10 | 11 | 9 | 11 | 12 | 7 | 11 | 10 | 10 | 12 | 5 |
| 百色 | 10 | 8 | 7 | 10 | 5 | 7 | 6 | 8 | 2 | 3 | 1 | 6 | 9 |
| 贺州 | 9 | 3 | 9 | 7 | 12 | 13 | 11 | 14 | 13 | 13 | 11 | 14 | 11 |
| 河池 | 7 | 9 | 11 | 12 | 10 | 10 | 9 | 11 | 5 | 8 | 9 | 9 | 7 |
| 来宾 | 12 | 10 | 12 | 8 | 11 | 9 | 10 | 12 | 12 | 12 | 13 | 11 | 5 |
| 崇左 | 6 | 7 | 8 | 9 | 8 | 8 | 8 | 10 | 6 | 7 | 7 | 8 | 4 |

前 6 年,属于稳步发展型的为 7 个城市,属于亚稳步发展型的为 6 个,属于跳跃发展型的为 1 个;后 6 年属于稳步发展型的为 6 个,属于亚稳步发展型的为 6 个,属于跳跃发展型的为 2 个。此外,我们从排名波动大于等于 5 的城市来看,前 6 年只有 5 个城市,后 6 年增加到 7 个。

从 2018 年与 2007 年的排名对比我们看出,南宁市和钦州市均属于排名未变型,南宁市排名第二,钦州市排名第 13;柳州市、桂林市、玉林市、贺州市、河池市、来宾市等 6 个城市均属于向后倒退型,其中玉林市、贺州市倒退名次比较大,分别达到 4 和 5;梧州市、北海市、防城港市、贵港市、百色市、崇左市等 6 个城市均属于向前发展型,其中贵港市、玉林市、百色市前进名次较大,分别前进了 7、4、4 位。

## 三、广西基本公共服务均等化影响因素分析

广西基本公共服务均等化绩效的高低,在很大程度上影响居民的获得感,也影响到广西基本公共服务均等化的可持续发展。因此,准确地了解广西基本公共服务均等化绩效的影响因素,有利于进一步优化和完善广西基本公共服务均等化。

### (一)广西基本公共服务均等化绩效障碍度模型

在广西基本公共服务均等化绩效评估中,不仅要度量各城市基本公共服务均等化的绩效水平,更加重要的是需要透过绩效水平的度量,寻找出不同城市基本公共服务均等化绩效的影响因素,以便对广西基本公共服务均等化问题进行诊断。影响

广西基本公共服务均等化绩效的因素众多,在公共服务均等化绩效评估系统中,农林水支出、科学技术支出、教育支出、文体与传媒支出、医疗卫生支出、社会保障支出如何作用于公共服务均等化,影响程度到底如何,则是需要我们进一步深入研究的。

因此,本研究将障碍度模型引入到基本公共服务均等化绩效影响因素的研究当中,试图进一步寻找影响基本公共服务均等化绩效的影响因素。在障碍度模型中,我们采用因子贡献度、指标偏离度和障碍度三个指标,以此来建立基本公共服务均等化绩效障碍度判定模型,其中:

因子贡献度($W_{ij}$)代表指标层单个因素对总目标的影响程度,也就是单项指标的权重;指标偏离度($O_{ij}$)是指单项指标与基本公共服务均等化绩效总目标之间的差值,用公式表示为:

$$O_{ij} = 1 - X_{ij} \qquad (公式\ 5-5)$$

在公式(5-1)中,$X_{ij}$ 为单项指标的估计值,在这里我们采用标准化值。

障碍度包括单项指标障碍度($S_{ij}$)、准则层障碍度($F_{ij}$),其中,$S_{ij}$ 代表单项指标对基本公共服务均等化绩效的影响度,计算公式为:

$$S_{ij} = \frac{O_{ij}W_{ij}}{\sum_{j=1}^{34} O_{ij}W_{ij}} \times 100\% \qquad (公式\ 5-6)$$

在对各单项指标因子障碍程度分析的基础上,需要进一步研究准则层指标对广西基本公共服务均等化绩效障碍度。$F_{ij}$ 代表准则层指标对广西基本公共服务均等化绩效的影响度,计算公式为：

$$F_{ij} = \sum S_{ij} \qquad \text{（公式 5 - 7）}$$

## （二）广西基本公共服务均等化指标层障碍因子分析

基本公共服务均等化评估体系是一个复杂系统，包括了 34 个指标，并且隶属于农林水事务、科学技术、教育、文体与传媒、医疗卫生、社会保障与就业等六个子系统。基本公共服务均等化绩效是在 34 个指标共同作用下产生的结果，为了探索广西基本公共服务均等化绩效影响因素，以及发展阻力，就必须对指标层（$S_i$）中 34 个指标以及准则层（$F_{ij}$）障碍度进行研究与测算。

### 1. 指标层因子障碍度分析

将 2018 年收集数据归一化处理后，根据公式 5 - 5：$O_{ij} = 1 - X_{ij}$，得出各指标的 $O_{ij}$ 值，如表 5 - 5 所示。

例如，南宁市 $O_{ij}$ 指标由如下方法求得：

$$O_{11} = 1 - X_{11} = 1 - 0.21 = 0.79$$

利用公式 5 - 6，我们计算 14 个地级市 34 个指标的障碍度，例如南宁市农林水支出占财政支出比例的障碍度为：

$$S_{11} = \frac{0.79 \times 3}{\sum_{j=1}^{34}(0.79 \times 3) + (0.78 \times 4) + \cdots + (0.66 \times 4)} \times 100\%$$

$$= 3.31$$

其余指标的障碍度均按照这样的方法计算，得到 14 个城市基本公共服务均等化绩效单项指标障碍度，如表 5 - 6 所示。

表 5 – 5　广西基本公共服务均等化系统指标层指标偏度

（%）

| 城市指标 | 南宁 | 柳州 | 桂林 | 梧州 | 北海 | 防城港 | 钦州 | 贵港 | 玉林 | 百色 | 贺州 | 河池 | 来宾 | 崇左 |
|---|---|---|---|---|---|---|---|---|---|---|---|---|---|---|
| S1 | 0.79 | 0.73 | 0.76 | 0.79 | 0.80 | 0.82 | 0.82 | 0.74 | 0.81 | 0.61 | 0.63 | 0.79 | 0.61 | 0.71 |
| S2 | 0.78 | 0.66 | 0.77 | 0.83 | 0.78 | 0.74 | 0.89 | 0.86 | 0.89 | 0.59 | 0.67 | 0.65 | 0.70 | 0.67 |
| S3 | 0.68 | 0.72 | 0.62 | 0.80 | 0.74 | 0.72 | 0.82 | 0.76 | 0.81 | 0.74 | 0.75 | 0.81 | 0.63 | 0.75 |
| S4 | 0.75 | 0.79 | 0.63 | 0.85 | 0.68 | 0.72 | 0.83 | 0.75 | 0.83 | 0.73 | 0.81 | 0.73 | 0.70 | 0.60 |
| S5 | 0.69 | 0.78 | 0.63 | 0.77 | 0.80 | 0.80 | 0.75 | 0.70 | 0.74 | 0.70 | 0.72 | 0.74 | 0.70 | 0.78 |
| S6 | 0.68 | 0.79 | 0.62 | 0.77 | 0.74 | 0.82 | 0.71 | 0.74 | 0.59 | 0.77 | 0.74 | 0.81 | 0.78 | 0.81 |
| S7 | 0.95 | 0.98 | 0.98 | 0.97 | 0.25 | 0.37 | 0.84 | 0.96 | 0.98 | 0.96 | 0.97 | 0.98 | 0.98 | 0.97 |
| S8 | 0.76 | 0.78 | 0.70 | 0.82 | 0.54 | 0.58 | 0.76 | 0.84 | 0.83 | 0.81 | 0.80 | 0.84 | 0.74 | 0.68 |
| S9 | 0.69 | 0.70 | 0.78 | 0.75 | 0.22 | 0.93 | 0.82 | 0.92 | 0.83 | 0.89 | 0.93 | 0.91 | 0.96 | 0.96 |
| S10 | 0.76 | 0.73 | 0.82 | 0.75 | 0.15 | 0.94 | 0.91 | 0.97 | 0.88 | 0.88 | 0.96 | 0.95 | 0.98 | 0.94 |
| S11 | 0.61 | 0.47 | 0.34 | 0.85 | 0.83 | 0.91 | 0.88 | 0.91 | 0.87 | 0.91 | 0.88 | 0.93 | 0.92 | 0.93 |
| S12 | 0.74 | 0.76 | 0.77 | 0.74 | 0.75 | 0.82 | 0.66 | 0.67 | 0.67 | 0.71 | 0.75 | 0.86 | 0.72 | 0.72 |
| S13 | 0.71 | 0.68 | 0.77 | 0.77 | 0.70 | 0.73 | 0.78 | 0.81 | 0.79 | 0.67 | 0.77 | 0.71 | 0.77 | 0.65 |

续　表

| 城市指标 | 南宁 | 柳州 | 桂林 | 梧州 | 北海 | 防城港 | 钦州 | 贵港 | 玉林 | 百色 | 贺州 | 河池 | 来宾 | 崇左 |
|---|---|---|---|---|---|---|---|---|---|---|---|---|---|---|
| S14 | 0.71 | 0.75 | 0.76 | 0.74 | 0.69 | 0.69 | 0.75 | 0.75 | 0.69 | 0.72 | 0.74 | 0.74 | 0.77 | 0.78 |
| S15 | 0.72 | 0.72 | 0.71 | 0.77 | 0.74 | 0.73 | 0.74 | 0.75 | 0.76 | 0.72 | 0.73 | 0.72 | 0.74 | 0.72 |
| S16 | 0.72 | 0.74 | 0.73 | 0.72 | 0.61 | 0.74 | 0.76 | 0.76 | 0.76 | 0.76 | 0.73 | 0.79 | 0.74 | 0.74 |
| S17 | 0.76 | 0.74 | 0.77 | 0.68 | 0.69 | 0.86 | 0.75 | 0.60 | 0.72 | 0.72 | 0.76 | 0.79 | 0.78 | 0.74 |
| S18 | 0.66 | 0.65 | 0.75 | 0.83 | 0.72 | 0.74 | 0.79 | 0.76 | 0.73 | 0.67 | 0.74 | 0.71 | 0.83 | 0.76 |
| S19 | 0.68 | 0.63 | 0.76 | 0.81 | 0.64 | 0.73 | 0.88 | 0.90 | 0.78 | 0.60 | 0.84 | 0.84 | 0.92 | 0.59 |
| S20 | 0.78 | 0.70 | 0.72 | 0.85 | 0.82 | 0.46 | 0.87 | 0.88 | 0.88 | 0.67 | 0.82 | 0.73 | 0.72 | 0.70 |
| S21 | 0.50 | 0.83 | 0.47 | 0.84 | 0.84 | 0.76 | 0.61 | 0.94 | 0.85 | 0.65 | 0.95 | 0.91 | 0.91 | 0.90 |
| S22 | 0.38 | 0.82 | 0.61 | 0.93 | 0.87 | 0.88 | 0.69 | 0.94 | 0.92 | 0.94 | 0.81 | 0.89 | 0.70 | 0.63 |
| S23 | 0.76 | 0.56 | 0.76 | 0.84 | 0.56 | 0.35 | 0.86 | 0.95 | 0.90 | 0.93 | 0.94 | 0.93 | 0.92 | 0.94 |
| S24 | 0.77 | 0.78 | 0.71 | 0.75 | 0.77 | 0.81 | 0.69 | 0.69 | 0.68 | 0.73 | 0.73 | 0.73 | 0.70 | 0.77 |
| S25 | 0.74 | 0.70 | 0.69 | 0.77 | 0.71 | 0.69 | 0.79 | 0.82 | 0.80 | 0.68 | 0.74 | 0.72 | 0.74 | 0.71 |
| S26 | 0.73 | 0.73 | 0.60 | 0.79 | 0.74 | 0.70 | 0.75 | 0.67 | 0.81 | 0.72 | 0.79 | 0.76 | 0.75 | 0.77 |

续　表

| 城市指标 | 南宁 | 柳州 | 桂林 | 梧州 | 北海 | 防城港 | 钦州 | 贵港 | 玉林 | 百色 | 贺州 | 河池 | 来宾 | 崇左 |
|---|---|---|---|---|---|---|---|---|---|---|---|---|---|---|
| S27 | 0.61 | 0.63 | 0.75 | 0.74 | 0.70 | 0.76 | 0.76 | 0.82 | 0.77 | 0.74 | 0.78 | 0.75 | 0.73 | 0.80 |
| S28 | 0.58 | 0.60 | 0.71 | 0.74 | 0.72 | 0.72 | 0.79 | 0.83 | 0.82 | 0.75 | 0.78 | 0.77 | 0.79 | 0.79 |
| S29 | 0.77 | 0.71 | 0.67 | 0.73 | 0.82 | 0.74 | 0.72 | 0.71 | 0.69 | 0.73 | 0.75 | 0.74 | 0.73 | 0.78 |
| S30 | 0.75 | 0.62 | 0.67 | 0.76 | 0.79 | 0.60 | 0.82 | 0.84 | 0.81 | 0.70 | 0.77 | 0.75 | 0.78 | 0.73 |
| S31 | 0.63 | 0.46 | 0.66 | 0.76 | 0.68 | 0.68 | 0.87 | 0.89 | 0.85 | 0.83 | 0.84 | 0.83 | 0.83 | 0.81 |
| S32 | 0.73 | 0.72 | 0.72 | 0.73 | 0.73 | 0.73 | 0.75 | 0.74 | 0.76 | 0.72 | 0.73 | 0.73 | 0.74 | 0.72 |
| S33 | 0.80 | 0.80 | 0.84 | 0.72 | 0.73 | 0.58 | 0.74 | 0.59 | 0.73 | 0.76 | 0.77 | 0.77 | 0.81 | 0.76 |
| S34 | 0.66 | 0.90 | 0.90 | 0.87 | 0.86 | 0.81 | 0.87 | 0.34 | 0.77 | 0.82 | 0.88 | 0.63 | 0.78 | 0.77 |

表5－6　2018年广西基本公共服务均等化单项指标障碍度

（%）

| 城市<br>指标 | 南宁 | 柳州 | 桂林 | 梧州 | 北海 | 防城港 | 钦州 | 贵港 | 玉林 | 百色 | 贺州 | 河池 | 来宾 | 崇左 |
|------|------|------|------|------|------|------|------|------|------|------|------|------|------|------|
| S1 | 3.31 | 3.04 | 3.16 | 3.03 | 3.52 | 3.38 | 3.10 | 2.85 | 3.08 | 2.45 | 2.38 | 3.00 | 2.33 | 2.80 |
| S2 | 4.38 | 3.71 | 4.27 | 4.21 | 4.56 | 4.07 | 4.50 | 4.42 | 4.51 | 3.15 | 3.39 | 3.33 | 3.56 | 3.50 |
| S3 | 1.91 | 2.02 | 1.71 | 2.03 | 2.18 | 1.98 | 2.06 | 1.95 | 2.04 | 1.99 | 1.90 | 2.07 | 1.61 | 1.95 |
| S4 | 2.11 | 2.19 | 1.76 | 2.17 | 1.99 | 1.96 | 2.10 | 1.92 | 2.10 | 1.96 | 2.05 | 1.85 | 1.79 | 1.57 |
| S5 | 2.90 | 3.29 | 2.61 | 2.95 | 3.53 | 3.28 | 2.83 | 2.69 | 2.82 | 2.84 | 2.72 | 2.84 | 2.69 | 3.07 |
| S6 | 2.86 | 3.31 | 2.56 | 2.96 | 3.24 | 3.35 | 2.71 | 2.85 | 2.24 | 3.11 | 2.79 | 3.09 | 3.00 | 3.19 |
| S7 | 4.01 | 4.11 | 4.07 | 3.72 | 1.09 | 1.51 | 3.19 | 3.68 | 3.71 | 3.88 | 3.67 | 3.75 | 3.73 | 3.79 |
| S8 | 2.13 | 2.18 | 1.94 | 2.09 | 1.58 | 1.58 | 1.91 | 2.16 | 2.10 | 2.17 | 2.03 | 2.13 | 1.89 | 1.79 |
| S9 | 2.92 | 2.95 | 3.23 | 2.86 | 0.98 | 3.81 | 3.12 | 3.54 | 3.13 | 3.58 | 3.52 | 3.47 | 3.68 | 3.77 |
| S10 | 4.26 | 4.05 | 4.54 | 3.83 | 0.87 | 5.12 | 4.62 | 4.97 | 4.45 | 4.75 | 4.87 | 4.86 | 5.02 | 4.93 |
| S11 | 1.72 | 1.33 | 0.95 | 2.15 | 2.43 | 2.50 | 2.22 | 2.32 | 2.19 | 2.46 | 2.22 | 2.36 | 2.35 | 2.43 |
| S12 | 3.10 | 3.17 | 3.22 | 2.84 | 3.30 | 3.38 | 2.50 | 2.56 | 2.52 | 2.86 | 2.85 | 3.29 | 2.75 | 2.81 |
| S13 | 4.00 | 3.80 | 4.26 | 3.92 | 4.12 | 3.99 | 3.95 | 4.15 | 4.01 | 3.61 | 3.87 | 3.61 | 3.92 | 3.40 |

续　表

| 城市指标 | 南宁 | 柳州 | 桂林 | 梧州 | 北海 | 防城港 | 钦州 | 贵港 | 玉林 | 百色 | 贺州 | 河池 | 来宾 | 崇左 |
|---|---|---|---|---|---|---|---|---|---|---|---|---|---|---|
| S14 | 2.00 | 2.09 | 2.12 | 1.88 | 2.02 | 1.88 | 1.90 | 1.92 | 1.75 | 1.92 | 1.87 | 1.88 | 1.96 | 2.04 |
| S15 | 3.05 | 3.02 | 2.95 | 2.92 | 3.24 | 2.98 | 2.81 | 2.86 | 2.88 | 2.91 | 2.78 | 2.75 | 2.82 | 2.82 |
| S16 | 3.02 | 3.09 | 3.02 | 2.77 | 2.66 | 3.05 | 2.89 | 2.90 | 2.88 | 3.06 | 2.78 | 3.03 | 2.82 | 2.92 |
| S17 | 3.18 | 3.10 | 3.19 | 2.58 | 3.05 | 3.53 | 2.86 | 2.29 | 2.74 | 2.89 | 2.87 | 3.00 | 2.96 | 2.92 |
| S18 | 2.77 | 2.73 | 3.11 | 3.18 | 3.15 | 3.04 | 2.99 | 2.91 | 2.75 | 2.70 | 2.80 | 2.73 | 3.18 | 2.99 |
| S19 | 3.84 | 3.49 | 4.23 | 4.11 | 3.73 | 3.99 | 4.45 | 4.58 | 3.95 | 3.22 | 4.26 | 4.26 | 4.68 | 3.07 |
| S20 | 2.18 | 1.95 | 1.99 | 2.16 | 2.39 | 1.25 | 2.20 | 2.26 | 2.22 | 1.79 | 2.08 | 1.85 | 1.83 | 1.83 |
| S21 | 1.41 | 2.32 | 1.29 | 2.13 | 2.46 | 2.08 | 1.54 | 2.41 | 2.14 | 1.74 | 2.40 | 2.33 | 2.31 | 2.34 |
| S22 | 1.06 | 2.29 | 1.68 | 2.38 | 2.54 | 2.41 | 1.75 | 2.40 | 2.32 | 2.54 | 2.04 | 2.27 | 1.77 | 1.64 |
| S23 | 2.13 | 1.57 | 2.11 | 2.13 | 1.64 | 0.96 | 2.18 | 2.43 | 2.28 | 2.50 | 2.38 | 2.38 | 2.35 | 2.47 |
| S24 | 3.23 | 3.27 | 2.95 | 2.87 | 3.36 | 3.31 | 2.61 | 2.66 | 2.58 | 2.93 | 2.78 | 2.77 | 2.66 | 3.03 |
| S25 | 4.14 | 3.93 | 3.84 | 3.91 | 4.17 | 3.77 | 4.00 | 4.19 | 4.03 | 3.66 | 3.73 | 3.68 | 3.77 | 3.71 |
| S26 | 3.09 | 3.07 | 2.49 | 3.03 | 3.26 | 2.85 | 2.86 | 2.58 | 3.08 | 2.90 | 3.00 | 2.90 | 2.88 | 3.02 |

续　表

| 城市指标 | 南宁 | 柳州 | 桂林 | 梧州 | 北海 | 防城港 | 钦州 | 贵港 | 玉林 | 百色 | 贺州 | 河池 | 来宾 | 崇左 |
|---|---|---|---|---|---|---|---|---|---|---|---|---|---|---|
| S27 | 2.57 | 2.64 | 3.11 | 2.83 | 3.09 | 3.12 | 2.88 | 3.14 | 2.91 | 2.96 | 2.97 | 2.85 | 2.81 | 3.13 |
| S28 | 2.46 | 2.53 | 2.93 | 2.84 | 3.16 | 2.96 | 2.99 | 3.18 | 3.09 | 3.02 | 2.97 | 2.94 | 3.03 | 3.09 |
| S29 | 3.24 | 2.96 | 2.79 | 2.78 | 3.61 | 3.02 | 2.73 | 2.72 | 2.63 | 2.95 | 2.86 | 2.82 | 2.80 | 3.06 |
| S30 | 4.21 | 3.47 | 3.71 | 3.86 | 4.63 | 3.26 | 4.15 | 4.28 | 4.12 | 3.77 | 3.89 | 3.80 | 3.99 | 3.83 |
| S31 | 2.66 | 1.94 | 2.74 | 2.91 | 2.99 | 2.77 | 3.31 | 3.41 | 3.22 | 3.34 | 3.18 | 3.18 | 3.17 | 3.19 |
| S32 | 3.09 | 3.02 | 3.01 | 2.80 | 3.22 | 3.01 | 2.85 | 2.84 | 2.88 | 2.90 | 2.76 | 2.77 | 2.82 | 2.82 |
| S33 | 3.36 | 3.37 | 3.47 | 2.73 | 3.22 | 2.39 | 2.83 | 2.25 | 2.75 | 3.06 | 2.90 | 2.94 | 3.11 | 2.99 |
| S34 | 3.72 | 5.02 | 4.99 | 4.41 | 5.02 | 4.43 | 4.39 | 1.72 | 3.90 | 4.43 | 4.44 | 3.22 | 3.97 | 4.06 |

## 2. 典型影响因子障碍度分析

由于广西基本公共服务均等化指标体系包括了 34 个单项指标,因此,这一评估体系中涉及的指标非常多。为了探究广西基本公共服务均等化主要障碍因子,本书按照单项指标障碍度大小,根据表 5-6 中数据筛选出障碍度大于 3,影响比较显著的障碍因子,例如南宁,障碍度大于 3 的指标包括:S2(4.38)、S10(4.26)、S30(4.21)、S25(4.14)、S7(4.01)、S13(4)、S19(3.84)、S34(3.72)、S33(3.36)、S1(3.31)、S29(3.24)、S24(3.23)、S17(3.18)、S12(3.1)、S26(3.09)、S32(3.09)、S15(3.05)、S16(3.02),一共 18 个指标。其他 13 个地级市数据,如表 5-7 所示。

表 5-7　广西基本公共服务均等化指标层主要障碍因子和障碍度

单位:%

| 城市 | 障 碍 因 子 |
|---|---|
| 南宁 | S2(4.38)、S10(4.26)、S30(4.21)、S25(4.14)、S7(4.01)、S13(4)、S19(3.84)、S34(3.72)、S33(3.36)、S1(3.31)、S29(3.24)、S24(3.23)、S17(3.18)、S12(3.1)、S26(3.09)、S32(3.09)、S15(3.05)、S16(3.02) |
| 柳州 | S34(5.02)、S7(4.11)、S10(4.05)、S25(3.93)、S13(3.8)、S2(3.71)、S19(3.49)、S30(3.47)、S33(3.37)、S6(3.31)、S5(3.29)、S24(3.27)、S12(3.17)、S17(3.1)、S16(3.09)、S26(3.07)、S1(3.04)、S15(3.02)、S32(3.02) |
| 桂林 | S34(4.99)、S10(4.54)、S2(4.27)、S13(4.26)、S19(4.23)、S7(4.07)、S25(3.84)、S30(3.71)、S33(3.47)、S9(3.23)、S12(3.22)、S17(3.19)、S1(3.16)、S18(3.11)、S27(3.11)、S16(3.02)、S32(3.01) |
| 梧州 | S34(4.41)、S2(4.21)、S19(4.11)、S13(3.92)、S25(3.91)、S30(3.86)、S10(3.83)、S7(3.72)、S18(3.18)、S1(3.03)、S26(3.03) |

| 城市 | 障 碍 因 子 |
|---|---|
| 北海 | S34(5.02)、S30(4.63)、S2(4.56)、S25(4.17)、S13(4.12)、S19(3.73)、S29(3.61)、S5(3.53)、S1(3.52)、S24(3.36)、S12(3.3)、S26(3.26)、S6(3.24)、S15(3.24)、S32(3.22)、S33(3.22)、S28(3.16)、S18(3.15)、S27(3.09)、S17(3.05) |
| 防城港 | S10(5.12)、S34(4.43)、S2(4.07)、S13(3.99)、S19(3.99)、S9(3.81)、S25(3.77)、S17(3.53)、S1(3.38)、S12(3.38)、S6(3.35)、S24(3.31)、S5(3.28)、S30(3.26)、S27(3.12)、S16(3.05)、S18(3.04)、S29(3.02)、S32(3.01) |
| 钦州 | S10(4.62)、S2(4.5)、S19(4.45)、S34(4.39)、S30(4.15)、S25(4)、S13(3.95)、S31(3.31)、S7(3.19)、S9(3.12)、S1(3.1) |
| 贵港 | S10(4.97)、S19(4.58)、S2(4.42)、S30(4.28)、S25(4.19)、S13(4.15)、S7(3.68)、S9(3.54)、S31(3.41)、S28(3.18)、S27(3.14) |
| 玉林 | S2(4.51)、S10(4.45)、S30(4.12)、S25(4.03)、S13(4.01)、S19(3.95)、S34(3.9)、S7(3.71)、S31(3.22)、S9(3.13)、S28(3.09)、S1(3.08)、S26(3.08) |
| 百色 | S10(4.75)、S34(4.43)、S7(3.88)、S30(3.77)、S25(3.66)、S13(3.61)、S9(3.58)、S31(3.34)、S19(3.22)、S2(3.15)、S6(3.11)、S16(3.06)、S33(3.06)、S28(3.02) |
| 贺州 | S10(4.87)、S34(4.44)、S19(4.26)、S30(3.89)、S13(3.87)、S25(3.73)、S7(3.67)、S9(3.52)、S2(3.39)、S31(3.18)、S26(3) |
| 河池 | S10(4.86)、S19(4.26)、S30(3.8)、S7(3.75)、S25(3.68)、S13(3.61)、S9(3.47)、S2(3.33)、S12(3.29)、S34(3.22)、S31(3.18)、S6(3.09)、S16(3.03)、S1(3)、S17(3) |
| 来宾 | S10(5.02)、S19(4.68)、S30(3.99)、S34(3.97)、S13(3.92)、S25(3.77)、S7(3.73)、S9(3.68)、S2(3.56)、S18(3.18)、S31(3.17)、S33(3.11)、S28(3.03)、S6(3) |
| 崇左 | S10(4.93)、S34(4.06)、S30(3.83)、S7(3.79)、S9(3.77)、S25(3.71)、S2(3.5)、S13(3.4)、S6(3.19)、S31(3.19)、S27(3.13)、S28(3.09)、S5(3.07)、S19(3.07)、S29(3.06)、S24(3.03)、S26(3.02) |

针对指标层包含的 34 个单项指标,在表 5 - 6 和表 5 - 7 的基础上,我们制作了广西基本公共服务均等化障碍度区域频数图,如图 5 - 1 所示。

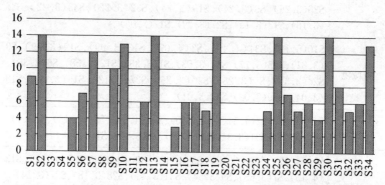

**图 5 - 1 广西基本公共服务均等化指标层障碍度区域频数分布图**

由图 5 - 1 我们可以看出,在众多影响广西基本公共服务均等化指标中,存在一定的具有普遍影响作用的障碍因子,其中,S1(农林水支出占财政支出比例)、S2(人均农林水支出)、S5(人均粮食产量)、S6(人均肉类产量)、S7(人均水产品产量)、S9(科学技术支出占财政支出比)、S10(人均科学技术支出)、S12(教育支出占财政支出比例)、S13(人均教育支出)、S15(普通小学生师比)、S16(普通中学生师比)、S17(高等学校生师比)、S18(文体与传媒支出占财政支出比例)、S19(人均文体与传媒支出)、S24(医疗卫生支出占财政支出比例)、S25(人均医疗卫生支出)、S26(每千人口卫生机构数)、S27(每千人口医疗机构床位数)、S28(每千人口卫生技术人员数)、S29(社会保障支出占财政支出比例)、S30(人均社会保障支出)、S31(城镇职工基本养老保险参保率)、

S32(城镇基本医疗保险参保率)、S33(年末城镇登记失业率)、S34(城镇低保领取人数占总人口比例)等 25 个指标的频数为 9、14、4、7、12、10、13、6、14、3、6、6、5、14、5、14、7、5、6、4、14、8、5、6、13。其中 S2、S13、S19、S25、S30 等 5 个指标频数达到 14,也就意味着 14 个城市基本公共服务均等化指标障碍度均与此指标有关,S10 和 S34 频数达到 13,也非常高,也就意味着这 2 个指标仅仅有一个城市障碍度小于 3。这些共同性障碍因子中,来自农林水事务的指标有 5 个,占 20%,来自科学技术的为 2 个,占 8%,来自教育的为 5 个,占 20%,来自文体与传媒的为 2 个,占 8%,来自医疗卫生的为 5 个,占 20%,来自社会保障与就业的为 6 个,占 24%,医疗卫生和社会保障与就业的所有指标均入选,说明其障碍度都非常高,对广西基本公共服务均等化影响非常大。

此外,S3(每万人有效灌溉面积)、S4(人均农业机械动力)、S8(人均农林牧渔产值)、S11(每万人专利授权数量)、S14(在园儿童数占人口比例)、S20(每百万人公共图书馆数)、S21(人均公共图书馆藏书量)、S22(每百万人体育馆数)、S23(每百万人剧场、影院数)等 9 个指标均为 0,也就意味着这些指标没有一个城市的障碍度是大于 3 的,相对来说,对广西基本公共服务均等化的影响较小。9 个指标中来自农林水事务的为 3 个,占 33.3%,来自科学技术的为 1 个,占 11.1%,来自教育的 1 个,占 11.1%,来自文体与传媒的最多,达到 4 个,占 44.5%。

## (三)广西基本公共服务均等化准则层障碍因子分析

我们通过以上对 34 个指标层的障碍因子分析发现,不同城市基本公共服务均等化的障碍因素既有共同的地方,也有一定的差异。在此基础上,我们利用公式 5 - 7,分别计算出 14 个地级市在农林水事务(F1)、科学技术(F2)、教育(F3)、文体与传媒(F4)、医疗卫生(F5)、社会保障与就业(F6)等 6 项准则层的障碍度,如表 5 - 8 所示。

表 5-8　广西基本公共服务均等化准则层指标障碍度　　　(%)

| 城市 | 障 碍 度 | | | | | |
|---|---|---|---|---|---|---|
| | F1 | F2 | F3 | F4 | F5 | F6 |
| 南宁 | 23.6 | 8.9 | 18.36 | 13.38 | 15.48 | 20.28 |
| 柳州 | 23.84 | 8.33 | 18.26 | 14.35 | 15.44 | 19.78 |
| 桂林 | 22.08 | 8.71 | 18.76 | 14.42 | 15.32 | 20.71 |
| 梧州 | 23.18 | 8.84 | 16.91 | 16.09 | 15.48 | 19.5 |
| 北海 | 21.69 | 4.28 | 18.39 | 15.91 | 17.05 | 22.69 |
| 防城港 | 21.12 | 11.43 | 18.82 | 13.74 | 16.01 | 18.87 |
| 钦州 | 22.41 | 9.96 | 16.91 | 15.11 | 15.34 | 20.27 |
| 贵港 | 22.52 | 10.83 | 16.69 | 16.99 | 15.74 | 17.22 |
| 玉林 | 22.6 | 9.77 | 16.78 | 15.66 | 15.69 | 19.5 |
| 百色 | 21.54 | 10.8 | 17.25 | 14.49 | 15.47 | 20.45 |
| 贺州 | 20.92 | 10.61 | 17.02 | 15.96 | 15.45 | 20.03 |
| 河池 | 22.05 | 10.69 | 17.57 | 15.82 | 15.15 | 18.72 |
| 来宾 | 20.59 | 11.05 | 17.24 | 16.12 | 15.15 | 19.85 |
| 崇左 | 21.66 | 11.13 | 16.92 | 14.35 | 15.99 | 19.95 |
| 均值 | 22.13 | 9.66 | 17.56 | 15.17 | 15.62 | 19.84 |

从表 5 - 8 我们可以看出,6 个准则层指标在各个城市的障碍度是不一样的,有的准则层指标差距非常大,有的准则层指标

差距不明显,其中:

在 F1(农林水事务)方面,柳州市的障碍度最高,为
23.84%,南宁市以 23.6%紧追其后,排名第二,梧州市障碍度为
23.18%,排名第三,玉林市障碍度为 22.6%,排名第四。来宾
市、贺州市、防城港市、百色市等四个城市障碍度排名后 4 位,障
碍度分别为 20.59%、20.92%、21.12%、21.54%。

在 F2(科学技术)方面,障碍度差距较大,防城港市的障碍度
最高,达到 11.43%,排名第二的为崇左市,为 11.13%;来宾市和
贵港市分别排名第三和第四,障碍度分别为 11.05%、10.83%。
北海市的障碍度最低,仅仅为 4.28%,柳州市、桂林市和梧州市,
障碍度分别为 8.33%、8.71%、8.84%,属于靠后城市。

在 F3(教育)方面,排名第一的是防城港市,达到 18.82%,
其次是桂林市的 18.76%,第 3 位的是北海市的 18.39%,第四位
是南宁市,障碍度为 18.36%。障碍度最低的是贵港市,障碍度
仅仅为 16.69%,玉林市、梧州市、钦州市排名靠后,障碍度分别
为 16.78%、16.91%、16.91%。

在 F4(文体与传媒)方面,贵港市排名第一,障碍度为
16.99%,接近 17%,来宾市排名第二,障碍度为 16.12%,第三位
为梧州市的 16.09%,贺州市以 15.96%的障碍度,排在第四。障
碍度最低的是南宁市的 13.38%,防城港市、柳州市、崇左市排名
靠后,障碍度分别为 13.74%、14.35%、14.35%。

在 F5(医疗卫生)方面,北海市以 17.05%的障碍度排名第
一,防城港市排名第二,为 16.01%,崇左市和贵港市排名第三第
四位,分别为 15.99%和 15.74%。障碍度最小的是河池市和来
宾市,均为 15.15%,桂林市、钦州市排名较后,障碍度分别为

15.32%、15.34%,相对来说,F5(医疗卫生)的障碍度差距不是很大。

在F6(社会保障与就业)方面,北海市排名第一,障碍度达到22.69%,桂林市排名第二,为20.71%,百色市、南宁市排名第三位和第四位,障碍度分别为20.45%、20.28%。排名最低的是贵港市,障碍度为17.22%,河池市、防城港市排名靠后,障碍度分别为18.72%、18.87%。

分城市来看,在各准则层的障碍度对基本公共服务均等化的影响也有一定的不同,如图5-2所示。

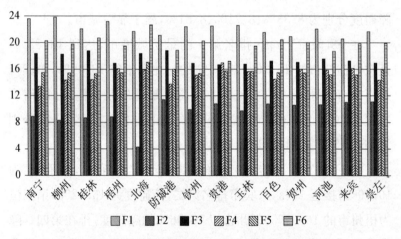

图5-2 广西基本公共服务均等化准则层指标障碍度排序

从总体趋势看,14个地级市准则层障碍度排名呈现 F1(农林水事务)>F6(社会保障与就业)>F3(教育)>F5(医疗卫生)>F4(文体与传媒)>F2(科学技术),也就是 F1(农林水事务)障碍度最高,而 F2(科学技术)障碍度最小。

从差异性来看,障碍度最小的 F2(科学技术),在 14 个地级市中差异最大,变异系数达到 19.21%,最大值的是来自防城港市障碍度为 11.43%,最小值为北海市的 4.28%,差距达到 7.15%,为准则层差距最大的指标;差异性排名第二的为 F4(文体与传媒),变异系数为 6.96%;准则层差异性最小的为 F5(医疗卫生),变异系数最小,为 3.11%。

# 第六章

# 官员晋升激励与广西县级
# 政府基本公共服务支出
## ——基于县级官员的视角

## 一、引言

　　1994 年的分税制改革,不仅在当时剧烈地改变了我国中央和地方政府之间的财政关系,而且深刻地影响了此后至今约 30年的中国宏观财政格局和不同层级政府间关系的走向。1994 年分税制改革后,中央财力得到大幅度提升,而地方政府财政能力受到很大限制,地方政府的财力与事权不匹配、事权和支出责任不相适应的问题日渐凸显,支出责任的逐级下移非常明显。① 在属地化分级管理模式下,社会公共品的提供不是按照公共品的覆盖范围而是按照行政隶属关系或属地化原则管理。我国基本公共服务支出大多发生在市县政府②,我们从第三章也可以看

---

① 黄韬. 中央与地方事权分配机制:历史、现状及法治化路径. 上海:上海人民出版社,2015:8.
② 黄佩华、迪帕克. 中国:国家发展和地方财政. 北京:中信出版社,2003:36.

到,市县政府是广西基本公共服务支出的"主力"。

"郡县治,天下安。"县级政府处在承上启下的关键环节,是发展经济、保障民生、维护稳定、促进国家长治久安的重要基础,是执政兴国的"一线指挥部"。县级政府主要领导对县域经济发展、社会治理等具有很大的推动作用,特别是县委书记,是执政兴国的"一线总指挥",他们身处执政一线,是基层治理的重要骨干力量。只有选对了"一线总指挥",才能保证上级决策部署在县域的有效落实,保证地方领导班子团结一心为民谋利,实现"为官一任,造福一方"。在全国 60 万左右的县处级干部中,只有2800 多位县(市、区、旗)委书记,这个悬殊的比例再次印证了县委书记的重要性[1],托马斯·海贝勒等(2013)[2]把中国的县委书记称为"战略性群体"的"核心领导"和"一把手"。中国共产党历来重视县委书记群体的选拔任用。2021 年 6 月 29 日,经党中央同意,中共中央组织部决定,对在县(市、区、旗)委书记岗位上取得优异成绩的 103 名同志,授予全国优秀县委书记称号,予以表彰,一方面充分肯定了县委书记群体,另一方面也是为了树立典型、明确导向,引导党员干部对标先进。

官员作为国家治理的重要主体之一,是维持政府持续运转和提供基本公共服务的重要力量,在中国,地方官员在很大程度上能够影响当地的基本公共服务供给。官员与地方经济发展的

---

① 许彬. 个人特质、职业经历与晋升空间:以 G 省县委书记为对象的研究. 学术研究,2017(8):56—63.

② [德]托马斯·海贝勒、舒耕德."主动的"地方政治:作为战略群体的县乡干部. 杨雪冬译,北京:中央编译出版社,2013:42.

关系是当前学术界探讨的热点之一,如官员对经济增长的影响①、官员对企业减负的影响②、官员对投资的影响③、官员对贸易的影响④等方面。其实,官员对基本公共服务方面的影响也比较大,如环境保护支出⑤、科技支出⑥、教育支出⑦、医疗卫生⑧、社会保障⑨等。教育投入是支撑国家长远发展的基础性、战略性投资,也是公共财政的重要职能。教育发展始终被中国各级政府摆在优先发展的战略位置。《国家中长期教育改革和发展规划纲要(2010~2020)》明确要求各级政府"优化财政支出结构,把教育作为财政支出重点领域予以优先保障"。一直以来,地方政府财政支出结构偏向、教育投入不充分不平衡现象较为突出。⑩在"后4%时代",如何调动各级政府教育投入的积极性,不仅是

① 曾湘泉、李智、王辉. 官员任期对地区经济增长效应研究. 中国人民大学学报,2021(1):81—95.
② 叶初升、陈晓佳. 企业减负政策执行与地方政府配套改革——基于晋升激励下地方官员行为视角. 社会科学辑刊,2020(6):131—144.
③ 俞俊利、徐汇丰、王亮亮. 地方政府财政支出、官员任命与投资同步性. 管理评论,2020(9):3—17.
④ 牛婧、魏修建. 官员流动、地区间关联与省际贸易往来. 财贸经济,2020(6):128—143.
⑤ 熊波、张惠、卢盛峰. 官员交流与环境保护——来自省长、省委书记交流的经验证据. 中国地质大学学报(社会科学版),2016(6):64—75.
⑥ 李恩极、李群. 官员任期、标尺竞争与地方政府科技支出——基于地级市数据和两区制空间杜宾模型的新证据. 研究与发展管理,2020(6):114—125.
⑦ 江依妮、易雯. 区域差异、地方官员特征与教育支出行为. 广东财经大学学报,2017(6):58—66.
⑧ 胡玉杰、彭徽. 财政分权、晋升激励与农村医疗卫生公共服务供给——基于我国省际面板数据的实证研究. 当代财经,2019(4):39—48.
⑨ 刘苓玲、任斌、任文晨. 官员交流对社会保障事业发展的影响——来自省长、省委书记交流的经验证据. 南方经济,2015(10):64—84.
⑩ 钱佳、雷万鹏、马红梅. 政策表述与地方政府教育支出努力——基于市级面板数据的实证研究. 华东师范大学学报(教育科学版),2021(2):50—60.

保障教育经费可持续增长的必要条件,也是实现教育现代化的重要保障。现有文献关于官员和教育支出的研究,更多的是侧重宏观层面的,如对全国或者省、市领导[①]的研究,缺乏对县级地方官员的研究。那么,在当前的财政预算体制和干部管理体制下,县委书记、县长对待教育持有怎样的态度? 县委书记、县长是否有意愿投入到教育领域呢? 县委书记和县长在教育支出上是否行动一致? 为了更为详尽地回答"自上而下的干部管理体制下,什么样的县级领导更加倾向于投资教育",本章以广西2007年—2019年县委书记、县长和县级财政数据,研究县委书记和县长对当地教育支出的影响。

## 二、研究假设

地方政府是基本公共服务的主要提供者,主导地区基本公共服务的配置情况。"晋升锦标赛"对官员晋升的强激励作用,使官员执政目标短视化,将施政重心更多的放置在政绩考核指标上,而与民生息息相关的基本公共服务则经常被选择性忽视。[②] 另一方面,财政分权制度使地方政府"财权削减"而"事权激增",实际承担职责与财政能力存在错位,导致政府在财政支出方面往往面临两难抉择。地方官员需要完成既定的政绩考核,同时又要满足民生需求,降低居民用脚投票的概率。在此两

① 杜博士、吴宗法.官员更替、政策不连续性对教育投入的影响研究.软科学,2021(8): 7—13.
② 王华春、平易、崔伟.财政事权与支出责任匹配下的污染防治研究——基于2006—2016年我国地级市的面板数据分析.城市问题,2020(9): 94—103.

难选择下,官员考核中"可视性偏差"屡见不鲜,在公共财政投入时更多关注可视性高的公共物品,如高速公路、桥梁等基础设施建设,而可视性低的基本公共服务往往被忽视,如教育支出、社会保障支出等。县级政府作为基础教育的财政责任主体,对地方教育投入有充分自主权。[①] 县委书记和县长作为县级政府的主要决策者,他们的偏好将直接影响教育支出。由此,本章提出基本假设:不同特征的县级官员受不同晋升激励影响,对当地教育支出的投入也不同。具体表现为,官员职位、个人履历、晋升压力不同的官员,在不同晋升激励作用下,对地方教育支出的影响也不同。

第一,官员的工作履历影响地方教育投入。官员的工作经历及与上级政府的关系,将会影响官员的升迁预期,进而影响个人任期内的政治决策。另一方面,不同的职业经历,将导致他们在地方经济发展和社会事务管理方面进行不同选择。官员的个人履历主要有综合任职、基层提拔和下派空降三种情况。综合任职的官员有基层和上层工作的综合经验,工作履历多元,具备全局视野和创新意识。下派空降的官员主要以上级政府对官员的进一步考察和锻炼为主,这部分官员相较于基层提拔官员拥有较为丰富的社会资源和政治资源,政治决策主要以经济绩效为衡量指标。基层提拔的官员拥有较为丰富的底层工作阅历,掌握辖区经济发展的基本状况,更加了解区县在基本公共服务供给方面的偏差和不足。因此,笔者提出假设 1:

---

① 杜莉. 我国基础教育公式拨款:模式构建与运行机制. 教育与经济,2017(3):36—41.

H1：基层提拔的县级官员更重视教育投入。

第二,官员的晋升压力影响地方教育投入。政府绩效指标和任期长短分别对官员晋升构成软性和硬性压力。"晋升锦标赛"理论指出,上级政府对下级各部门的行政长官设计以经济增长为核心的晋升竞赛,推行到县级等基层更是"层层加码"。[①] 地方政府在财政支出较大自由裁量权的保障下,政策目标趋于短视化[②],更多的关注于财政盈余、GDP 增长率、失业率等经济指标。另一方面,在弹性任期驱使下,官员的教育投入往往被经济支出挤占。Sachs 认为任职越长的政府官员在削减财政预算、减少财政赤字方面越有技巧。杨刚强研究发现官员任期和晋升概率具有显著负相关[③],任职初期官员决策趋向于促进经济建设以拉动经济增长,较少关注于投资高、见效慢的民生工程,但随着任期延长,官员对晋升的预期降低,晋升压力减小,更倾向于增加民生投入。因此,笔者提出假设 2:

H2：晋升压力小的县级官员更加注重教育投入。

## 三、研究方法与数据

根据数据的可得性,本章选取广西 14 个地级市所属的 70 个县作为研究对象,利用 2007—2019 年的县级财政数据匹配县委

① 王程伟、马亮. 绩效反馈如何影响政府绩效? ——问责压力的调节作用. 公共行政评论,2021(4):83—104.
② 罗丹. 策略博弈、约束性激励与规制"软化"——环境规制的悖论及其治理. 北京理工大学学报(社会科学版),2021(5):43—53.
③ 杨刚强、程恒祥、吴斯. 晋升压力、官员任期与公共服务供给效率——基于中国 70 个城市的实证. 云南财经大学学报,2020(2):89—100.

书记、县长数据,来研究县级官员对县级教育支出的影响。文中县级的经济数据主要来源于《广西统计年鉴》《中国县(市)社会经济统计年鉴》《广西财政年鉴》;县委书记和县长的履历信息主要来源于《广西年鉴》与网络资源。根据统计年鉴中历任县委书记和县长名单在人民网的各地级城市领导资料库、百度百科、广西大数据搜集官员数据并进行数据库整理与录入,删除缺失值后共有县委书记和县长 433 组变量。研究模型如下:

$$教育支出水平_{it} = \alpha + \beta_1 \, 工作履历_{it} + \beta_2 \, 晋升压力_{it} + \beta_3 X_{it} + \varepsilon_{it}$$

公式中 i 表示县级政府,t 表示年度。被解释变量教育支出水平为官员任职期间县级教育支出占县级财政总支出的比值。核心解释变量为官员工作履历和晋升压力两大个人特征指标,X 为其他控制变量。变量及测量方式见表 6-1。

表 6-1 变量设置

| 变量名称 | 指标 | 测量方式 |
|---|---|---|
| 因变量 | 教育投资占比 | 县级教育支出/县级财政总支出 |
| 关键自变量 | 个人履历特征 | 基层提拔=0;下派空降=1;综合任职=2 |
| | 晋升压力 | 由县级 GDP 增长率、财政盈余率和官员任期组成,取值范围为[0,3] |
| 控制变量 | 民族 | 少数民族=1;汉族=0 |
| | 财政自给率 | 县级政府财政收入/县级政府财政支出 |
| | 任现职年龄 | 任职当年—出生时间 |
| | 专业背景 | 管理学、经济学=1;其他=0 |
| | 教育背景 | 大专=0;本科=1;硕士及以上=2 |
| | 县级 GDP | 对数处理 |

续　表

| 变量名称 | 指标 | 测量方式 |
|---|---|---|
| 控制<br>变量 | 学生规模 | 中学在校生数与小学在校生数的总和（对数处理） |
| | 第三产业比重 | 第三产业 GDP 值/县级 GDP |

## （一）因变量

教育投资比重是衡量地方教育支出的重要指标[①]，表示各县财政在教育支出上的投入份额。由图 6-1 可见，广西各县（市）教育支出在财政支出的占比总体呈下降趋势，从 2007 年最高值的 18.56% 下降到 2019 年的 12.92%。分阶段看 2010—2012 年教育支出占比从 14.77% 小幅增加至 16.33%，随后继续呈下降态势。2007—2019 年各县（市）教育支出占比均值为 22%，最大

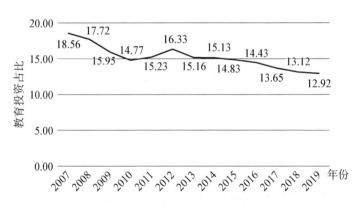

**图 6-1　2007—2019 年广西各县（市）教育投资占比**
数据来源：《广西统计年鉴》（2008—2020 年）、《广西财政年鉴》（2007—2019 年）

---

[①] 孙萌、台航.基础教育的财政投入与人力资本结构的优化——基于 CHIP 数据和县级数据的考察.中国经济问题，2018(5)：68—85.

值为 43%,最小值为 9%,如表 6－2 所示。从各县(市)所属市在
2007—2019 年间教育支出占财政支出比例来看,贵港市教育支
出占比均值最高,达到 31.27%,防城港市教育支出占比均值最
低,仅为 15.43%。

表 6－2 2007—2019 年广西各县(市、区)教育支出占比描述统计

| | 样本量 | 最小值(M) | 最大值(X) | 平均值(E) | 标准差 |
|---|---|---|---|---|---|
| 教育支出占比 | N＝909<br>n＝70 | 0.09 | 0.43 | 0.22 | 0.057 |

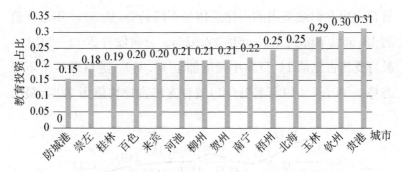

图 6－2 2007—2019 年广西 14 市教育投资占比均值

数据来源:《广西统计年鉴》(2008—2020 年)、《广西财政年鉴》(2007—2019 年)

## (二)自变量

在前人研究的基础上,我们从官员任期、县级 GDP 增长率
和财政盈余率三方面入手,综合测量县级官员晋升压力,取值范
围为[0,3]。官员任期是指在同地担任同职位的官员从上任首
年到离任期间的任职年数,若县委书记(县长)在 1—6 月离任,
则认为该县委书记(县长)的任期截止年份为上一年,若县委书

记(县长)在 7—12 月离任,则认为该县委书记(县长)的任期截止年份为本年。若官员于当年 7—12 月上任,并于次年 1—6 月卸任,则删去此样本。分别将各县委书记任期与广西 70 县所有县委书记任期均值进行比较,若该县委书记任期大于均值,则赋值为 1,反之为 0,同理县长的任期赋值。

财政盈余为县级政府财政收入与财政支出的差值与地方财政收入的比值。GDP 增长率指地区生产总值增长率与上一时期相比百分比的变动幅度。财政盈余与 GDP 增长率的赋值过程如下:首先,分别计算县级官员任职期间 GDP 增长率和财政盈余率的加权平均数;其次,遵循"可比地区原则",与该县所属地级市在官员任职对应年份的 GDP 增长率和财政盈余率加权平均数进行比较,并根据比较结果赋值。当某县 GDP 增长率、财政盈余率分别小于所属地级市相应指标的加权平均数时,分别赋值为 1,反之为 0。将上述赋值相加,得到各县级官员的晋升压力,取值范围为[0,3]。数值越大,表示该官员对应的晋升压力越大。

如表 6-3 所示,县长的晋升压力大于县委书记。2007—2019 年广西县委书记和县长的晋升压力存在显著性差异(t=-2.53),县委书记的晋升压力均值为 0.97,而县长为 1.17。县委书记和县长的晋升压力最大值均为 3,最小值均为 0,但晋升压力为 3 的县长占比为 7%,晋升压力为 3 的县委书记占比仅为 1%。各县长的晋升压力标准差大于县委书记,表明县长间晋升压力差异大于县委书记。

表 6-3　2007—2019 年广西县级官员晋升压力特征描述统计

| | 样本数 | 最小值（M） | 最大值（X） | 平均值（E） | 标准差 |
|---|---|---|---|---|---|
| 县委书记 | 209 | 0 | 3 | 0.97 | 0.77 |
| 县长 | 224 | 0 | 3 | 1.17 | 0.85 |
| T | | | −2.53** | | |

注：＊＊＊P＜0.01，＊＊P＜0.05，＊P＜0.1

　　官员个人履历特征主要有基层提拔、下派空降、综合任职三种。若该官员在成为县委书记（县长）之前仅有县级及以下单位工作经历，即基层提拔；如果在成为县委书记（县长）的上一个岗位在市级单位工作，即下派空降；若该官员同时拥有县级以下及县级以上工作经历即为综合任职。县委书记与县长的个人履历特征存在显著差异（t=2.77）。县委书记个人履历特征为综合任职的占比最高，为51.70%，而县长个人履历特征为基层提拔的占比最高为43.8%。可能是因为县委书记作为县级政府"一线总指挥"，既需要有全局性的视野，又需要有扎实的基层事务处理经验，因而在县委书记任命时更倾向于有综合任职经历的官员。无论是县委书记还是县长，个人履历特征为下派空降的占比最低，如表6-4所示。

表 6-4　2007—2019 年广西各县市官员个人履历特征描述统计

| | | 基层提拔 | 下派空降 | 综合任职 | 总计 |
|---|---|---|---|---|---|
| 县委书记 | 计数 | 78 | 23 | 108 | 209 |
| | 百分比 | 37.30% | 11.00% | 51.70% | 100.00% |
| 县长 | 计数 | 98 | 50 | 76 | 224 |

| | | 基层提拔 | 下派空降 | 综合任职 | 总计 |
|---|---|---|---|---|---|
| | 百分比 | 43.80% | 22.30% | 33.90% | 100.00% |
| T | | 2.77*** | | | |

注：＊＊＊P＜0.01，＊＊P＜0.05，＊P＜0.1

## （三）控制变量

本章涉及到的控制变量主要包括官员个人特征、财政自给率、县级 GDP、学生规模、第三产业占比。

官员的个人特征涵盖民族、专业背景、学历、任现职年龄均值。这些个人属性均可能影响官员的决策，进而影响地方教育支出水平。[①] 在民族方面，由于广西是少数民族自治区，汉族和少数民族官员在担任县委书记和县长中占比不同，汉族官员担任县委书记占比 55%，高于少数民族的 45%，而少数民族官员担任县长占比 50.9%，略高于汉族的 49.1%，但是县委书记与县长在民族属性上不存在显著差异（P＞0.1）。在专业背景方面，使用官员最终专业背景来统计官员专业特征，2007—2019 年，广西县委书记中专业为其他专业的占比为 67.9%，是经济学和管理学专业占比的 2 倍之多，县长的专业同样如此，其他专业占比为 58.9%，高于经济学和管理学专业占比，县委书记和县长专业背景均为其他专业占据主导地位，经济学、管理学专业占比相对低点。与民族不同的是，县委书记与县长在专业背景方面存在显

---

[①] 郭瑞、文雁兵、史晋川. 地方官员与经济发展：一个文献综述. 管理评论, 2018(12)：247—256.

著差异(P<0.1)。

在学历方面,我们以官员最终学历来统计官员的专业特征,将官员学历分为大专及以下、本科、硕士及以上三类。县委书记和县长学历为硕士及以上的占比显著高于其他学历。2007—2019年,广西县委书记和县长学历为硕士及以上的占比分别为80.40%、78.00%,学历为本科的占比分别为19.1%、21%,学历为大专及以下的占比最低,分别为0.50%、1%,县委书记与县长在学历属性上不存在显著差异(P>0.1)。在任现职年龄方面,我们使用该官员首次担任该职位时的年龄计算任现职年龄,2007—2019年,广西县委书记任现职年龄均值为46.11岁,而县长为43.63岁,县委书记任现职年龄均值大于县长,如表6-5所示。

表6-5 2007—2019年广西县级官员特征描述统计

| | | 县委书记 | 县长 |
|---|---|---|---|
| 民族 | 汉族 | 55.00% | 49.10% |
| | 少数民族 | 45.00% | 50.90% |
| | T | $-1.23$ | |
| 专业背景 | "经济学、管理学" | 32.10% | 41.10% |
| | 其他专业 | 67.90% | 58.90% |
| | T | 1.952* | |
| 学历背景 | 大专及以下 | 0.50% | 1.00% |
| | 本科 | 19.10% | 21.00% |
| | 硕士及以上 | 80.40% | 78.00% |
| | T | 0.05 | |
| 任现职年龄均值 | | 46.11 | 43.63 |
| | T | 6.67*** | |

注:***P<0.01,**P<0.05,*P<0.1

　　我们使用县级政府财政收入占财政支出比例来测量县级政府财政自给率。使用官员任职期间县级政府财政收入与财政支出的比值均值来反映该官员任期内财政充裕水平,比例越大,说明财政自给率越高。县级 GDP 是地区经济发展水平的重要体现,地区教育支出作为财政支出的重要组成部分,必然受到地方 GDP 高低的影响,我们使用官员任职期间县级政府 GDP 均值来反映该官员任职期限内 GDP 水平。学生规模反映了当地民众对教育的需求,很大程度上能够影响政府的教育支出,我们选用官员任职期间小学在校生数与中学在校生数之和的均值测量学生规模。第三产业的大小以及占 GDP 比例的高低,能够反映一个地方市场化程度以及经济活跃度,市场化程度越高,居民对地方教育水平的要求就越高[1],市场化进程倒逼地方政府重视基础教育发展,增加教育投入,使用官员任职期间第三产业占 GDP 比例的均值反映该县的市场化程度。

## 四、实证分析

　　文章使用 2007—2019 年广西县级官员的面板数据构建回归模型,对前文提出的假设进行验证。模型结果显示县级官员的确对地方教育支出有显著影响,县委书记和县长对县级教育支出的影响存在差异,如表 6 - 6 所示。

---

① 孙晓华、李明珊、王昀. 市场化进程与地区经济发展差距. 数量经济技术经济研究,
　2015(6):39—55.

表 6-6 2007—2019 年广西各县教育支出的影响因素

| | 县委书记 | 县长 |
|---|---|---|
| 民族 | −0.049 | 0.05 |
| 个人履历特征 | −0.089* | −0.008 |
| 财政自给率 | 0.217*** | 0.183*** |
| 第三产业比重 | −0.001 | −0.099** |
| 晋升压力 | −0.072 | −0.154*** |
| 任现职年龄 | 0.074 | 0.005 |
| 学生规模(对数) | 0.889*** | 0.917*** |
| 专业背景 | 0.098 | 0.094* |
| 教育背景 | −0.111** | −0.055 |
| 县级GDP(对数) | −0.35*** | −0.417*** |
| 样本量 | 209 | 224 |
| R-squared | 0.538*** | 56.3*** |

注：* * * P<0.01，* * P<0.05，* P<0.1
数据来源：《广西统计年鉴》(2008—2020 年)、《广西财政年鉴》(2007—2019 年)

## (一)晋升压力越小的县长越重视教育支出

晋升压力与县长教育投入呈显著负相关,与县委书记教育投入无显著相关性,假设二部分得证。这一定程度上与地方"书记管人,县长管钱"的职责分工相契合。县委书记与县长的职能分工不同,县委书记作为县级政府党政"一把手",主要负责政治领导和党政精神传达,而县长主要负责协调和处理部门工作。虽然二者都面临以经济增长为核心的绩效考核,但考核的重点和强度存在差异。这也意味着两者在上级政府政策的执行上存在差异,尤其是在教育支出方面。在地方财政分权的影响下,县级政府被赋予了更多的事权,承担地方经济发展的主要责任[①],县长作为地方经济的主要决策者,晋升可能性与地区经济发展的关联性更强。本章研究结果显示县长的晋升压力越大,教育支出越少,这与田美玉等人认为官员晋升激励的压力是导致"社会性支出"比重下降的关键原因的研究结论相同。[②] 在面临干部队伍年轻化政策压力和财政收入有限的现实困境下,县长不免会减少投资数额大、回报周期长、见效率低的教育支出。

## (二) 县委书记和县长个人履历特征对教育支出影响存在差异

县长个人履历特征与地方教育支出无显著相关性,而县委书记个人履历特征与地方教育支出呈显著负相关,假设一部分得证。个人履历为基层提拔的县委书记更重视教育支出。官员的个人履历不同,对未来的升迁预期也会存在差异,进而影响任期内的财政支出偏向。有综合任职和下派空降履历的县委书记,上级政府对其考核更多侧重于以经济绩效为核心的考察和锻炼,因而这两类履历特征的县委书记更重视经济性公共服务以刺激经济发展,进而削减社会性公共服务供给。同时,个人履历不同的县委书记对任职地教育支出水平的了解也存在差异,

① 李永友、陈安琪、曹畅.分权时序与地方财政支出结构——基于中国省级权力下放实践的经验分析.财政研究,2021(7):53—65.
② 田美玉、罗明、吴庆田.人口老龄化、财政压力与基本公共服务支出偏向.西北人口,2021(4):103—113.

有基层提拔经历的官员更了解地区教育支出现状，采取与区县发展相符的教育策略，进而纠正地方教育供给偏差。此外，有基层提拔工作履历的官员能保持教育政策的延续性，避免领导人变更对教育投入持续性的影响。

## （三）学生规模对教育支出有显著正向影响

在职期间学生规模与县委书记和县长的教育投入呈显著正相关关系，学生规模对县长教育支出的影响大于县委书记。官员在职期间学生规模每增加 1 个单位，县长的教育支出增加 0.917 个单位，县委书记的教育支出增加 0.889 个单位。这与董俊燕等人的研究结果不同，她认为学生数在总人口数的占比与教育支出呈负相关[①]，而与李萨萨等人的研究结论相同[②]。笔者的研究结论也能够说明广西县级政府的教育经费增长速度能够随着教育需求的增长而不断增长，不存在教育支出"倒挂"的威胁。基础教育是保障人类发展、维护人格尊严的重要内容，不仅关系到居民个人发展，也牵动着地区经济增长[③]，县级政府作为社会性公共服务的主要承担者，基础教育需求的学生越多，意味着县委书记与县长的教育投资支出也就越高。

---

① 董俊燕、宗晓华."省直管县"财政改革与县级财政教育支出——基于河南省县级面板数据的双重差分估计.教育经济评论,2021(1)：38—55.
② 李萨萨、张廷龙.长三角教育一体化背景下地方公共财政教育支出效率评价.教育学术月刊,2021(3)：55—62.
③ 文军、顾楚丹.基础教育资源分配的城乡差异及其社会后果——基于中国教育统计数据的分析.华东师范大学学报(教育科学版),2017(3)：33—42.

## （四）管理学与经济学专业背景的官员更倾向于增加教育支出

专业背景与县委书记和县长的教育支出呈显著正相关,有经管专业背景的县委书记和县长更倾向于扩大教育投资。这与易雯认为社科专业背景的书记更能够促进教育支出增长的结论不同。[①] Dreher 研究发现官员的专业背景会影响其政治倾向,有经济学与管理学背景的官员,在推进市场化改革中更重视对教育的投入。同时,有经管专业背景的官员更加重视地方经济社会的协调发展,在思考问题时较其他专业有更全面和长远的眼光,较少出现过分追求当下经济发展,而降低教育支出水平以求获得晋升砝码的短视行为。

## （五）县级 GDP 与官员教育支出呈显著负相关

任职期间县级 GDP 对县委书记和县长的教育支出有显著负向影响。大多学者认为在自上而下的官员任命制度和以 GDP 绩效为导向的干部考核制度下,经济增长和财政收入是官员晋升的重要考核指标。[②] 对于地方官员来说,任期多久无法预测,弹性的任期制度使他们在任职期间更重视追求短期经济指标,增加基础建设支出,而短期内难以拉动经济增长的教育支出则

---

[①] 易雯.官员特征、晋升激励与地方财政教育支出行为.西安财经学院学报,2018(5):13—19.

[②] 周黎安.晋升博弈中政府官员的激励与合作——兼论我国地方保护主义和重复建设问题长期存在的原因.经济研究,2004(6):33—40.

常被地方官员忽视①,有的地方政府甚至挪用教育经费以弥补财政空缺。张光等人的研究发现各省预算内财政教育支出占预算内财政总支出的比重,随当地 GDP 收入和中央转移支付的增加而下降,尤其是地方财政对教育投入达到 4% 的上限后,地方政府便不会在教育投资上新增任何财力。②

### (六) 财政自给率和年龄对教育支出的影响

任职期间财政自给率对县委书记和县长教育支出均有显著的正向影响。财政自给率越高意味着地方财政自由度越高,在地方财政支出方面有更多的自主性去纠正基本公共服务的供给偏差,保障地方的教育投入,而不用再依靠上级财政拨款或专项转移支付来弥补地方教育投资的短板。任职年龄与县委书记和县长教育支出均无显著相关性。这与前人研究中认为不同年龄的官员对财政支出结构的偏向存在差异,年轻的官员更重视绩效考核,相对忽视公共服务投资,而年龄较大的官员,更倾向于民生建设,以求得退休名誉的结论相悖。③ 也与宋冉等人认为官员年龄与教育支出呈现 U 形的曲线关系结论相悖。④

---

① 傅勇、张晏.中国式分权与财政支出结构偏向:为增长而竞争的代价.管理世界,2007 (3):4—12.
② 张光、江依妮.为什么财政教育投入达不到占 GDP 百分之四的目标:一个基于跨省多年度数据分析的实证研究.公共行政评论,2010(4):68—84.
③ 江依妮、易雯、梁梓然.官员晋升激励与地方教育支出行为——基于浙江省县级面板数据的实证研究.教育与经济,2017(6):38—44.
④ 宋冉、陈广汉.官员特征、经历与地方政府教育支出偏好——来自中国地级市的经验证据.经济管理,2016(12):149—168.

## 五、结语

中国的财政分权赋予了地方政府财政自主性,而分散化的预算决策体制使得县级党政领导具有预算分配影响力。教育支出作为地方财政支出的重要组成部分,会受到地方官员个人偏好的影响。本章基于广西 2007 年—2019 年 70 个县 433 组县委书记和县长数据发现,县级官员对地方政府教育支出的确产生了影响,不同特征的官员对教育支出有不同影响。晋升激励下县级官员对教育支出行为的影响在于,晋升压力更小的县长更加重视对教育的投入,晋升压力的大小与县委书记教育投入无显著相关性。在个人履历特征上,县长个人履历特征与地方教育支出无显著相关性,而县委书记个人履历特征与地方教育支出呈显著负相关,来自基层提拔的县委书记更重视教育支出。学生规模的大小与县委书记和县长的教育投入呈显著正相关关系,并且学生规模对县长教育支出的影响大于县委书记。与其他专业相比,有经管专业背景的县委书记和县长更倾向于增加教育支出。县级 GDP 大小和任职年龄对县委书记和县长的教育支出有显著负向影响,说明 GDP 的大小和任职年龄对官员教育支出没有关联性。同时,地方财政自主程度与地方教育支出占比的正相关关系,说明地方财政自主能力对当地教育支出具有积极作用。因此,中国官员治理体制下的晋升激励对县级教育支出的不利影响是有限的。教育支出作为地方政府的一项刚性任务,在地方支出版图中一直占据着较为稳定的位置。鉴于地方官员的财政预算分配影响力,中央可以通过完善地方官员治理与财政自主，进而改善地方政府对教育的供给行为。本章的这些发现证实了县级官员对地方教育支出行为的影响，是对当前地方官员支出行为影响研究主要以省和市为分析单位这一现状的补充和扩展，深化了人们对于"地方官员影响政府财政行为"模式的理解。

# 第七章

# 广西基本公共服务责任划分与财政可持续性研究

## ——以广西城乡居民养老保险为例

## 一、问题的提出

按照国际标准,当一个国家(或地区)60 岁及以上老年人口占总人口的比例达到 10%的时候,该国(或地区)就进入了老龄化社会,按照这一标准,我国于 2000 年进入老龄化社会。随着老年人口的不断增长,我国老龄化速度不断加快,根据 2020 年第七次全国人口普查数据,截止到 2020 年年底,我国 60 岁及以上的老年人人口达到 26402 万人,占总人口比例为 18.7%,其中,65 岁及以上人口为 19064 万人,占 13.5%,说明我国进入了深度老龄化社会。[①] 人口老龄化,给我国社会保障制度,特别是养老保险制度带来了一系列的挑战。随着我国城乡一体化的不断发

---

① 杨燕绥.中国老龄社会与养老保障发展报告(2015).北京:清华大学出版社,2015:13.

展,"碎片化"的养老保险制度成为推进养老保险改革的"羁绊"。[①] 随着 2009 年 9 月《国务院关于开展新型农村社会养老保险试点的指导意见》(国发〔2009〕32 号)和 2011 年 6 月《国务院关于开展城镇居民社会养老保险试点的指导意见》两份文件的颁布,意味着覆盖城乡居民的养老保险实现了制度性的全覆盖。在总结"新农保"和"城居保"试点经验的基础上,2014 年 2 月,国务院颁布了《关于建立统一的城乡居民基本养老保险制度的意见》(国发〔2014〕8 号)[②],在全国范围内建立统一的城乡居民基本养老保险制度,标志着我国养老保险制度得到进一步优化和整合。文件颁布 7 年来,我国城乡居民养老保险覆盖面不断扩大,根据人力资源和社会保障部发布的《2020 年度人力资源和社会保障事业发展统计公报》,截止到 2020 年年底,参加城乡居民养老保险的人数为 54244 万人,覆盖面达到 80% 以上;与此同时,2020 年城乡居民养老保险基金收入 4853 亿元,基金支出 3355 亿元,年末城乡居民养老保险基金累计结存 9759 亿元,这些数据均表明我国城乡居民养老保险实现了快速、稳健的发展。

随着城乡居民养老保险的不断发展,学术界对其关注度不断提高,总体来看目前学术界对城乡居民养老保险的研究关注点在以下几个方面。第一,探讨城乡居民养老保险的收入效应。阮荣平等(2021)[③]使用 CGSS2006、2010、2012、2013 四期调查数

---

① 李兆友、郑吉友.我国新型农村养老保险制度可持续发展探析.求实,2016(4):88—96.

② 见附录八。

③ 阮荣平、焦万慧、郑风田.社会养老保障能削弱传统生育偏好吗?社会,2021(4):216—240.

据,研究发现城乡居民养老保险显著提高了老年人个人全年总收入,同时也使得老年人生活舒适安逸程度显著增加,但是养老保障能力却存在明显的城乡差异,对非农业户口群体的影响均明显大于对农业户口群体的影响;刘佩、孙立娟(2020)[1]使用2013年和2015年中国健康与养老追踪调查数据,发现城乡居民养老保险显著增加了农村老年人的经济支持;朱火云(2019)[2]认为城乡居民养老保险对老年人收入不仅产生了挤出效应,也产生了很大的外溢效应,外溢效应达到19%,特别是养老金提高的时候更高;杨晶等(2018)[3]认为参加城乡居民养老保险制度,确实产生了显著的家庭收入效应,给"参保家庭"带来的收入增加幅度为61.39%,收入效应非常明显;秦昌才(2017)[4]认为参加新农保的家庭其纯收入与人均收入显著增加,并且缩小了不同家庭间的收入差距。第二,探讨城乡居民养老保险居民参保影响因素。张跃华、李彤(2021)[5]基于中国家庭追踪调查(CFPS)2012年数据,研究结果表明,认知能力对农村居民的新型农村养老保险参与率,以及参与程度(缴费金额)的影响并不是线性关系,而是呈现"倒U型"关系,并且在青年群体中表现得更为明

[1] 刘佩、孙立娟. 城乡居民养老保险对代际经济支持的影响——基于中介效应模型的研究. 云南财经大学学报,2020(12):3—18.
[2] 朱火云. 城乡居民养老保险对代际收入转移的影响:基于CLHLS 2005—2014的纵贯分析. 社会保障评论,2019(2):94—108.
[3] 杨晶、邓大松、吴海涛. 中国城乡居民养老保险制度的家庭收入效应——基于倾向得分匹配(PSM)的反事实估计. 农业技术经济,2018(10):48—56.
[4] 秦昌才. 新农保对中国农村家庭收入的促进效应. 华南农业大学学报(社会科学版),2017(5):41—48.
[5] 张跃华、李彤. 认知能力对新农保参保决策的影响——基于CFPS数据的研究. 保险研究,2021(6):89—98.

显;边芳、张林秀(2018)[1]通过 5 省的农户调研数据发现,农民参保率近年有一定的下降,影响因素包括农民的年龄、抚养比、"长缴多得"政策等,并且这些因素对参保行为有正向激励作用;张若瑾等(2017)[2]以中西部 7 省(市)的调研发现,金融机构空间集聚、年龄大收入高、信息渠道广、养老模式单一的农户新农保参保率较高。第三,探讨城乡居民养老保险的财政可持续问题。段小萍、高诚(2021)[3]认为我国城乡居民养老保险财务可持续性较低且存在区域差异,经济发展水平、覆盖面、养老负担、居民收入、养老金替代率和基金率是影响城乡居民养老保险基金收支比的主要因素,这些因素在东、中、西部的影响程度存在差异;裴育、徐炜锋(2018)[4]认为在当前的财政补贴数额下,地方政府的农保负担非常轻,但是需要注意参保农村的年龄结构对财政可持续性的负面影响;宫晓霞(2018)[5]认为财政支持城乡居保面临显形和隐形风险,需要国家在转变经济发展方式、化解地方债、适当延长农民"退休"年龄等措施来应对;米红(2016)[6]通过 2015—2085 年人口预测我国新农保收支状况,发现 2051 年基金

① 边芳、张林秀.农村居民新农保参保行为及其影响因素.农业现代化研究,2018(1):80—86.

② 张若瑾、邓啓平、刘科.新农保参保行为影响因素的中西部跨省研究——基于 1010 份问卷的实证分析.辽宁大学学报(哲学社会科学版),2017(6):56—67.

③ 段小萍、高诚.城乡居民养老保险财务可持续性区域差异及其影响因素分析.金融发展研究,2021(5):59—67.

④ 裴育、徐炜锋.中国农村社会养老保险对地方财政可持续性影响研究.河北大学学报(哲学社会科学版),2018(6):128—141.

⑤ 宫晓霞.财政支持城乡居民养老保险制度:面临的风险及应对策略.经济社会体制比较.2018(1):45—53.

⑥ 米红.未来 70 年新农保收支预测与制度完善.西北农林科技大学学报(社会科学版).2016(4):1—10.

耗尽,随后缺口不断扩大,只有同时提高计发系数、个人账号计息率、基础养老金和投资收益率,才能保持基金平衡。第四,探讨城乡居民养老保险基础养老金问题。王振振(2020)[1]通过2018年数据进行研究,发现:首先,中央层面,2018年中央实施的最低基础养老金待遇水平偏低,尚不能保障农村老年人"食品"的基本消费支出;其次,"中央+地方"层面,尽管2018年东中西部六省城乡居民基础养老金待遇水平稍有偏低,与理论层面"保基本"制度目标还有一定空间,但是部分地区已实现对本地农村老年人最低的"食品"消费支出的最低保障;再次,初步估计,2020年中央确定的最低基础养老金待遇水平应至少达到119元/月才能实现其制度目标。李文军(2018)[2]认为城乡居民养老保险基础养老金不仅偏低,且调整机制不完善,需要国家财政提高基础养老金和优化调整机制;边恕等(2016)[3]从居民粮食消费及城乡居民的收入与消费的比较两个方面分析"城乡保"基础养老金的适度性,发现这一给付水平具有低起点和逐步上调的特点,是与制度发展规律及社会经济发展水平相适应的。

从以上文献来看,我国学术界对城乡居民养老保险的研究主题在不断的扩展,既涉及制度本身,也涉及与居民有关的待遇等主题。但是,对于城乡居民养老保险的责任划分,学术界探讨

① 王振振.城乡居民基础养老金的目标待遇与水平测度——以中国东中西部地区六省为例.统计与信息论坛,2020(11):93—102.
② 李文军.城乡居民基础养老金调整与财政负担测算研究:2016—2050.广西师范大学学报(哲学社会科学版),2018(1):35—42.
③ 边恕、孙雅娜、黎蔺娴."城乡保"基础养老金普惠型给付的适度性分析.辽宁大学学报(哲学社会科学版),2016(4):63—70.

的相对比较少,如阳旭东、王德文(2019)①探讨了我国农村养老保障中政府责任的回归问题;钟曼丽、刘筱红(2018)②探讨了农村家庭养老中的家与国的责任;王立国(2019)③认为城乡居民养老保险存在问题是中央与地方政府间事权和支出责任结构配置失衡,财政补贴、保障待遇方面存在制度性歧视,制度运行的系统要素之间缺乏合理性。党的十八届三中全会指出:"部分社会保障、跨区域重大项目建设维护等作为中央和地方共同事权,逐步理顺事权关系";十九大指出:"加强社会保障体系建设。按照兜底线、织密网、建机制的要求,全面建成覆盖全民、城乡统筹、权责清晰、保障适度、可持续的多层次社会保障体系。……积极应对人口老龄化,构建养老、孝老、敬老政策体系和社会环境,推进医养结合,加快老龄事业和产业发展。"在这样的背景下,2018年7月、2019年5月和2019年7月国务院办公厅分别下文,对医疗卫生领域、教育领域、交通运输领域中中央政府和地方政府的责任进行了明确。因此,如何优化城乡居民养老保险的责任划分,特别是各责任主体的筹资责任,对于城乡居民的养老以及制度的稳定可持续发展,具有重要意义。本章以广西为例,通过分析广西城乡居民养老保险的状况,来进一步优化城乡居民养老保险的责任划分,为

---

① 阳旭东、王德文. 从缺位到归位——新中国成立以来农村养老保障与政府责任的再思考. 学术界,2019(1):101—108.

② 钟曼丽、刘筱红.农村家庭养老的家国责任边界. 西北农林科技大学学报(社会科学版),2018(2):86—93.

③ 王立国. 城乡居民基本养老保险制度优化研究——基于社会公正的分析视角. 理论月刊,2019(9):135—144.

提高老年人待遇,以及推动国家治理体系的优化提供可参考的依据。

## 二、广西城乡居民养老保险发展状况与责任划分

### (一)广西城乡居民养老保险发展状况

广西城乡居民养老保险的发展,起源于 2009 年国家的"新农保"。2009 年 9 月 1 日国务院颁布《国务院关于开展新型农村社会养老保险试点的指导意见》(国发〔2009〕32 号),在国家政策的指导下,结合广西的实际情况,出台了《广西壮族自治区新型农村社会养老保险试点工作实施方案》(桂政办发〔2009〕216 号)[①]、《关于广西壮族自治区新型农村社会养老保险试点的指导意见》(桂政办发〔2010〕3 号)[②]两个文件,正式启动了广西"新农保"试点工作,也标志着广西农村社会养老保险制度建设进入了新时期。2009 年 12 月到 2011 年 12 月,广西启动了 3 批"新农保"试点工作,共有 72 个县(市、区)开展了试点,取得了良好的效果。在试点经验的基础上,2012 年 2 月广西发布了《广西壮族自治区新型农村社会养老保险制度全覆盖实施方案》(桂政办发〔2012〕40 号)[③],文件规定从 2012 年 1 月 1 日起,"新农保"全覆盖工作正式实施,全区 109 个县(市、区)农业人口都能享受到制度带来的好处,如表 7－1 所示。2012 年相比 2009 年,参保人

---

① 见附录九。
② 见附录十。
③ 见附录十一。

数、领取待遇人数、基金收入、基金支出等指标均大幅度增长。2014 年随着国家对城乡居民养老保险制度的整合,2014 年 7 月,广西颁布了《广西壮族自治区城乡居民基本养老保险实施办法》(桂政办发〔2014〕70 号)[①],文件对参保范围、基金筹集、经办管理等方面作了明确规定,广西城乡一体化发展在养老保险领域得到进一步优化。相对于广西城镇职工养老保险待遇来说,广西城乡居民养老保险基础养老金偏低、调整缓慢,针对这些问题,2018 年 10 月,广西人社厅和财政厅联合发布《关于建立广西壮族自治区城乡居民基本养老保险待遇确定和基础养老金正常调整机制的实施意见》(桂人社规〔2018〕22 号)[②],一方面建立基础养老金正常调整机制,另一方面提高了居民的缴费档次和补贴数额。

如表 7-1,2009 年广西城乡居民养老保险参保人数仅仅为 175.4 万人,领取待遇人数 5.9 万人,到 2019 年年底,广西城乡居民养老保险参保人数达到 1983.7 万人,领取待遇人数达到 588.7 万人,不管是参保人数还是领取待遇人数十年来都在大幅度增长。基金累计结余由 2010 年的 4.6 亿元,增长到 2019 年的 194.4 亿元,制度的可持续性不断加强。与此同时,2019 年城乡老年人人均养老金达到 1571 元/年,对于满足农村老年人口的基本需求起到了重要作用。因此,只有不断改革,才能达到全社会共享改革发展成果及共同富裕的目的。[③]

---

① 见附录十二。
② 见附录十三。
③ 张师伟.政治发展不平衡不充分论析.广西师范大学学报(哲学社会科学版),2019 (5):1—15.

表 7-1　广西城乡居民养老保险发展情况

单位：万人　亿元

| 年份 | 参保人数 | 领取待遇人数 | 基金收入 | 基金支出 | 年份 | 参保人数 | 领取待遇人数 | 基金收入 | 基金支出 |
|---|---|---|---|---|---|---|---|---|---|
| 2009 | 175.4 | 5.9 | — | — | 2015 | 1741.5 | 538.1 | 87.6 | 66.4 |
| 2010 | 220.4 | 59.6 | 8.5 | 3.9 | 2016 | 1770.9 | 555.3 | 85.1 | 63.4 |
| 2011 | 796.1 | 275.6 | 25.2 | 14.4 | 2017 | 1805.9 | 570.2 | 93.9 | 65.6 |
| 2012 | 1572.3 | 488.8 | 46.5 | 34.4 | 2018 | 1889.6 | 585.7 | 105.6 | 85.3 |
| 2013 | 1664 | 514.1 | 47.3 | 35.8 | 2019 | 1983.7 | 588.7 | 123.8 | 92.5 |
| 2014 | 1713.9 | 529.6 | 60.3 | 49.3 | | | | | |

数据来源：《中国统计年鉴》(2010—2020 年)

## （二）广西城乡居民养老保险责任划分现状

根据《广西壮族自治区城乡居民基本养老保险实施办法》（桂政办发［2014］70 号）文件"全覆盖、保基本、有弹性、可持续"的基本原则，以及 2020 年实现"应保尽保"的目标，广西各级政府和居民自身都需要承担相应的责任，才能实现广西城乡居民养老保险制度的可持续发展。

根据国发［2009］32 号以及国发［2014］8 号文件，中央政府对广西城乡居民养老保险的责任主要体现在"补出口"，也就是基础养老金由中央财政全额补助，根据表 7-2，中央对广西的基础养老金补助标准由 2009 年的 55 元/月/人，增长到 2018 年的 88 元/月/人，年均增长率为 5.3%。

表7-2　广西城乡居民养老保险基础养老金各级政府支出①

单位：元/月　亿元

| 年份 | 基础养老金 | | | 基础养老金支出 | | | 占社保支出比例（%） | | |
|---|---|---|---|---|---|---|---|---|---|
| | 中央 | 省级 | 市级 | 中央 | 省级 | 市级 | 中央 | 省级 | 市级 |
| 2010 | 55 | 0 | 0 | 3.93 | 0 | 0 | 0.87 | 0 | 0 |
| 2011 | 55 | 0 | 0 | 18.19 | 0 | 0 | 3.62 | 0 | 0 |
| 2012 | 55 | 0 | 0 | 32.26 | 0 | 0 | 5.5 | 0 | 0 |
| 2013 | 55 | 12 | 8 | 33.93 | 7.4 | 4.93 | 5.3 | 8.41 | 1.89 |
| 2014 | 55/70② | 12 | 8 | 39.72 | 7.62 | 5.08 | 5.67 | 7.25 | 1.8 |
| 2015 | 70 | 12 | 8 | 45.2 | 7.75 | 5.16 | 6.25 | 6.32 | 1.52 |
| 2016 | 70 | 12 | 8 | 46.64 | 8 | 5.33 | 5.23 | 5.26 | 1.38 |
| 2017 | 70 | 12 | 8 | 47.89 | 8.21 | 5.47 | 4.78 | 4.21 | 1.13 |
| 2018 | 88 | 12/16.8 | 8/11.2 | 61.85 | 10.12 | 6.75 | 5.22 | 4.2 | 1.27 |

数据来源：《中国统计年鉴》(2011—2019)

广西各级地方政府对城乡居民养老保险的责任，既体现在补"入口"上，也体现在补"出口"上。补"入口"方面，根据桂政办发［2010］3号、桂政办发［2014］70号以及桂人社规［2018］22号三个文件，每个文件规定了不同的缴费档次和相应的补贴数额，这个补贴数额就是"入口"补贴，三个文件均规定：补贴资金由自治区与地级市按6：4比例承担，自治区与直管县按8：2比例承担。补"出口"主要是对基础养老金的补贴。不管是2012年的桂

① 表7-2基础养老金支出加总和表7-1的略微不同，原因在于表7-1包括了地方政府的"入口"补贴以及高龄补贴等，由于补贴较低，表7-2忽略了，但是这不影响我们的分析。
② 2014年1—6月是55元，7—12月为70元，2018年省市也是如此。

政办发[2012]40 号文件还是 2018 年桂人社规[2018]22 号文件，自治区提高基础养老金和加发老年基础养老金所需资金由自治区与设区市按 6：4 比例承担，自治区与直管县按 8：2 比例承担。

因此，在广西各级政府责任方面，城乡居民养老保险的"出口"补贴与"入口"补贴，主要是自治区与设区市按照 6：4 来划分。而对于受益者的城乡居民，政府有 15 个缴费档次供居民选择，在档次的选择上，政府仅仅是鼓励居民"多缴多得"，由于激励制度设计、居民可承受能力等多种因素的影响，大多数居民缴费积极性都比较低，很多均是按照最低档次缴费，也就是 200元/年。[1]

我们从表 7-2 的基础养老金调整来看，广西城乡居民养老保险过于依赖中央政府的财政补贴。2010 年—2019 年，基础养老金调整了 4 次，平均 2.5 年调整一次，基础养老金由 2010 年55 元/月增长到 2018 年的 116 元/月，年均增长率为 8.6%。基础养老金的调整分别是 2013 年 1 月由 55 元/每月增加到 75 元/月，2014 年 7 月 1 日增加到 90 元/月，此后到 2018 年 1 月 1 日才由 90 元/月增长到 108 元/月，2018 年 7 月 1 日再由 108 元/月增长到 116 元/月。

我们根据基础养老金、领取待遇人数、调整时间等要素，测算出中央和广西各级地方政府对城乡居民养老保险的支出数额，如表 7-2 所示。广西城乡居民养老保险基础养老金以中央

---

① 张向达、张声慧. 城乡居民养老保险的财务可持续性研究. 中国软科学，2019（2）：143—155.

政府支出占据主导地位,由 2010 年的 55 元/月增加到 88 元/月,支出由 3.93 亿元迅速增长到 61.85 亿元,中央对广西的补贴占中央本级社保支出比例,由 2010 年的 0.87% 增长到 2015 年最高值的 6.25%,此后略有下降,2018 年为 5.22%,因此近几年比例大概在 5%—6% 之间。地方性基础养老金直到 2013 年才出现,一直到 2018 年 6 月,省级、市级均按照 12 元/月、8 元/月进行补助,2018 年 7 月后分别提高到 16.8 元/月、11.2 元/月;基础养老金省级、市级支出比较少,2018 年省级政府支出才突破 10 亿,达到 10.12 亿元,占省级社保支出比例呈现不断下降趋势,由 2013 年的 8.41% 降低到 2018 年的 4.2%,市级支出平均在 6 亿元左右,占市级社保支出比例均低于 2%,比例非常低。

## 三、广西城乡居民养老保险责任框架构建

社会保障制度是为了解决市场经济发展过程中出现的各种社会风险而诞生,其本质在于通过为全体社会成员提供基本的生活需要,最终实现国家的稳定和安全。社会保障制度的成败取决于国家、社会、个人作为社会保障法律关系中不同主体所承担责任之划分。[1] 城乡居民养老保险作为我国社会保障的重要组成部分,其责任的划分对于城乡居民养老保险的可持续发展具有重要意义。

20 世纪 70 年代以来,福利多元主义逐渐盛行,也成为西方国家制定社会政策的主要理论。罗斯认为社会福利来源于三个

---

[1] 王素芬.中国基本养老保险筹资责任适度分担机制研究.北京:法律出版社,2017:5.

方面：国家、家庭和市场，伊瓦思在罗斯的基础上进一步提出了"福利三角"，国家通过正规的社会福利制度将社会资源进行再分配，市场经济提供就业福利，家庭保障、社区互助是非正规福利的核心，因此，福利多元主义主要指福利的规则、筹资和提供由不同的部门共负责任，共同完成。[①] 城乡居民养老保险同样需要平衡国家、家庭、集体等不同主体的责任，根据 2014 年 2 月国务院颁布的《关于建立统一的城乡居民基本养老保险制度的意见》，城乡居民养老保险基金由个人缴费、集体补助、政府补贴三部分构成。由于城乡居民养老保险主体是农民，多数人缺乏固定工作单位的筹资，再加上我国集体经济比较薄弱，集体补助基本上成为空谈。由于城乡居民养老金给付水平较低，养老金远远不能满足老年人的基本生活需要[②]，甚至只能满足当地居民人均消费的 10%—25%[③]。此外，地方政府和居民的筹资能力太低，特别是中西部地区尤其明显[④]，过于依赖中央政府的财政补贴，从而具有越来越强的福利色彩[⑤]。针对现有的问题，学者提出了不同的完善意见，孙雅娜等（2017）[⑥]认为需要把现行的"两

---

[①] 彭华民.西方社会福利理论前沿——论国家、社会、体制与政策.北京：中国社会出版社，2009：17.

[②] 王立剑、叶小刚.需求导向下城乡居民基础养老金调整方案研究.西安交通大学学报（社会科学版），2015(5)：86—92.

[③] 封进、赵发强.新中国养老保险 70 年：经验、问题与展望.社会保障研究，2019(6)：16—26.

[④] 2010 年—2018 年城乡居民养老保险个人缴费的收入占基金收入比例分别为：49.6%、38.8%、32.4%、31%、28.8%、24.5%、24.9%、24.5%、24.7%。

[⑤] 郑秉文.中国养老金精算报告：2019—2050.北京：中国劳动社会保障出版社，2019：169.

[⑥] 孙雅娜、王成鑫、边恕.农村社会养老保险制度优化研究.北京：经济管理出版社，2017：151.

账户"模式改为"三账户"模式,按照中央政府、地方政府、个人来分担筹资责任,增加地方激励养老金;涂玉华(2017)[①]认为农村养老保险需要建立"五支柱"体系,包括非缴费型的"零支柱",由国家财政支持;缴费型的"第一支柱",由用人单位或者个人缴费;强制性的"第二支柱",由个人缴费组成;自愿性的"第三支柱",采取职业年金或者个人储蓄模式,由个人缴费;非正规保障的"第四支柱",主要包括家庭赡养、医疗服务、住房保障等方面的资助,主要服务于比较弱势的农村老年人的生活需要。

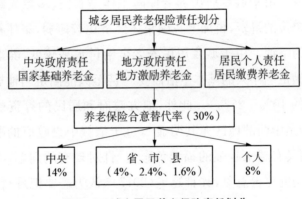

图 7-1 城乡居民养老保险责任划分

根据城乡居民养老保险的现实情况,特别是农村居民的现状,我们根据穆怀中教授的"生存公平"和"劳动公平"理论,设计城乡居民养老保险的责任划分。生存是每个社会人最基本的需要,也是公民享有的基本权利,生存权是一个国家必须予以重视

---

① 涂玉华. 中国农村养老保障制度的升级路径问题研究. 成都:西南财经大学出版社, 2017:162—164.

并大力加以解决的主要问题,国家必须保证社会成员的基本生活需要,生存权引申到城乡居民养老保险的制度建设上,就是要求在保障水平的设定上一定要基于基本生存保障的原则,满足老年人最低限度的生活保障,另一方面,就是广覆盖,要把城乡居民都纳入进来。劳动公平是有劳动能力公民的基本要求,包括劳动资格的公平和劳动能力衡量尺度的公平,体现在城乡居民养老保险上就是一方面要考虑城乡居民参加养老保险的激励机制问题,另一方面要从各地区经济社会发展水平出发来设计有差别的养老保障水平[①],而不是"一刀切"。

　　根据穆怀中教授的"生存公平"和"劳动公平"理论,我们设计了城乡居民养老保险的"三账户"模式。"三账户"模式与现行的"基础养老金"和"个人养老金"的"两账户"模式不同,"三账户"模式由国家基础养老金、地方激励养老金和个人缴费养老金三部分组成。国家基础养老金保障生存公平,完全由中央财政负担,体现了中央财政对于养老保险的普惠性。地方激励养老金其性质与现行模式中各级地方政府增加的基础养老金部分相当,区别在于对这一部分的养老金计发和调整做了机制上的规定,并赋予了相应的经济发展激励和参保缴费激励两个功能。根据"有限财政"理论,参考浙江大学米红教授(2010)[②]的观点,在省、市、县三级政府之间,按照 5∶3∶2 的比例进行分担,这也符合广西现阶段财政收入划分现状,省级政府收入较多,区、县财政收入相对紧张。个人缴费养老金完全由城乡居民个人负

---

① 穆怀中. 社会保障的生存公平与劳动公平——"保障适度"的两维度标准. 社会保障评论,2019(2):3—13.

② 米红. 新农保制度模式与财政投入实证研究. 中国社会保障,2010(6):28—30.

担。地方激励养老金与个人缴费养老金则保障劳动公平。

目前,学术界对于城乡居民养老保险功能定位于保障老年人的基本生活(也就是"保基本")这一观点已经达成共识,但是对于"保基本"的具体项目则有不同的观点。边恕(2017)[①]认为"保基本"主要是盯住我国的食品支出;李珍、王海东(2012)[②]认为"保基本"包括吃、穿、住、行、医,以及教育培训、文娱等项目;黄丽(2015)[③]认为"保基本"包括食品、衣着、家庭设备及用品、交通通信等4项;尹海燕、海龙(2015)[④]认为"保基本"有上限与下限的区别,下限是仅解决农村老年人最基本的吃、穿问题,即仅包括食品和衣着支出,上限是在吃、穿的基础上,纳入了居住和交通通讯支出。

根据2014年国务院颁布的《关于建立统一的城乡居民基本养老保险制度的意见》文件规定:2020年前,全面建成公平、统一、规范的城乡居民养老保险制度,与社会救助、社会福利等其他社会保障政策相配套,充分发挥家庭养老等传统保障方式的积极作用,更好保障参保城乡居民的老年基本生活。浙江大学米红教授(2010)[⑤]则提出,地方政府最佳的激励机制应该是领取期的每月领取额度以当地的"农村低保补差"为参考,也就是说

---

① 边恕. 城乡居民基本养老需求、调整机制与城镇化水平. 社会保障评论,2017(4):58—72.

② 李珍、王海东. 基本养老保险目标替代率研究. 保险研究,2012(1):97—103.

③ 黄丽. 城乡居民基本养老保险保障水平评估与反思——基于养老金替代率视角. 人口与经济,2015(5):91—99.

④ 尹海燕、海龙. 新型农村社会养老保险基础养老金计发标准评估与厘定. 西北人口,2015(3):76—80.

⑤ 米红. 未来70年新农保收支预测与制度完善. 西北农林科技大学学报(社会科学版),2016(4):1—10.

当中央政府和居民缴费得到的待遇,还是低于农村低保额度的,差距由地方政府承担。根据国务院 2014 年文件目标,以及米红教授的启发,我们认为城乡居民养老保险待遇应该向农村低保水平看齐,特别是 2020 年后全国实现全面小康社会后,向农村低保看齐才能起到"保基本"的目的。由于医疗保障有专门的医保进行支付,居住,特别是农村居民都有自己的房子,不需要再进行支出,因此,我们把"保基本"的支出项目分为食品、衣着、生活用品、文化娱乐 4 项。从表 7-3 可以看出,我们选择的 4 项支出,与我国农村低保水平非常接近。

表 7-3　广西农村"保基本"支出与农村低保水平　　单位:元

| 年份 | 食品 | 衣着 | 生活用品 | 文娱 | 合计 | 收入 | 替代率 | 农村低保水平 |
|------|------|------|----------|------|------|------|--------|--------------|
| 2013 | 1969 | 195 | 367 | 102 | 2633 | 7793 | 33.7% | 2067.8 |
| 2014 | 2154 | 209 | 395 | 119 | 2877 | 8683 | 33.1% | 2434 |
| 2015 | 2327 | 237 | 426 | 149 | 3139 | 9467 | 33.1% | 2777 |
| 2016 | 2502 | 252 | 456 | 157 | 3367 | 10359 | 32.5% | 3177.6 |
| 2017 | 2640 | 287 | 495 | 165 | 3587 | 11325 | 31.6% | 3744 |
| 2018 | 2672 | 327 | 604 | 200 | 3803 | 12435 | 30.5% | 4300.7 |

数据来源:《广西统计年鉴》(2014—2019 年)、《人力资源与社会保障事业发展统计公报》(2013—2018 年)

我们根据待遇确定型养老金制度,以及表 7-3 数据,把城乡居民养老保险合意替代率定为 30%,一方面是考虑到"保基本"的需求,另一方面是考虑到人口老龄化带来的风险,在"保基本-风险控制"之间选择 30% 替代率为合意替代率。城乡居民养老保险责任划分如图 7-1 所示,中央政府承担 14% 的替代率,地方政府承担 8% 的替代率,其中省、市、县按照 4%、2.4%、1.6% 来划分,城乡居民自己按照 8% 来承担。

## 四、"三账户"模式下广西城乡居民养老保险可持续性分析

"三账户"模式是否具有可持续性,很大程度上取决于财务的长期可持续性,我们通过广西 2020—2050 年数据进行预测,来探讨"三账户"模式的可持续性。财务的可持续性主要体现在基金收入与支出上,而基金收支就与广西的人口数量以及人口结构密切相关。

### (一)广西城乡居民人口预测

队列要素法能结合人口变动因素与人口队列数据进行队列年龄推移,提高了人口预测的精度,是人口预测中使用最广泛的方法。本章采用队列要素法的基本原理,将影响人口增长的因子归结为出生、死亡和迁移三大要素,采用 Matlab 软件模拟出广西 2020—2050 年的人口结构。人口预测模型的构成所需的要素包括:初始人口结构数据、生育率、死亡率等。

基础数据假设方面,初始人口结构我们采用广西 2018 年数据,关于生育率,2001 年—2018 年基本上维持在 1.4%,国家"二胎"政策放开后,数据基本上变化不大,因此我们假设 2020 年—2050 年生育率保持在 1.4%;由于医疗技术水平的不断进步以及人们生活水平的提高,死亡率我们按照近 5 年的均值来测算,也就是 0.81%。广西人口数量与人口结构如图 7-2、图 7-3 所示。

广西人口总数由 2020 年的 5732 万人,增长到最高值的 2044

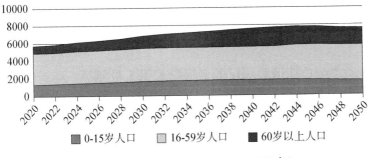

图 7-2　广西人口数量图（2020—2050 年）

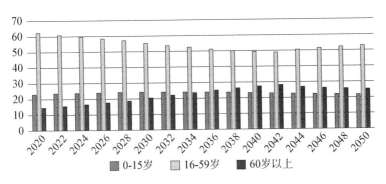

图 7-3　广西人口结构图（2020—2050 年）

年的 7820 万人，此后略有下降，2050 年为 7604 万人。人口结构方面，老年人口由 2020 年的 837 万人增长到 2050 年的 1926 万人，最高值是 2042 年的 2179 万人，老龄化比例由 2020 年的 14.6% 上升到 2042 年的 28.1%，2050 年下降到 25.3%；广西 0—15 岁的人口变动不大，由 2020 年的 1321 万人增长到 2050 年的 1654 万人，其占人口比例变动不是很大，由 2020 年的 23.06% 下降到 2050 年 21.76%；16—59 岁人口由 2020 年的 3574 万人增长到 2050 年的 4025 万人,其占人口比例下降比较大,由 2020 年最高的 62.35%下降到最低值的 2042 年的 48.88%,此后略有上升,2050 年为 52.93%,20 年下降比例接近 10%。

## (二)广西城乡居民养老保险参保人数测算

在得到广西人口数据的情况下,我们需要进一步测量城乡居民养老保险的参保人数,也就是缴费人数(16—59 岁人口)以及享受待遇人数(60 岁及以上人口)。

首先,我们通过城镇化率来测算城乡人口分布。根据 2014 年《广西壮族自治区新型城镇化规划(2014—2020 年)》,到 2020 年,全区常住人口城镇化率要达 54%,户籍人口城镇化率达 34.5%,鉴于户籍人口城镇化率低于全国平均水平(45%),我们假定 2020 年广西户籍人口城镇化率为 35%,2020 年以后,户籍人口城镇化率以每年 1%的比例增长,到 2050 年户籍人口城镇化率达到 65%。

其次,根据近年来广西城镇非就业人口比例的变化情况,以及未来广西经济发展的潜力,我们设定 2020—2030 年城镇非就业人口比例为 40%,2031—2040 年为 35%,2041—2050 年为 30%。

最后,我们根据近 5 年城镇离退休人员数据,假设城市户籍中领取城乡居民养老保险待遇的人,占城市老年人的比例为 20%;农村 60 岁以上人口按照图 7-3 的数据进行测算。

综合以上相关的假定和分析,我们就测算出了 2020 年—2050 年广西城乡居民养老保险缴费人数和享受待遇人数,如表 7-4 所示。

表 7‑4　广西城乡居民养老保险缴费人口与领取待遇人口预测

单位：万人

| 年份 | 城镇人口 | 城镇非就业 | 农村人口 | 缴费人口 | 领取待遇人口 | 年份 | 城镇人口 | 城镇非就业 | 农村人口 | 缴费人口 | 领取待遇人口 |
|---|---|---|---|---|---|---|---|---|---|---|---|
| 2020 | 2006 | 500 | 2322 | 2822 | 601 | 2036 | 3725 | 665 | 1828 | 2493 | 1082 |
| 2022 | 2165 | 526 | 2243 | 2769 | 638 | 2038 | 3958 | 692 | 1755 | 2447 | 1132 |
| 2024 | 2386 | 570 | 2230 | 2800 | 691 | 2040 | 4186 | 721 | 1691 | 2412 | 1167 |
| 2026 | 2576 | 602 | 2167 | 2769 | 741 | 2042 | 4407 | 646 | 1625 | 2271 | 1184 |
| 2028 | 2793 | 639 | 2118 | 2757 | 794 | 2044 | 4613 | 698 | 1618 | 2316 | 1108 |
| 2030 | 3061 | 677 | 2070 | 2747 | 889 | 2046 | 4740 | 733 | 1562 | 2295 | 1038 |
| 2032 | 3293 | 660 | 1995 | 2655 | 967 | 2048 | 4811 | 754 | 1476 | 2230 | 970 |
| 2034 | 3496 | 642 | 1910 | 2552 | 1018 | 2050 | 4942 | 784 | 1408 | 2192 | 923 |

广西城乡居民养老保险缴费人数，2020 年为 2822 万人，此后逐渐下降，到 2050 年为 2192 万人，30 年后缴费人口下降了 22.3%。与此同时，领取待遇人口呈现倒"U"型，2020 年为 601 万人，此后不断上升，2038 年达到峰值，为 1132 万人，此后不断回落，2050 年为 923 万人，接近 2032 年数据。

## （三）广西城乡居民养老保险可持续性分析

### 1. 总体概况

研究假设：

假设 1：2020 年开始广西城乡居民养老保险实现 100% 覆盖；

假设 2：根据高盛全球首席经济学家吉姆·奥尼尔的预测，

我国经济增长 2020—2030 年为 5.5%,2031—2040 年为 4.3%,2041—2050 年为 3.5%,我们采用吉姆·奥尼尔的预测,并假设国家财政收入、支出与经济增长同步;

假设 3:根据广西经济增长趋势,以及处于相对欠发达地区,假设广西经济增长率 2020—2030 年为 6%,2031—2040 年为 5.5%,2041—2050 年为 5%,财政收入、支出与经济增长同步;

假设 4:国家财政分配体制不变,中央与地方财政分配格局以及广西现阶段的财力分配格局不变;

假设 5:根据广西农村居民的收入现状以及未来经济发展趋势,假设农村居民人均可支配收入增长率 2020—2030 年为 7%,2031—2040 年为 6%,2041—2050 年为 5%。

通过图 7-1 养老金替代率以及各责任主体的责任划分,利用表 7-4 的数据,我们得到广西城乡居民养老保险 2020—2050 年中央政府,广西地方各级政府以及居民缴费总额,如表 7-5 所示。

表 7-5 2020—2050 年广西城乡居民养老保险责任分配数额

单位:亿元

| 年份 | 年养老金(元) | 总支出 | 中央支出 | 地方支出 | 居民缴费 |
|---|---|---|---|---|---|
| 2020 | 4349 | 261.3 | 121.9 | 69.7 | 69.7 |
| 2022 | 4978 | 317.6 | 148.2 | 84.7 | 84.7 |
| 2024 | 5700 | 393.8 | 183.7 | 105.05 | 105.05 |
| 2026 | 6526 | 483.5 | 225.6 | 128.95 | 128.95 |
| 2028 | 7471 | 593.2 | 276.8 | 158.2 | 158.2 |
| 2030 | 8553 | 760.3 | 354.8 | 202.75 | 202.75 |

| 年份 | 年养老金（元） | 总支出 | 中央支出 | 地方支出 | 居民缴费 |
|------|------|------|------|------|------|
| 2032 | 9611 | 929.3 | 433.6 | 247.85 | 247.85 |
| 2034 | 10798 | 1099.2 | 512.9 | 293.15 | 293.15 |
| 2036 | 12133 | 1312.8 | 612.6 | 350.1 | 350.1 |
| 2038 | 13633 | 1543.2 | 720.1 | 411.55 | 411.55 |
| 2040 | 15318 | 1787.6 | 834.2 | 476.7 | 476.7 |
| 2042 | 16888 | 1999.5 | 933.1 | 533.2 | 533.2 |
| 2044 | 18619 | 2062.9 | 962.6 | 550.15 | 550.15 |
| 2046 | 20527 | 2130.7 | 994.3 | 568.2 | 568.2 |
| 2048 | 22631 | 2195.2 | 1024.4 | 585.4 | 585.4 |
| 2050 | 24950 | 2302.8 | 1074.6 | 614.1 | 614.1 |

按照 30% 的目标替代率,广西城乡居民养老保险养老金由 2020 年的 4349 元/人/年增长到 2050 年的 24950 元/人/年,年均增长率为 6%。城乡居民养老保险总支出也由 2020 年的 261.3 亿元增长到 2050 年的 2302.8 亿元,年均增长率为 7.5%;其中中央政府支出占据主导,由 121.9 亿元增长到 1074.6 亿元,地方政府和居民缴费均由 69.7 亿元增长到 614.1 亿元。

**2. 中央政府承受力分析**

如表 7-6 所示,中央对广西城乡居民养老保险补助占中央本级财政支出的比例,由 2020 年的 0.32% 增长到 2042 年最高值的 0.89%,此后略微下降,2050 年为 0.78%,接近 2038 年水平,比例还是比较低,30 年平均值为 0.65%。补助支出占中央本级社会保障支出比例相对比较高,2020 年为 9.15%,此后不断上升,2042 年达到 16.6%,随后几年不断下降,2050 年为 12.45%,接近 2030 年水平,30 年平均值为 13.3%。中央对广西城乡居民养老保险的补助支出,虽然占本级支出比例非常低,在可承受范围之内,但是补助支出占中央本级社保支出比例相对比较高,未来需要进一步调整中央的比例,如把 14%的替代率阶段性下降,最后降低到 10%,实现中央-地方政府-居民三者的平衡,才能更加持久的保持财政的可持续性。

表7-6   2020—2050 年中央对广西城乡居民养老保险补助 单位:%

| 年份 | 占中央本级支出比例 | 占中央社保支出比例 | 年份 | 占中央本级支出比例 | 占中央社保支出比例 | 年份 | 占中央本级支出比例 | 占中央社保支出比例 |
|---|---|---|---|---|---|---|---|---|
| 2020 | 0.32 | 9.15 | 2032 | 0.62 | 13.98 | 2042 | 0.89 | 16.6 |
| 2022 | 0.35 | 9.63 | 2034 | 0.68 | 14.64 | 2044 | 0.86 | 15.37 |
| 2024 | 0.39 | 10.33 | 2036 | 0.74 | 15.47 | 2046 | 0.83 | 14.27 |
| 2026 | 0.44 | 10.98 | 2038 | 0.8 | 16.1 | 2048 | 0.8 | 13.21 |
| 2028 | 0.48 | 11.66 | 2040 | 0.86 | 16.5 | 2050 | 0.78 | 12.45 |

### 3. 地方政府承受力分析

从地方政府支出来看,如表7-7所示。广西省级政府城乡居民养老保险支出,由 2020 年的 34.85 亿元增长到 2050 年的 307.05 亿元,年均增长率为 7.5%,其占省级政府本级财政支出比例,由 2020 年的 2.81%,上升到 2042 年最高值的 6.37%,此后不断下降,2050 年为 4.97%,相当于 2032 年水平。市级政府支出由 2020 年的 20.91 亿元增长到 2050 年的 184.23 亿元,年均增长率也为 7.5%,其占市级政府本级财政支出比例,由 2020 年的 1.35%,上升到 2042 年最高值的 3.06%,此后不断下降,

2050 年为 2.38%,相当于 2032 年水平。县级政府支出由 2020 年的 13.94 亿元增长到 2050 年的 122.82 亿元,其占县级政府财政支出比例相对比较低,2020 年为 0.41%,此后不断上升,到 2042 年达到最高值的 0.92%,此后不断下降,2050 年为 0.72%,相当于 2032 年水平。30 年来,广西城乡居民养老保险支出占省、市、县级政府支出比例平均为 4.86%、2.33%、0.7%,财政负担相对来说省级政府最大,市级次之,县级政府最小,除了省级政府比例较高外,均处于可承受范围之内。

表 7-7　2020—2050 年广西各级政府对城乡居民养老保险补助

单位:亿元　%

| 年份 | 地方总支出 | 省 | | 市 | | 县 | |
|---|---|---|---|---|---|---|---|
| | | 支出额 | 占本级支出比 | 支出额 | 占本级支出比 | 支出额 | 占本级支出比 |
| 2020 | 69.7 | 34.85 | 2.81 | 20.91 | 1.35 | 13.94 | 0.41 |
| 2022 | 84.7 | 42.35 | 3.04 | 25.41 | 1.46 | 16.94 | 0.44 |
| 2024 | 105.05 | 52.525 | 3.35 | 31.515 | 1.61 | 21.01 | 0.48 |
| 2026 | 128.95 | 64.475 | 3.66 | 38.685 | 1.76 | 25.79 | 0.53 |
| 2028 | 158.2 | 79.1 | 4 | 47.46 | 1.92 | 31.64 | 0.58 |
| 2030 | 202.75 | 101.375 | 4.56 | 60.825 | 2.19 | 40.55 | 0.66 |
| 2032 | 247.85 | 123.925 | 5.01 | 74.355 | 2.4 | 49.57 | 0.73 |
| 2034 | 293.15 | 146.575 | 5.32 | 87.945 | 2.55 | 58.63 | 0.77 |
| 2036 | 350.1 | 175.05 | 5.71 | 105.03 | 2.74 | 70.02 | 0.83 |
| 2038 | 411.55 | 205.775 | 6.03 | 123.465 | 2.89 | 82.31 | 0.87 |
| 2040 | 476.7 | 238.35 | 6.28 | 143.01 | 3.01 | 95.34 | 0.91 |
| 2042 | 533.2 | 266.6 | 6.37 | 159.96 | 3.06 | 106.64 | 0.92 |

续　表

| 年份 | 地方总支出 | 省 | | 市 | | 县 | |
|---|---|---|---|---|---|---|---|
| | | 支出额 | 占本级支出比 | 支出额 | 占本级支出比 | 支出额 | 占本级支出比 |
| 2044 | 550.15 | 275.075 | 5.96 | 165.045 | 2.86 | 110.03 | 0.86 |
| 2046 | 568.2 | 284.1 | 5.59 | 170.46 | 2.68 | 113.64 | 0.81 |
| 2048 | 585.4 | 292.7 | 5.22 | 175.62 | 2.5 | 117.08 | 0.76 |
| 2050 | 614.1 | 307.05 | 4.97 | 184.23 | 2.38 | 122.82 | 0.72 |

### 4. 居民缴费承受力分析

我们来看农村居民缴费情况,如表7-8所示。广西城乡居民养老保险农村居民人均缴费,由2020年的247元/人/年增长到2050年的2801元/人/年,年均缴费增长率为8.4%。人均缴费支出占其当年可支配收入的比例,2020年为1.7%,此后不断小幅度上升,2034年突破3%,达到3.19%,2042年突破4%,也是30年来最高值4.17%,此后比例不断下降,2050年为3.36%,相当于2038年水平。总体来看,30年来,居民缴费支出占其人均可支配收入比例平均值为3%,大大低于8%的城镇职工的缴费水平,比例非常低,不影响农村居民的消费水平,完全处于农村居民的可承受范围内。

表7-8　2020—2050年广西城乡居民养老保险居民缴费分析

单位:元　%

| 年份 | 个人缴费总支出 | 人均支出 | 占可支配收入比例 | 年份 | 个人缴费总支出 | 人均支出 | 占可支配收入比例 |
|---|---|---|---|---|---|---|---|
| 2020 | 69.7 | 247 | 1.7 | 2036 | 350.1 | 1404 | 3.47 |
| 2022 | 84.7 | 305 | 1.83 | 2038 | 411.55 | 1681 | 3.7 |

续　表

| 年份 | 个人缴费总支出 | 人均支出 | 占可支配收入比例 | 年份 | 个人缴费总支出 | 人均支出 | 占可支配收入比例 |
|---|---|---|---|---|---|---|---|
| 2024 | 105.05 | 375 | 1.97 | 2040 | 476.7 | 1976 | 3.87 |
| 2026 | 128.95 | 465 | 2.13 | 2042 | 533.2 | 2347 | 4.17 |
| 2028 | 158.2 | 573 | 2.3 | 2044 | 550.15 | 2375 | 3.82 |
| 2030 | 202.75 | 738 | 2.58 | 2046 | 568.2 | 2475 | 3.61 |
| 2032 | 247.85 | 933 | 2.91 | 2048 | 585.4 | 2625 | 3.48 |
| 2034 | 293.15 | 1148 | 3.19 | 2050 | 614.1 | 2801 | 3.36 |

## 五、研究结论与政策建议

### （一）研究结论

1. 本章根据穆怀中教授的"生存公平"和"劳动公平"理论，设计了城乡居民养老保险的"三账户"模式，"三账户"模式体现出了中央政府、地方政府以及城乡居民三方责任。根据待遇确定型养老金制度以及数据研究，我们得到城乡居民养老金替代率为30%，才能起到"保基本"的作用。我们分解了各自责任主体承担的具体责任，中央政府承担14%的替代率，地方政府承担8%的替代率，其中省、市、县之间，按照4%、2.4、1.6%来划分，居民承担8%的替代率。

2. 我们通过广西2020—2050年数据，论证"三账户"模式的财务可承受力。广西城乡居民养老保险总支出由2020年的261.3亿元增长到2050年的2302.8亿元，其中中央政府支出占据主导地位，由121.9亿元增长到1074.6亿元，地方政府和居民缴费均由 69.7 亿元增长到 614.1 亿元。

3. 中央对广西城乡居民养老保险补助占中央本级财政支出的比例非常低,30 年平均值为 0.65%,其占中央本级社会保障支出比例相对较高,30 年平均值为 13.3%,虽然处于可承受范围,但是未来需要考虑逐步降低中央政府承担比例。

4. 未来 30 年,广西城乡居民养老保险支出占省、市、县级政府支出比例平均为 4.86%、2.33%、0.7%,财政负担相对来说省级政府最大,市级次之,县级政府最小,除了省级政府比例较高外,均处于可承受范围之内,未来可以考虑适当增加地方政府承担比例。

5. 广西城乡居民养老保险农村居民人均缴费,由 2020 年的 247 元/人/年增长到 2050 年的 2801 元/人/年,年均缴费增长率为 8.4%,30 年来,居民缴费支出占其人均可支配收入比例平均值为 3%,大大低于 8% 的城镇职工的缴费水平,比例非常低,不影响农村居民的消费水平,完全处于农村居民可承受的范围内,也可以考虑适当增加居民缴费比例。

## (二)政策建议

为了保障广西城乡居民养老保险的长期可持续性,特别是"三账户"模式的长期稳定,我们需要在以下几个方面进行改善:

第一,提高养老基金的投资收益。按照《全国社会保障基金投资管理暂行办法》中的规定,城乡居民养老保险基金收入不允许直接投资,只能通过省级政府存入银行或者购买国债方式来实现基金的保值增值,这样的投资方式单一,收益有限,不利于城乡居民基本养老保险基金的保值增值。因此,需要扩大城乡居民基本养老保险基金的投资渠道,开展市场化投资运营,进入股市或者购买高收益率资产组合,提高基金收益率。此外,可以考虑适当下放地方政府基金运营权限,提高政策灵活性,以实现基金的健康、快速保值增值。

第二,不断提高女性生育率。人口老龄化的加剧,不仅使缴费人数减少并且使领取待遇人数增加,养老保险基金的收入减少与支出增加是同步,这对城乡居民养老保险基金的财务可持续性带来重大的冲击。因此,我们必须不断提高女性生育率,这在一定程度上能够提高养老基金的收入,因此,国家一方面需要大力发展幼托产业,把学前教育纳入义务教育范围,减轻家庭的抚育成本,另一方面需要利用财税政策,对多孩家庭进行财政补贴,对女性再就业的企业给予税收优惠。

第三,优化城乡居民养老保险制度设计,强制参保,提高最低缴费标准。我国城乡居民养老保险实施12年,参保率仅仅为85%左右,离"应保尽保"还有不少差距,且居民缴费多数选择较低的200元档次,不利于基金收入的增长。随着全面小康社会的实现,我国城乡居民的收入水平已经有了很大提高,这为强制实施城乡居民养老保险提供了经济条件;其次,无论是从城乡居民缴费能力,还是从养老金"保基本"的角度,都需要提高城乡居民养老保险缴费档次的设定。考虑到大部分居民在有限理性下都会选择最低缴费档次,而目前的最低档次缴费不可能实现老有所养,因此提高最低档次缴费标准是一种从源头上缓解缴费偏低问题的办法。我们建议综合考虑城乡居民人均可支配收入状况,结合"保基本"的目标,通过大数据和精算原理,提高最低档次缴费标准,等到经济发展水平较高时,借鉴城镇职工养老保险缴费的做法,按照城乡居民可支配收入的一定比例进行缴费。

第四,优化养老金计发系数。目前,我国城乡居民养老保险的养老金系数为 139,这个系数是建立在 60 岁的人平均余命为 139 个月基础上的。随着我国经济的发展以及医疗技术的提高,建立在经验生命表基础上的城乡居民养老保险面临着死亡率快速下降、预期寿命显著延长的人口变化新态势,我们必须依托科学的预期寿命预测方法,有效估计未来人口变动态势,从而建立人口参数动态变化与养老金计发系数之间的联动机制。

# 第八章

# 广西基本公共服务均等化优化对策

## 一、基本公共服务均等化的分析框架

有关基本公共服务方面的研究，近年来成为我国学术界的显学，大量的学术著作与论文的产生，为我们的研究提供了很大的便利和基础。对于如何实现基本公共服务均等化，大部分学者均认为需要政府的大力投入，基本公共服务的非均等化就是政府财力的不均等造成的，这也是我国目前最为主要的观点，也就是财政学分析观点，这方面的论著非常多，如田发、梁思婧（2020）[①]，胡晓东、艾梦雅（2019）[②]，张启春等（2016）[③]。1994 年分税制改革，中央集中了大部分财力（李萍，2010）[④]，地方政府财力拮据，特别是县乡级政府（卢洪友，2010）[⑤]，没有多余的财力为

① 田发、梁思婧. 地方政府支出责任划分与基本公共服务发展水平——来自上海的经验证据. 华东经济管理，2020(2)：24—29.
② 胡晓东、艾梦雅. 基本公共服务均等化、财力均衡与增值税共享制度重构. 财政研究，2019(6)：94—101.
③ 张启春、胡继亮、李淑芳. 区域基本公共服务均等化：政府财政平衡机制与政策研究. 北京：科学出版社，2016.
④ 李萍. 财政体制简明图解. 北京：中国财政经济出版社，2010：29.
⑤ 卢洪友. 统筹城乡公共品供给问题研究. 北京：科学出版社，2010：121—128.

农村提供基本公共服务。

虽然财政学分析观点有一定的合理之处，但是，其面临三个逻辑挑战（胡志平、李慧中，2012）[①]，即政治之维、政府之维和提供之维三方面的困境。财力维度的分析存在政治之维的困境，主要在于中国的财政分权是在政治集权基础上发展的，经济分权和政治集权之间的矛盾，才是导致基层政府财权、事权、财力之间的不匹配，形成了当前的基层政府财政困难（胡志平，2012）[②]。财力维度的分析存在政府之维的困境，主要在于政府没有动力提供公共服务，长期以来坚持的以经济建设为中心的发展型政府，决定了政府行为的经济偏向，而非基本公共服务偏向，姚东旻（2020）[③]等人的研究结论更是证明了这一点，政府领导人在经济建设上会"力争上游"，而在社会建设方面则会"趋于全国之均值"。财力维度的分析存在提供之维的困境，主要在于中国基本公共服务非均等化存在总量非均等和结构非均等两方面的问题，特别是后者，更是领导人为了追求政绩而产生的问题，而非财力维度能够解释的。

复杂系统理论认为系统虽然具有混沌性，但是系统主体与环境是不断交互的，具有强烈的非线性，系统主体在系统运行过程中具有强大的能力去适应和发展。基本公共服务均等化，也是一个复杂适应性系统，这个系统拥有集合性、动态性、环境适

① 胡志平、李慧中. 公共服务均等化"财力之维"的逻辑挑战——兼论公共服务均等化的"三维"联动机制改革. 探索与争鸣，2012(11)：63—66.

② 胡志平. 公共服务均等化：财政分权还是"三维"联动机制. 南通大学学报（社会科学版），2012(5)：116—122.

③ 姚东旻、朱泳奕、余凯. 制度惯性、地方领导人更替与财政支出结构变动. 社会学研究，2020(2)：99—123.

应性以及职能主体复杂性等特征。一部基本公共服务提供的历史同时也是一部社会史,公共服务最初由家庭及其成员承担,通过亲情的关系兑现,到现代政府,再到政府通过制度安排让市场和社会组织来兑现这些服务。[①] 在绩效评价上,采用工具简单化的因果关系来判断,而不是用复杂的联系的、变化的、动态的观点看问题,将过程和结果割裂开来,不利于基本公共服务均等化的评价。因此,基本公共服务体系的运行和评价不是依靠单独的某种动力实现,而是在众多因素和力量之间相互作用、相互影响而形成的运行动力。在系统运行过程中,复杂性的产生离不开体系运行的环境、主体构成、资源复杂性等三个静态方面的影响,而体系运行是体系复杂性的主要表现载体。复杂性影响了基本公共服务均等化的供给与评价绩效。基本公共服务均等化的变迁是政治、经济、社会三方面共同作用的结果,如图8-1。

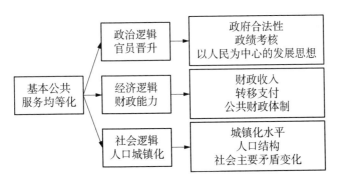

图 8-1 基本公共服务均等化变迁逻辑

---

[①] 丁元竹.交锋与磨合:公共服务提供中的社会关系.北京:北京大学出版社,2015:1.

## 二、广西基本公共服务均等化的政治逻辑

政府的各项职能总是与政权的目标相适应。任何政府都需要不断增加其政权合法性,以维护和巩固自身的统治地位。一个政权的目标包括政权稳定、社会稳定和经济发展三个方面(刘志昌,2014)[①],三个方面是相互联系、相互促进的,社会稳定和经济发展有利于巩固政权的稳定。改革开放以来,我国政府合法性基础来源于经济绩效,政府服务绩效仍然是我国政府合法性的主要来源[②],但是经济绩效存在其固有的缺陷。因此,我国领导人提出"科学发展观"等,试图矫正政府发展过程中政绩存在的缺陷,特别是党的十八大以来习近平总书记提出"以人民为中心"的发展理念,为我国经济社会的健康、良性发展提供了强大的思想保证,也为地方政府的绩效考核提出了新的更高要求,正如法国学者让-马克·夸克(2002)[③]所言:"个人成功的欲望和对权力的渴望不会给领导者的行动带来任何合法性。相反,领导者必须要重视公共福祉。个人的愿望,只有在它表现为是服务于整个共同体的利益的时候,它在政治上才是可以获得承认的。因此这也就是说只有当这个具有目标的人将自己的行为真正地认同为国家的任务、关心对共同体繁荣的确保时,他成功的愿望

---

① 刘志昌.中国基本公共服务均等化的变迁与逻辑.北京:中国社会科学出版社,2014:136.

② 马得勇、王正绪.民主、公正还是绩效?——中国地方政府合法性及其来源分析.经济社会体制比较,2012(3):122—138.

③ [法]让-马克·夸克.合法性与政治.佟心平、王远飞译,北京:中央编译出版社,2002:40.

才真正地获得了具有合法性的政治价值。"

我国地方政府官员一直处于政治锦标赛体制下,政治锦标赛本身可以将关心仕途和晋升的地方政府官员置于强力的激励之下。何为政治锦标赛? 正如周黎安(2017)①所说:"政治锦标赛是指处于同一级别的政府官员为了获得政治晋升而相互竞争的博弈。"我们以广西地级市市委书记为例,2013年—2018年间,广西14个地级市一共经历58位市委书记,每位市委书记任职年限平均为3.8年。除去现在还在任的8人,我们的分析样本为50人。通过资料数据的整理,我们发现50人次中,获得晋升(正厅级上升到副部级)的官员为31人次,平调为18人次,落马1人。在获得晋升的官员中,22人次其所在地的GDP增长率或者财政收入的增长率高于14个地级市的平均值。从经济社会协调发展来看,经济发展与基本公共服务状况两者都发展较好的地级市,获得晋升的相对不多。因此,在晋升锦标赛体制下,广西的官员的仕途很大程度上还是与经济指标挂钩。

政治锦标赛理论把注意力放在了如何激励地方官员的问题上,"中国历史上曾长期处于领先地位的经济增长水平和屡次出现的经济奇迹说明,搞对激励的问题对中国来说是重要的但并不是最关键的"②。激励的可信承诺,以及对官员的约束问题,在推进基本公共服务均等化方面更加重要,正如美国学者阿维纳

---

① 周黎安. 转型中的地方政府:官员激励与治理(第二版). 上海:上海人民出版社,2017:162.

② 李文军、唐兴霖、赵俊梅. 地方官员、捕蝇纸效应与公共服务支出的关系——一项有关公共服务型政府建设的研究. 华东经济管理,2012(7):31—35.

什·K.迪克西特所言:"政治过程不能像经济关系那样来使用监督和激励合同。相反,我们更多地依赖于更为直接的工具——承诺与约束。"①

一方面,需要上级政府创造公共服务的"竞争性市场",并增强政策的可信承诺。改革开放40多年来,地方政府"为增长而竞争",广西地级市干部晋升更多的表现在 GDP 增长率高和财政收入增长率高的地方,这样的"政治承诺"表现突出,在"以人民为发展中心"的理念下,地方政府在发展过程中需要凸显人民的"获得感",在推进基本公共服务均等化方面下更多的努力,在官员晋升与基本公共服务均等化方面,需要上级政府更强的"可信承诺"。

由于上级政府具有解约的冲动,如何解决"可信承诺"问题?西方学者认为,初始代理人为了争取选票会做出很多承诺,为了解决初始代理人承诺的不可靠问题,政治家们情愿放弃他们对于官僚机构的影响,使得官僚机构的许多决策都从政治决策中分离出来,从财政权的角度分析政治家有可能把财政资金的决策权过多的授权给行政部门。然而在"官本位"思想根深蒂固的我们国家,解决上级政府承诺的不可靠问题,制度建设更加具有现实的意义。地方官员加大对基本公共服务的投入,提高人民的获得感,他们需要在经济、政治报酬与努力-报酬概率之间寻求平衡,然后再作出努力的程度。如果两者成正比,内外在报酬得到了满足,才能进一步形成反馈作用,加大对基本公共服务支

---

① 〔美〕阿维纳什·K.迪克西特.经济政策的制定:交易成本政治学的视角.刘元春译,
北京:中国人民大学出版社,2003:41.

出的努力程度。

另一方面,增强社会问责,构建地方官员的约束机制。中央政府独特的政治集权与财政分权,对地方政府经济行为产生了强大的激励效果。但是由于中央政府巨大的监督成本,及其分权带来的巨大寻租空间,为赢利型的地方官员利益共同体提供了温床。这个共同体的利益关系使得约束机制弱化,高激励与低约束并存。当政治集权、地方官员共谋与内部人监督同时出现时,三者的叠加效应使低效约束的特征均被放大,导致地方官员"掠夺之手"难以受到有效的控制。而对于约束,美国公共行政专家尼古拉斯·亨利在《公共行政与公共事务》一书的开篇就指出:"培养出美国公共行政传统的社会背景是若干文化和思想力量的独特混合体……这一传统可以用一个词来表述:约束。"[1]因此,加强社会问责,以约束地方政府,势在必行。

## 三、广西基本公共服务均等化的经济逻辑

财政能力是提供基本公共服务的物质保障(蓝相洁,2017)[2]。中央和省级政府制定各种政策,增加市级、区(县)级的财政收入,不断提升它们的基本公共服务供给能力,将有力促进基本公共服务均等化。

如表 8-1 所示,2019 年广西 14 个地级市经济社会发展状况,南宁、柳州和桂林 GDP 处于前三位,分别为 4506.5 亿元、

---

① [美]尼古拉斯·亨利. 公共行政与公共事务. 项龙译,北京:华夏出版社,2002:3.

② 蓝相洁. 促进基本公共服务均等化的财政理论与实践. 北京:经济科学出版社,2017:184.

3128.3 亿元、2105.5 亿元,防城港、贺州、来宾相对靠后,属于最后三位,GDP 仅仅 600 亿—700 亿元,差距非常大,变异系数达到 0.717。伴随着经济发展的较大差距,各地财政收入差距非常明显,14 个地级市财政收入平均值为 102 亿元,而贺州、来宾、崇左、河池、防城港等地区远远低于平均值,变异系数高达 0.914,大大高于各地区 GDP 的变异系数。

表 8–1　2019 年广西 14 个地级市状况

| 城市 | GDP（亿元） | 人口（万人） | 财政收入（亿元） | 财政支出（亿元） | 人均财政支出（元） | 基本公共服务支出（亿元） | 人均基本公共服务支出（亿元） |
|---|---|---|---|---|---|---|---|
| 南宁 | 4506.5 | 781.9 | 370.9 | 787.7 | 10074 | 412.4 | 5274 |
| 柳州 | 3128.3 | 393.5 | 221.4 | 498.8 | 12676 | 252.37 | 6413 |
| 桂林 | 2105.5 | 540.6 | 152.8 | 495.7 | 9169 | 266.58 | 4931 |
| 梧州 | 991.4 | 353.3 | 84.6 | 293.6 | 8310 | 159.28 | 4508 |
| 北海 | 1300.8 | 180.2 | 78.1 | 200.5 | 11126 | 99.02 | 5495 |
| 防城港 | 701.2 | 100.3 | 47.4 | 139.5 | 13908 | 59 | 5882 |
| 钦州 | 1356.2 | 417.6 | 57.3 | 225.1 | 5390 | 131.65 | 3152 |
| 贵港 | 1257.5 | 564.5 | 62.7 | 293.1 | 5192 | 182.2 | 3227 |
| 玉林 | 1679.7 | 736.9 | 111.1 | 418.9 | 5684 | 243.54 | 3305 |
| 百色 | 1257.7 | 422.6 | 94 | 478.7 | 11327 | 303.32 | 7177 |
| 贺州 | 700.1 | 247.6 | 36.1 | 220.1 | 8889 | 127.28 | 5140 |
| 河池 | 878.1 | 433.8 | 45.9 | 390.2 | 8995 | 257.54 | 5936 |
| 来宾 | 654.1 | 269.8 | 34.3 | 189.4 | 7020 | 112.86 | 4183 |
| 崇左 | 760.4 | 252.3 | 33.7 | 292.2 | 11581 | 160.58 | 6364 |

数据来源:《广西统计年鉴》(2020 年)

在基本公共服务支出总量方面,财政能力强的南宁、柳州、桂林依然支出较大,玉林、百色和河池等 3 个城市的基本公共服务支出也超过 200 亿元,来宾、防城港、北海支出相对较少,变异系数为 0.94。从人均基本公共服务支出看,百色、柳州、崇左、河池等城市相对支出较高,均超过 5500 元,而钦州、贵港、玉林、来宾人均支出较少,特别是钦州才 3152 元,低于最高值百色 4025元,人均基本公共服务支出差距的一个重要原因就在于转移支付的问题。

从表 8-2 我们可以看出,获得转移支付比较多的城市为南宁、百色、河池等 3 个城市,均超过了 300 亿元,桂林、柳州和玉林转移支付也超过了 200 亿元;转移支付获得比较少的是北海、防城港、梧州、来宾、贺州等地,防城港为 71.44 亿元。但是从人均转移支付来看,防城港、百色、河池、崇左人均转移支付较多,人均超过 7000 元;贵港、玉林、钦州等城市由于人口较多,人均转移支付比较少,贵港仅仅 3071 元,与排名第一的百色差距 4773.2 元。

表 8-2　2019 年广西 14 个地级市获得转移支付状况

| 城市 | 转移支付(亿元) | 人均(元) |
|---|---|---|
| 南宁 | 300.55 | 3843.5 |
| 柳州 | 213.07 | 5414 |
| 桂林 | 266.56 | 4930.8 |
| 梧州 | 130.97 | 3707.1 |
| 北海 | 76.53 | 4246.9 |
| 防城港 | 71.44 | 7122.6 |

| 城市 | 转移支付（亿元） | 人均（元） |
|---|---|---|
| 钦州 | 131.76 | 3155.1 |
| 贵港 | 173.36 | 3071 |
| 玉林 | 227.58 | 3088.3 |
| 百色 | 334.07 | 7905.1 |
| 贺州 | 155.35 | 6274.2 |
| 河池 | 310.04 | 7147 |
| 来宾 | 135.98 | 5040 |
| 崇左 | 197.91 | 7844.2 |

数据来源：《广西财政年鉴》(2020年)

　　我们通过与人均基本公共服务支出比较来看，人均基本公共服务支出较高的几个城市，防城港、百色、崇左也是获得人均转移支付较多的城市，属于转移支付依赖型城市，而柳州基本公共服务支出较高，则是建立在自有财政收入较高的基础之上。钦州、贵港、玉林人均基本公共服务支出较少，其获得的转移支付也少，并且人口较多，因此，很大程度上影响了它们的人均基本公共服务支出，这几个城市属于低基本公共服务支出-低转移支付模式，河池、贺州人均基本公共服务支出较少，但是其人均转移支付较多，也说明其自有财政收入非常低，影响了人均基本公共服务支出，属于低自有财政收入-低人均基本公共服务支出型。

　　一方面，我们必须以居民基本公共服务需求为核心，建立广西基本公共服务最低标准。由于地方政府在基本公共服务供给中具有再分配性，地方政府的税收竞争，以及人口、资本等要素的流动,会促使基层政府提供的基本公共服务供给在数量上不充分在质量上不优质,并且地方政府之间会出台各种措施,限制某些人群获取相应的基本公共服务。因此,非常有必要增强广西省级政府在基本公共服务供给中的责任,建立广西基本公共服务全区最低标准,全区基本公共服务有了最低标准后,各种商品、服务、资本、劳动力等可以自由流动,并可以减少各个城市之间的财政支出竞争。广西基本公共服务最低标准需要遵循以下几个原则:第一,普遍性,全区所有居民都能享受到改革所带来的成果,能够享受到基本一致的基本公共服务水平;第二,责任可分性,广西省级政府与市、县等地方政府,在基本公共服务供给责任上,需要加以明确,并通过法律法规的形式加以规定;第三,定期调整性,最低标准必须随着广西经济社会的发展、财政能力、居民愿望等因素,不断提高相应的服务水平;第四,可流动性,居民在广西自治区内流动迁徙过程中,在迁入地可以享受大体一致的基本公共服务。

另一方面,必须优化广西转移支付制度,建立以基本公共服务产出为导向的转移支付制度。当前应该明确基本公共服务的范围和标准,合理划分广西省级-市级-县级政府的职责,以及制定实现基本公共服务均等化的时间表,以便建立促进基本公共服务均等化的财政转移支付体系。党的十八届三中全会指出:完善一般性转移支付增长机制,重点增加对革命老区、民族地区、边疆地区、贫困地区的转移支付。完善广西转移支付制度,不仅要加大对地市一般性转移支付的力度,也需要我们对各地区进行平衡,特别是人口大市的钦州、玉林、贵港等地。通过以公共服务产出为导向的转移支付所带来的激励和可问责的政府,来建立一个积极响应的、负责的且可问责的管理制度,同时也不削弱地方的自主权。

最后,强化公共服务型政府建设,优化基本公共服务的投入与支出结构。随着广西经济社会的不断发展,以及各种新业态的不断出现,人民群众面临着失业、工伤等各种公共风险,我们必须建立公共服务型政府,以此来破解居民面临的各种公共风险。公共服务型政府需要政府的财政介入,才能解决各种市场主体和居民共同遭遇的公共风险。因此,①地方政府需要加大基本公共服务投入,强化地方政府的基本公共服务供给责任;②在当下地方政府财政压力不断加剧的现实背景下,优化政府财政支出结构更为重要,一方面,需要增加基本公共服务支出,加大对基本公共服务支出力度,减少不必要的支出,此外,需要提高基本公共服务支出效率;③政府官员考核体系要转变到以基本公共服务为导向,强化地方官员的约束。

## 四、广西基本公共服务均等化的社会逻辑

改革开放以来,我国的社会主要矛盾经历了两次变化,一次是改革开放初期,我国的社会主要矛盾由原来的"以阶级斗争为纲",转变到"人民日益增长的物质文化需要同落后的社会生产之间的矛盾"。1979 年 3 月,邓小平在党的理论务虚会议上指出:"我们的生产力发展水平很低,远远不能满足人民和国家的需要,这就是我们目前时期的主要矛盾,解决这个主要矛盾就是

我们的中心任务。"[1]经过几十年的发展,我国的私人产品供给从短缺发展到过剩,特别是 2017 年党的十九大报告指出:"中国特色社会主义进入新时代,我国社会主要矛盾已经转化为人民日益增长的美好生活需要和不平衡不充分的发展之间的矛盾。"

因此,在高质量发展的背景下,广西基本公共服务供给与需求的矛盾,在基本公共服务供给总量上,表现为日益扩大的基本公共服务需要与基本公共服务供给严重不足的矛盾;在基本公共服务的分配上,表现为基本公共服务的供给不均等,也就是存在较大的城乡差距、地区差距和群体差距。随着我国以及广西基本公共服务均等化政策的不断出台和落地,部分地区一些基本公共服务已实现常住人口全覆盖。即使这样,户籍偏向依然是各地政府提供基本公共服务的重要依据。虽然广西基本公共服务差距体现在城乡间、地区间、人群间,但是基本公共服务供给的户籍偏向则充分地融合了上述三个方面。

在这里,我们对广西 14 个地级市两种口径的人口数据进行整理,发现广西 14 个地级市可以划分为三类,如表 8-3 所示,第一类是常住人口多于户籍人口,广西 14 个地级市仅仅为柳州,常住人口比户籍人口多 3.51%;第二类是常住人口低于户籍人口,但是比例在 10%以内,如南宁、桂林、北海、防城港等 4 个城市,基本上属于户籍人口与常住人口相当的城市;第三类是常住人口少于户籍人口,并且比例大于 10%的城市,如梧州、钦州、贵

---

① 邓小平文选(第二卷).北京:人民出版社,1994:182.

港、玉林、百色、贺州、河池、来宾、崇左等 9 个城市,这 9 个城市常住人口和户籍人口明显不相符,占广西地级市数量的比例为 64.2%,这也佐证了人口口径问题在地方政府提供基本公共服务的重要性。

表 8-3  2018 年广西各地户籍人口、常住人口情况  单位:万人

| 城市 | 户籍人口 | 常住人口 | 比例 |
|---|---|---|---|
| 南宁 | 770.8 | 725.4 | −5.89 |
| 柳州 | 390.4 | 404.1 | 3.51 |
| 桂林 | 538.1 | 508.5 | −5.5 |
| 梧州 | 352 | 306.1 | −13.04 |
| 北海 | 178.1 | 168 | −5.67 |
| 防城港 | 99.3 | 95.3 | −4.02 |
| 钦州 | 415.3 | 330.4 | −20.44 |
| 贵港 | 561.3 | 440.9 | −21.45 |
| 玉林 | 732.7 | 584.9 | −20.17 |
| 百色 | 421 | 366.9 | −12.85 |
| 贺州 | 245.9 | 207.2 | −15.73 |
| 河池 | 432.5 | 354.5 | −18.03 |
| 来宾 | 269.3 | 223.4 | −17.04 |
| 崇左 | 251.7 | 209.9 | −16.6 |

说明:比例的计算方法是:(常住人口-户籍人口)/户籍人口

数据来源:《广西统计年鉴》(2019 年)、各地 2018 年国民经济与社会发展统计公报

从表 8-4 我们看出:

表8-4 广西不同人口口径下人均基本公共服务支出 单位：元

| | 2010 | | 2014 | | 2018 | |
|---|---|---|---|---|---|---|
| | 户籍人口人均支出 | 常住人口人均支出 | 户籍人口人均支出 | 常住人口人均支出 | 户籍人口人均支出 | 常住人口人均支出 |
| 南宁 | 1889 | 1948 | 3134 | 3308 | 4719 | 5014 |
| 柳州 | 2165 | 2048 | 3352 | 3260 | 6067 | 5861 |
| 桂林 | 1951 | 2050 | 3373 | 3406 | 4818 | 5099 |
| 梧州 | 1639 | 1861 | 3086 | 3530 | 3936 | 4526 |
| 北海 | 1704 | 1791 | 3223 | 3405 | 4941 | 5238 |
| 防城港 | 2705 | 2683 | 4672 | 4849 | 5465 | 5694 |
| 钦州 | 1199 | 1476 | 2219 | 2805 | 3260 | 4098 |
| 贵港 | 1090 | 1333 | 1859 | 2373 | 2987 | 3803 |
| 玉林 | 1178 | 1443 | 3162 | 2686 | 3122 | 3911 |
| 百色 | 1997 | 2206 | 3651 | 4216 | 6048 | 6940 |
| 贺州 | 1625 | 1856 | 2964 | 3505 | 4613 | 5475 |
| 河池 | 1763 | 2089 | 3249 | 3953 | 3688 | 4500 |
| 来宾 | 1838 | 2188 | 2803 | 3915 | 4376 | 5275 |
| 崇左 | 1764 | 2077 | 3678 | 4477 | 5581 | 6693 |
| 均值 | 1750.5 | 1932 | 3173.2 | 3549.1 | 4530.9 | 5151.9 |
| 变异系数 | 0.24 | 0.182 | 0.207 | 0.194 | 0.228 | 0.185 |

数据来源：《广西统计年鉴》(2011年、2015年、2019年)

第一，防城港、柳州、百色、崇左等城市，人均基本公共服务支出占据优势地位，钦州、贵港、梧州、玉林等城市人均公共服务支出较低，处于劣势地位；

第二，户籍人口口径的均值、变异系数均小于常住人口数据,且这种关系呈现一种稳定状态,2010 年变异系数为 0.24,2014 年为 0.207,到了 2018 年变异系数又上升到了 0.228,改善的程度非常小;

第三,从均值支出来看,9 年来,人均支出出现不断增长趋势,常住人口口径数据,大概为户籍人口口径数据的 1.2 倍左右,并且人均支出的绝对差距在进一步扩大,2010 年差距为 181.5 元,占户籍支出比例为 10.3%,2018 年差距扩大为 621 元,比例达到 13.7%。

在全面深化改革的背景下,下一步我们需要在以下几个方面进行改革:

### 第一,改革城乡二元户籍制度

在城乡一体化发展的背景下,统一户籍制度,促进劳动力自由流动。我国长期实行的是二元户籍管理制度,这也是造成城乡二元经济体制的根本原因,要从根本上破除城乡二元经济结构,必须统一城乡户籍管理制度,结束两种社会身份在地位上的差别,从制度上对人口自由流动的限制予以释放。与此同时,完善流动人口管理,适当放宽农民工进城的准入标准,引导农村劳动力平稳有序转移到城市,允许进城农民按当地规定在就业地或居住地进行户籍登记,并依法享有当地居民应有的基本公共服务权利,承担应尽的义务。

### 第二,公民广泛参与实现对基本公共服务的有效监督

在构建基本公共服务以公众为核心的绩效评价机制基础上,实现有效监督,是提升基本公共服务公众满意度的重要手段。社会公众中的各类群体,公民个人、媒体、利益团体等都能够参与公共事务的监督,最重要的渠道就是预算的公开,将政府

预算、决算的信息及时披露,从源头上确保信息的准确性、科学性和有效性。创设以公众满意度为核心的公众参与式评价机制能够有效监督基本公共服务供给的有效性,同时也形成了一种激励机制,有利于鼓励地方政府致力于打造公共服务品质,从基本公共服务供给享用水平、效率水平、分配方案等各个角度努力赢得公众更高的评价。

# 附 录

## 附录一

## 广西基本公共服务均等化初始评价指标
## 第一次德尔菲法问卷

尊敬的专家：

您好！我是广西师范大学政治与公共管理学院的李文军老师。科学、有效的指标体系是基本公共服务均等化评估的关键要素之一，对于广西基本公共服务均等化的可持续发展具有重要意义。非常感谢您能在百忙之中参与本次调查。

本问卷的指标设计涵盖了农林水事务、科学技术、教育、文体与传媒、医疗卫生、社会保障与就业等六个方面，包括 37 项具体指标。限于人力、物力、时间等因素，本研究以"修正型德尔菲法"进行两次问卷调查，您的宝贵意见将作为指标修正的重要参考。此项调查所有资料仅限学术研究之用，并对个人意见保密。非常感谢您的帮助！

**说明**：请您通过 5 分制（1 分表示非常不适当，2 分表示不适当,3分表示一般,4分表示适当,5分表示非常适当),根据自己认为的各项指标适当程度的不同,在相应的空格处打"√",进行打分,在每一小类上,您可以提出其他意见和建议。若资料不全或者有其他相关问题,请您与我联系,邮箱:0400510217@163.com。

广西基本公共服务均等化初始评价指标适当程度判断

| 准则层(F) | 指标层(S) | 指标适当程度分值 | | | | |
|---|---|---|---|---|---|---|
| | | 1 | 2 | 3 | 4 | 5 |
| 农林水事务（F1） | S1：农林水支出占财政支出比例 | | | | | |
| | S2：人均农林水支出 | | | | | |
| | S3：耕地面积 | | | | | |
| | S4：农业机械总动力 | | | | | |
| | S5：粮食总产量 | | | | | |
| | S6：肉类总产量 | | | | | |
| | S7：水产品总产量 | | | | | |
| | 填写您认为重要的其他农林水事务指标 | | | | | |
| 科学技术(F2) | S8：科学技术支出占财政支出比例 | | | | | |
| | S9：人均科学技术支出 | | | | | |
| | S10：每万人专利授权数量 | | | | | |
| | 填写您认为重要的其他科学技术指标 | | | | | |
| 教育(F3) | S11：教育支出占财政支出比例 | | | | | |
| | S12：人均教育支出 | | | | | |
| | S13：15岁及以上文盲人口占比 | | | | | |

续 表

| 准则层（F） | 指标层（S） | 指标适当程度分值 | | | | |
|---|---|---|---|---|---|---|
| | | 1 | 2 | 3 | 4 | 5 |
| | S14：普通小学生师比 | | | | | |
| | S15：普通中学生师比 | | | | | |
| | S16：高等学校生师比 | | | | | |
| | 填写您认为重要的其他教育指标 | | | | | |
| 文体与传媒（F4） | S17：文体与传媒支出占财政支出比例 | | | | | |
| | S18：人均文体与传媒支出 | | | | | |
| | S19：公共图书馆数 | | | | | |
| | S20：公共图书馆总藏书量 | | | | | |
| | S21：体育馆数 | | | | | |
| | S22：剧场、影院数 | | | | | |
| | 填写您认为重要的其他文体与传媒指标 | | | | | |
| 医疗卫生（F5） | S23：医疗卫生支出占财政支出比例 | | | | | |
| | S24：人均医疗卫生支出 | | | | | |
| | S25：每千人口卫生机构数 | | | | | |
| | S26：每千人口医疗机构床位数 | | | | | |
| | S27：每千人口卫生机构人员数 | | | | | |
| | S28：平均预期寿命 | | | | | |
| | S29：孕妇住院分娩率 | | | | | |
| | 填写您认为重要的其他医疗卫生指标 | | | | | |
| 社会保障与就业（F6） | S30：社会保障支出占财政支出比例 | | | | | |
| | S31：人均社会保障支出 | | | | | |
| | S32：城镇职工基本养老保险参保率 | | | | | |
| | S33：城镇基本医疗保险参保率 | | | | | |

续　表

| 准则层（F） | 指标层（S） | 指标适当程度分值 | | | | |
|---|---|---|---|---|---|---|
| | | 1 | 2 | 3 | 4 | 5 |
| 社会保障与就业（F6） | S34：年末城镇登记失业率 | | | | | |
| | S35：城乡就业人数占总人口比例 | | | | | |
| | S36：城镇居民人均可支配收入 | | | | | |
| | S37：农村居民人均可支配收入 | | | | | |
| | 填写您认为重要的其他社会保障与就业指标 | | | | | |

# 广西基本公共服务均等化初始评价指标
# 第二次德尔菲法问卷

尊敬的专家:

您好!非常感谢您能协助填写广西基本公共服务均等化初始评价指标的第二次问卷调查,也谢谢您给予的宝贵意见。

小于 4 的指标有 7 个(S3、13、S28、S29、S35、S36、S37)。由于有部分专家对于上述指标提出修改意见,我们结合众数与平均数标准,把 S3、S13、S28、S29、S35、S36、S37 等 7 个指标列入删除的考虑,并在第二次问卷调查结果后加以处理。并根据第一次问卷,增加 3 个指标。为能有效的达成共识,附上第一次问卷统计的集中数(众数、平均数)以供参考,再次请您填写指标适当程度。如果您的适当程度与多数专家意见不同,请您说明理由,谢谢!

**说明**:请您通过 5 分制(1 分表示非常不适当,2 分表示不适当,3 分表示一般,4 分表示适当,5 分表示非常适当),根据自己认为的各项指标适当程度的不同,在相应的空格处打分,在每一小类上,您可以提出其他意见和建议。若资料不全或者有其他相关问题,请您与我联系,邮箱:0400510217@163.com。

## 广西基本公共服务均等化初始评价指标适当程度判断

| 指　　标 | 第一次判断集中数 | | 第二次适当程度 |
| --- | --- | --- | --- |
| | 众数 | 均值 | |
| 农林水事务（F1） | | | |
| S1：农林水支出占财政支出比例 | 5 | 4.71 | |
| S2：人均农林水支出 | 5 | 4.71 | |
| S3：耕地面积 | 3 | 3.64 | |
| S3：每万人有效灌溉面积（修改后） | | | |
| S4：人均农业机械总动力 | 5 | 4.64 | |
| S5：人均粮食总产量 | 5 | 4.57 | |
| S6：人均肉类总产量 | 4 | 4.35 | |
| S7：人均水产品总产量 | 5 | 4.71 | |
| 科学技术（F2） | | | |
| S8：科学技术支出占财政支出比例 | 5 | 4.85 | |
| S9：人均科学技术支出 | 4 | 4.42 | |
| S10：每万人专利授权数量 | 4 | 4.28 | |
| 教育（F3） | | | |
| S11：教育支出占财政支出比例 | 5 | 4.64 | |
| S12：人均教育支出 | 5 | 4.71 | |
| S13：15岁及以上文盲人口占比（拟去掉） | 3 | 3.5 | |
| S14：普通小学生师比 | 5 | 4.64 | |
| S15：普通中学生师比 | 5 | 4.78 | |
| S16：高等学校生师比 | 5 | 4.78 | |
| 文体与传媒（F4） | | | |
| S17：文体与传媒支出占财政支出比例 | 5 | 4.57 | |

| 指　　标 | 第一次判断集中数 | | 第二次适当程度 |
|---|---|---|---|
| | 众数 | 均值 | |
| S18：人均文体与传媒支出 | 5 | 4.64 | |
| S19：每百万人公共图书馆数 | 5 | 4.78 | |
| S20：人均公共图书馆总藏书量 | 4 | 4.28 | |
| S21：每百万人体育馆数 | 4 | 4.28 | |
| S22：每百万人剧场、影院数 | 5 | 4.64 | |
| 医疗卫生(F5) | | | |
| S23：医疗卫生支出占财政支出比例 | 5 | 4.78 | |
| S24：人均医疗卫生支出 | 4 | 4.35 | |
| S25：每千人口卫生机构数 | 5 | 4.57 | |
| S26：每千人口医疗机构床位数 | 5 | 4.92 | |
| S27：每千人口卫生技术人员数 | 4 | 4.5 | |
| S28：平均预期寿命(拟去掉) | 3 | 3.64 | |
| S29：孕妇住院分娩率(拟去掉) | 3 | 3.64 | |
| 社会保障与就业(F6) | | | |
| S30：社会保障支出占财政支出比例 | 4 | 4.42 | |
| S31：人均社会保障支出 | 5 | 4.64 | |
| S32：城镇职工基本养老保险参保率 | 5 | 4.57 | |
| S33：城镇基本医疗保险参保率 | 4 | 4.35 | |
| S34：年末城镇登记失业率 | 4 | 4.57 | |
| S35：城乡就业人数占总人口比例(与 S34 重合,拟去掉) | 3 | 3.35 | |
| S36：城镇居民人均可支配收入(拟去掉) | 3 | 3.64 | |

| 指　　标 | 第一次判断集中数 | | 第二次适当程度 |
|---|---|---|---|
| | 众数 | 均值 | |
| S37：农村居民人均可支配收入（拟去掉） | 3 | 3.42 | |
| 拟新增指标 | | | |
| S38：人均农林牧渔产值 | | | |
| S39：在园儿童数占人口比例 | | | |
| S40：参加领取低保待遇人数占总人口比例 | | | |

# 附录三

# 原始矩阵

| 指标 | 南宁 | 柳州 | 桂林 | 梧州 | 北海 | 防城港 | 钦州 |
|------|------|------|------|------|------|--------|------|
| S1 | 8.80 | 6.58 | 9.22 | 8.07 | 5.96 | 9.38 | 9.06 |
| S2 | 152.00 | 136.17 | 154.72 | 113.69 | 128.04 | 214.95 | 83.68 |
| S3 | 0.29 | 0.26 | 0.43 | 0.22 | 0.29 | 0.33 | 0.23 |
| S4 | 0.46 | 0.31 | 0.49 | 0.25 | 0.64 | 0.58 | 0.28 |
| S5 | 555.77 | 478.95 | 829.93 | 590.52 | 566.40 | 511.52 | 651.74 |
| S6 | 154.67 | 147.03 | 210.06 | 183.49 | 172.97 | 119.54 | 165.84 |
| S7 | 260.27 | 33.65 | 43.57 | 35.86 | 1257.47 | 1150.00 | 336.20 |
| S8 | 3737 | 3509 | 4799 | 3404 | 6787 | 5701 | 4490 |
| S9 | 1.44 | 1.49 | 1.22 | 0.42 | 0.65 | 0.25 | 0.26 |
| S10 | 24.96 | 30.87 | 20.50 | 5.93 | 13.96 | 5.74 | 2.42 |
| S11 | 0.55 | 0.99 | 1.04 | 0.26 | 0.54 | 0.10 | 0.05 |
| S12 | 17.05 | 19.64 | 22.58 | 22.52 | 18.67 | 17.59 | 27.27 |
| S13 | 294.37 | 406.11 | 378.84 | 317.03 | 401.33 | 403.06 | 251.75 |
| S14 | 2.10 | 2.09 | 1.79 | 2.33 | 2.74 | 1.41 | 2.12 |
| S15 | 527 | 613 | 691 | 376 | 464 | 617 | 370 |
| S16 | 543 | 617 | 625 | 467 | 508 | 698 | 460 |

| 指标 | 南宁 | 柳州 | 桂林 | 梧州 | 北海 | 防城港 | 钦州 |
|------|------|------|------|------|------|--------|------|
| S17 | 491 | 583 | 430 | 467 | 605 | 0 | 421 |
| S18 | 1.97 | 1.60 | 1.56 | 1.09 | 0.99 | 1.20 | 0.84 |
| S19 | 34.05 | 33.18 | 26.24 | 15.37 | 21.46 | 27.59 | 7.77 |
| S20 | 2.34 | 1.93 | 2.77 | 1.61 | 1.92 | 4.80 | 0.84 |
| S21 | 0.58 | 0.33 | 0.71 | 0.29 | 0.27 | 0.27 | 0.13 |
| S22 | 2.34 | 2.75 | 1.58 | 0.64 | 5.75 | 1.20 | 2.52 |
| S23 | 1.17 | 1.10 | 1.98 | 0.64 | 2.55 | 1.20 | 0.28 |
| S24 | 5.69 | 5.69 | 6.44 | 5.80 | 4.49 | 4.13 | 5.53 |
| S25 | 98.24 | 117.62 | 108.08 | 81.59 | 96.45 | 94.78 | 51.12 |
| S26 | 0.31 | 0.29 | 0.31 | 0.03 | 0.25 | 0.21 | 0.11 |
| S27 | 3.01 | 3.43 | 2.54 | 1.91 | 2.14 | 1.96 | 1.54 |
| S28 | 4.33 | 4.51 | 3.58 | 2.37 | 2.49 | 3.11 | 2.00 |
| S29 | 13.75 | 14.79 | 11.69 | 11.32 | 7.75 | 13.51 | 12.47 |
| S30 | 237.47 | 305.76 | 196.21 | 159.47 | 166.58 | 309.63 | 115.12 |
| S31 | 7.47 | 14.70 | 7.97 | 5.83 | 6.39 | 5.95 | 2.46 |
| S32 | 7.49 | 15.09 | 7.95 | 6.77 | 7.13 | 6.69 | 3.09 |
| S33 | 3.85 | 4.35 | 4.00 | 4.00 | 3.23 | 3.23 | 4.17 |
| S34 | 1.10 | 1.92 | 1.20 | 0.94 | 2.44 | 3.03 | 1.30 |
| 指标 | 贵港 | 玉林 | 百色 | 贺州 | 河池 | 来宾 | 崇左 |
| S1 | 7.63 | 8.60 | 9.55 | 10.19 | 10.63 | 9.28 | 8.41 |
| S2 | 54.83 | 75.51 | 167.47 | 132.68 | 157.02 | 126.47 | 141.48 |
| S3 | 0.31 | 0.23 | 0.28 | 0.30 | 0.22 | 0.41 | 0.32 |

| 指标 | 贵港 | 玉林 | 百色 | 贺州 | 河池 | 来宾 | 崇左 |
|------|------|------|------|------|------|------|------|
| S4 | 0.42 | 0.34 | 0.47 | 0.32 | 0.50 | 0.43 | 0.57 |
| S5 | 602.94 | 645.95 | 562.32 | 706.65 | 536.12 | 735.41 | 488.83 |
| S6 | 144.22 | 219.20 | 148.22 | 302.82 | 149.87 | 262.20 | 125.96 |
| S7 | 68.42 | 45.80 | 28.40 | 63.27 | 20.88 | 41.27 | 56.81 |
| S8 | 2976 | 3475 | 3230 | 5030 | 3091 | 5298 | 5163 |
| S9 | 0.51 | 0.38 | 0.45 | 0.43 | 0.67 | 0.26 | 0.57 |
| S10 | 3.70 | 3.36 | 7.98 | 5.61 | 9.96 | 3.62 | 9.66 |
| S11 | 0.12 | 0.40 | 0.07 | 0.14 | 0.10 | 0.05 | 0.10 |
| S12 | 34.69 | 29.23 | 20.59 | 26.90 | 23.57 | 22.26 | 17.78 |
| S13 | 249.22 | 256.71 | 361.05 | 350.29 | 348.16 | 303.18 | 299.05 |
| S14 | 0.49 | 2.06 | 2.41 | 1.69 | 1.48 | 1.55 | 1.78 |
| S15 | 369 | 331 | 524 | 492 | 577 | 584 | 721 |
| S16 | 528 | 540 | 720 | 496 | 540 | 483 | 638 |
| S17 | 0 | 562 | 168 | 445 | 540 | 412 | 615 |
| S18 | 0.78 | 1.71 | 1.13 | 1.62 | 1.39 | 1.04 | 1.38 |
| S19 | 5.66 | 15.06 | 19.82 | 21.13 | 20.55 | 14.17 | 23.34 |
| S20 | 0.61 | 0.96 | 0.26 | 1.83 | 2.77 | 2.39 | 2.95 |
| S21 | 0.07 | 0.18 | 0.32 | 0.15 | 0.16 | 0.18 | 0.25 |
| S22 | 0.20 | 1.60 | 1.01 | 1.37 | 0.72 | 0.80 | 2.11 |
| S23 | 0.61 | 1.92 | 1.03 | 0.91 | 0.50 | 0.40 | 0.42 |
| S24 | 5.20 | 6.23 | 5.81 | 5.90 | 6.17 | 6.42 | 5.41 |
| S25 | 37.40 | 54.72 | 101.89 | 76.85 | 91.24 | 87.48 | 90.98 |

续　表

| 指标 | 贵港 | 玉林 | 百色 | 贺州 | 河池 | 来宾 | 崇左 |
|---|---|---|---|---|---|---|---|
| S26 | 0.10 | 0.43 | 0.17 | 0.23 | 0.12 | 0.20 | 0.19 |
| S27 | 1.03 | 1.57 | 2.09 | 1.33 | 1.96 | 1.69 | 1.64 |
| S28 | 1.68 | 3.06 | 2.52 | 2.18 | 2.37 | 2.31 | 2.37 |
| S29 | 6.70 | 10.43 | 9.34 | 6.67 | 9.50 | 13.15 | 14.39 |
| S30 | 48.13 | 91.61 | 163.82 | 86.84 | 140.37 | 179.13 | 242.04 |
| S31 | 1.95 | 2.52 | 3.46 | 3.25 | 3.23 | 2.54 | 3.17 |
| S32 | 3.47 | 3.65 | 4.28 | 4.67 | 4.45 | 4.81 | 4.52 |
| S33 | 3.70 | 4.35 | 4.55 | 3.57 | 4.00 | 3.70 | 3.13 |
| S34 | 1.25 | 0.74 | 2.56 | 1.15 | 0.62 | 1.10 | 1.11 |

**附录四**

# 趋势化矩阵值

| 指标 | 南宁 | 柳州 | 桂林 | 梧州 | 北海 | 防城港 | 钦州 |
|------|------|------|------|------|------|--------|------|
| S1 | 8.80 | 6.58 | 9.22 | 8.07 | 5.96 | 9.38 | 9.06 |
| S2 | 152.00 | 136.17 | 154.72 | 113.69 | 128.04 | 214.95 | 83.68 |
| S3 | 0.29 | 0.26 | 0.43 | 0.22 | 0.29 | 0.33 | 0.23 |
| S4 | 0.46 | 0.31 | 0.49 | 0.25 | 0.64 | 0.58 | 0.28 |
| S5 | 555.77 | 478.95 | 829.93 | 590.52 | 566.40 | 511.52 | 651.74 |
| S6 | 154.67 | 147.03 | 210.06 | 183.49 | 172.97 | 119.54 | 165.84 |
| S7 | 260.27 | 33.65 | 43.57 | 35.86 | 1257.47 | 1150.00 | 336.20 |
| S8 | 3737 | 3509 | 4799 | 3404 | 6787 | 5701 | 4490 |
| S9 | 1.44 | 1.49 | 1.22 | 0.42 | 0.65 | 0.25 | 0.26 |
| S10 | 24.96 | 30.87 | 20.50 | 5.93 | 13.96 | 5.74 | 2.42 |
| S11 | 0.55 | 0.99 | 1.04 | 0.26 | 0.54 | 0.10 | 0.05 |
| S12 | 17.05 | 19.64 | 22.58 | 22.52 | 18.67 | 17.59 | 27.27 |
| S13 | 294.37 | 406.11 | 378.84 | 317.03 | 401.33 | 403.06 | 251.75 |
| S14 | 2.10 | 2.09 | 1.79 | 2.33 | 2.74 | 1.41 | 2.12 |
| S15 | 527 | 613 | 691 | 376 | 464 | 617 | 370 |
| S16 | 543 | 617 | 625 | 467 | 508 | 698 | 460 |

| 指标 | 南宁 | 柳州 | 桂林 | 梧州 | 北海 | 防城港 | 钦州 |
|------|------|------|------|------|------|--------|------|
| S17 | 491 | 583 | 430 | 467 | 605 | 0 | 421 |
| S18 | 1.97 | 1.60 | 1.56 | 1.09 | 0.99 | 1.20 | 0.84 |
| S19 | 34.05 | 33.18 | 26.24 | 15.37 | 21.46 | 27.59 | 7.77 |
| S20 | 2.34 | 1.93 | 2.77 | 1.61 | 1.92 | 4.80 | 0.84 |
| S21 | 0.58 | 0.33 | 0.71 | 0.29 | 0.27 | 0.27 | 0.13 |
| S22 | 2.34 | 2.75 | 1.58 | 0.64 | 5.75 | 1.20 | 2.52 |
| S23 | 1.17 | 1.10 | 1.98 | 0.64 | 2.55 | 1.20 | 0.28 |
| S24 | 5.69 | 5.69 | 6.44 | 5.80 | 4.49 | 4.13 | 5.53 |
| S25 | 98.24 | 117.62 | 108.08 | 81.59 | 96.45 | 94.78 | 51.12 |
| S26 | 0.31 | 0.29 | 0.31 | 0.03 | 0.25 | 0.21 | 0.11 |
| S27 | 3.01 | 3.43 | 2.54 | 1.91 | 2.14 | 1.96 | 1.54 |
| S28 | 4.33 | 4.51 | 3.58 | 2.37 | 2.49 | 3.11 | 2.00 |
| S29 | 13.75 | 14.79 | 11.69 | 11.32 | 7.75 | 13.51 | 12.47 |
| S30 | 237.47 | 305.76 | 196.21 | 159.47 | 166.58 | 309.63 | 115.12 |
| S31 | 7.47 | 14.70 | 7.97 | 5.83 | 6.39 | 5.95 | 2.46 |
| S32 | 7.49 | 15.09 | 7.95 | 6.77 | 7.13 | 6.69 | 3.09 |
| S33 | 0.26 | 0.23 | 0.25 | 0.25 | 0.31 | 0.31 | 0.24 |
| S34 | 0.91 | 0.52 | 0.83 | 1.06 | 0.41 | 0.33 | 0.77 |
| 指标 | 贵港 | 玉林 | 百色 | 贺州 | 河池 | 来宾 | 崇左 |
| S1 | 7.63 | 8.60 | 9.55 | 10.19 | 10.63 | 9.28 | 8.41 |
| S2 | 54.83 | 75.51 | 167.47 | 132.68 | 157.02 | 126.47 | 141.48 |
| S3 | 0.31 | 0.23 | 0.28 | 0.30 | 0.22 | 0.41 | 0.32 |

| 指标 | 贵港 | 玉林 | 百色 | 贺州 | 河池 | 来宾 | 崇左 |
|------|------|------|------|------|------|------|------|
| S4 | 0.42 | 0.34 | 0.47 | 0.32 | 0.50 | 0.43 | 0.57 |
| S5 | 602.94 | 645.95 | 562.32 | 706.65 | 536.12 | 735.41 | 488.83 |
| S6 | 144.22 | 219.20 | 148.22 | 302.82 | 149.87 | 262.20 | 125.96 |
| S7 | 68.42 | 45.80 | 28.40 | 63.27 | 20.88 | 41.27 | 56.81 |
| S8 | 2976 | 3475 | 3230 | 5030 | 3091 | 5298 | 5163 |
| S9 | 0.51 | 0.38 | 0.45 | 0.43 | 0.67 | 0.26 | 0.57 |
| S10 | 3.70 | 3.36 | 7.98 | 5.61 | 9.96 | 3.62 | 9.66 |
| S11 | 0.12 | 0.40 | 0.07 | 0.14 | 0.10 | 0.05 | 0.10 |
| S12 | 34.69 | 29.23 | 20.59 | 26.90 | 23.57 | 22.26 | 17.78 |
| S13 | 249.22 | 256.71 | 361.05 | 350.29 | 348.16 | 303.18 | 299.05 |
| S14 | 0.49 | 2.06 | 2.41 | 1.69 | 1.48 | 1.55 | 1.78 |
| S15 | 369 | 331 | 524 | 492 | 577 | 584 | 721 |
| S16 | 528 | 540 | 720 | 496 | 540 | 483 | 638 |
| S17 | 0 | 562 | 168 | 445 | 540 | 412 | 615 |
| S18 | 0.78 | 1.71 | 1.13 | 1.62 | 1.39 | 1.04 | 1.38 |
| S19 | 5.66 | 15.06 | 19.82 | 21.13 | 20.55 | 14.17 | 23.34 |
| S20 | 0.61 | 0.96 | 0.26 | 1.83 | 2.77 | 2.39 | 2.95 |
| S21 | 0.07 | 0.18 | 0.32 | 0.15 | 0.16 | 0.18 | 0.25 |
| S22 | 0.20 | 1.60 | 1.01 | 1.37 | 0.72 | 0.80 | 2.11 |
| S23 | 0.61 | 1.92 | 1.03 | 0.91 | 0.50 | 0.40 | 0.42 |
| S24 | 5.20 | 6.23 | 5.81 | 5.90 | 6.17 | 6.42 | 5.41 |
| S25 | 37.40 | 54.72 | 101.89 | 76.85 | 91.24 | 87.48 | 90.98 |

| 指标 | 贵港 | 玉林 | 百色 | 贺州 | 河池 | 来宾 | 崇左 |
|------|------|------|------|------|------|------|------|
| S26 | 0.10 | 0.43 | 0.17 | 0.23 | 0.12 | 0.20 | 0.19 |
| S27 | 1.03 | 1.57 | 2.09 | 1.33 | 1.96 | 1.69 | 1.64 |
| S28 | 1.68 | 3.06 | 2.52 | 2.18 | 2.37 | 2.31 | 2.37 |
| S29 | 6.70 | 10.43 | 9.34 | 6.67 | 9.50 | 13.15 | 14.39 |
| S30 | 48.13 | 91.61 | 163.82 | 86.84 | 140.37 | 179.13 | 242.04 |
| S31 | 1.95 | 2.52 | 3.46 | 3.25 | 3.23 | 2.54 | 3.17 |
| S32 | 3.47 | 3.65 | 4.28 | 4.67 | 4.45 | 4.81 | 4.52 |
| S33 | 0.27 | 0.23 | 0.22 | 0.28 | 0.25 | 0.27 | 0.32 |
| S34 | 0.80 | 1.35 | 0.39 | 0.87 | 1.61 | 0.91 | 0.90 |

附录五

# 归一化矩阵值

| 指标 | 南宁 | 柳州 | 桂林 | 梧州 | 北海 | 防城港 | 钦州 |
|------|------|------|------|------|------|--------|------|
| S1 | 0.27 | 0.20 | 0.28 | 0.25 | 0.18 | 0.29 | 0.28 |
| S2 | 0.30 | 0.27 | 0.30 | 0.22 | 0.25 | 0.42 | 0.16 |
| S3 | 0.26 | 0.23 | 0.38 | 0.20 | 0.26 | 0.29 | 0.20 |
| S4 | 0.27 | 0.18 | 0.29 | 0.15 | 0.38 | 0.35 | 0.17 |
| S5 | 0.24 | 0.21 | 0.36 | 0.26 | 0.25 | 0.22 | 0.28 |
| S6 | 0.22 | 0.21 | 0.30 | 0.26 | 0.25 | 0.17 | 0.24 |
| S7 | 0.15 | 0.02 | 0.02 | 0.02 | 0.71 | 0.65 | 0.19 |
| S8 | 0.22 | 0.21 | 0.29 | 0.20 | 0.41 | 0.34 | 0.27 |
| S9 | 0.50 | 0.52 | 0.43 | 0.15 | 0.23 | 0.09 | 0.09 |
| S10 | 0.49 | 0.61 | 0.40 | 0.12 | 0.27 | 0.11 | 0.05 |
| S11 | 0.32 | 0.58 | 0.60 | 0.15 | 0.31 | 0.06 | 0.03 |
| S12 | 0.19 | 0.22 | 0.26 | 0.26 | 0.21 | 0.20 | 0.31 |
| S13 | 0.24 | 0.32 | 0.30 | 0.25 | 0.32 | 0.32 | 0.20 |
| S14 | 0.29 | 0.29 | 0.25 | 0.32 | 0.38 | 0.19 | 0.29 |
| S15 | 0.26 | 0.31 | 0.35 | 0.19 | 0.23 | 0.31 | 0.19 |
| S16 | 0.26 | 0.29 | 0.29 | 0.22 | 0.24 | 0.33 | 0.22 |

| 指标 | 南宁 | 柳州 | 桂林 | 梧州 | 北海 | 防城港 | 钦州 |
|------|------|------|------|------|------|--------|------|
| S17 | 0.29 | 0.34 | 0.25 | 0.27 | 0.35 | 0.00 | 0.25 |
| S18 | 0.39 | 0.32 | 0.31 | 0.22 | 0.20 | 0.24 | 0.17 |
| S19 | 0.41 | 0.40 | 0.32 | 0.19 | 0.26 | 0.34 | 0.09 |
| S20 | 0.27 | 0.22 | 0.32 | 0.19 | 0.22 | 0.56 | 0.10 |
| S21 | 0.48 | 0.27 | 0.58 | 0.24 | 0.22 | 0.22 | 0.11 |
| S22 | 0.28 | 0.33 | 0.19 | 0.08 | 0.70 | 0.15 | 0.31 |
| S23 | 0.25 | 0.24 | 0.43 | 0.14 | 0.55 | 0.26 | 0.06 |
| S24 | 0.27 | 0.27 | 0.30 | 0.27 | 0.21 | 0.19 | 0.26 |
| S25 | 0.30 | 0.36 | 0.33 | 0.25 | 0.29 | 0.29 | 0.16 |
| S26 | 0.35 | 0.33 | 0.35 | 0.03 | 0.29 | 0.24 | 0.13 |
| S27 | 0.39 | 0.44 | 0.33 | 0.25 | 0.27 | 0.25 | 0.20 |
| S28 | 0.40 | 0.42 | 0.33 | 0.22 | 0.23 | 0.29 | 0.18 |
| S29 | 0.32 | 0.35 | 0.27 | 0.26 | 0.18 | 0.32 | 0.29 |
| S30 | 0.33 | 0.43 | 0.28 | 0.22 | 0.23 | 0.44 | 0.16 |
| S31 | 0.33 | 0.65 | 0.35 | 0.26 | 0.28 | 0.26 | 0.11 |
| S32 | 0.30 | 0.60 | 0.32 | 0.27 | 0.28 | 0.27 | 0.12 |
| S33 | 0.26 | 0.23 | 0.25 | 0.25 | 0.31 | 0.31 | 0.24 |
| S34 | 0.27 | 0.15 | 0.25 | 0.31 | 0.12 | 0.10 | 0.23 |
| 指标 | 贵港 | 玉林 | 百色 | 贺州 | 河池 | 来宾 | 崇左 |
| S1 | 0.23 | 0.26 | 0.29 | 0.31 | 0.32 | 0.28 | 0.26 |
| S2 | 0.11 | 0.15 | 0.33 | 0.26 | 0.31 | 0.25 | 0.28 |
| S3 | 0.28 | 0.20 | 0.25 | 0.27 | 0.20 | 0.36 | 0.28 |

续　表

| 指标 | 贵港 | 玉林 | 百色 | 贺州 | 河池 | 来宾 | 崇左 |
|------|------|------|------|------|------|------|------|
| S4 | 0.25 | 0.20 | 0.28 | 0.19 | 0.30 | 0.26 | 0.34 |
| S5 | 0.26 | 0.28 | 0.25 | 0.31 | 0.23 | 0.32 | 0.21 |
| S6 | 0.21 | 0.31 | 0.21 | 0.43 | 0.22 | 0.38 | 0.18 |
| S7 | 0.04 | 0.03 | 0.02 | 0.04 | 0.01 | 0.02 | 0.03 |
| S8 | 0.18 | 0.21 | 0.19 | 0.30 | 0.18 | 0.32 | 0.31 |
| S9 | 0.18 | 0.13 | 0.16 | 0.15 | 0.23 | 0.09 | 0.20 |
| S10 | 0.07 | 0.07 | 0.16 | 0.11 | 0.20 | 0.07 | 0.19 |
| S11 | 0.07 | 0.23 | 0.04 | 0.08 | 0.06 | 0.03 | 0.06 |
| S12 | 0.40 | 0.33 | 0.24 | 0.31 | 0.27 | 0.25 | 0.20 |
| S13 | 0.20 | 0.21 | 0.29 | 0.28 | 0.28 | 0.24 | 0.24 |
| S14 | 0.07 | 0.28 | 0.33 | 0.23 | 0.20 | 0.21 | 0.25 |
| S15 | 0.19 | 0.17 | 0.26 | 0.25 | 0.29 | 0.29 | 0.36 |
| S16 | 0.25 | 0.25 | 0.34 | 0.23 | 0.25 | 0.23 | 0.30 |
| S17 | 0.00 | 0.33 | 0.10 | 0.26 | 0.32 | 0.24 | 0.36 |
| S18 | 0.15 | 0.34 | 0.22 | 0.32 | 0.28 | 0.21 | 0.27 |
| S19 | 0.07 | 0.18 | 0.24 | 0.26 | 0.25 | 0.17 | 0.28 |
| S20 | 0.07 | 0.11 | 0.03 | 0.21 | 0.32 | 0.28 | 0.34 |
| S21 | 0.06 | 0.15 | 0.26 | 0.12 | 0.13 | 0.15 | 0.21 |
| S22 | 0.02 | 0.19 | 0.12 | 0.17 | 0.09 | 0.10 | 0.26 |
| S23 | 0.13 | 0.41 | 0.22 | 0.20 | 0.11 | 0.09 | 0.09 |
| S24 | 0.24 | 0.29 | 0.27 | 0.28 | 0.29 | 0.30 | 0.25 |
| S25 | 0.11 | 0.17 | 0.31 | 0.23 | 0.28 | 0.27 | 0.28 |

| 指标 | 贵港 | 玉林 | 百色 | 贺州 | 河池 | 来宾 | 崇左 |
|------|------|------|------|------|------|------|------|
| S26 | 0.11 | 0.49 | 0.19 | 0.26 | 0.14 | 0.23 | 0.22 |
| S27 | 0.13 | 0.20 | 0.27 | 0.17 | 0.25 | 0.22 | 0.21 |
| S28 | 0.16 | 0.28 | 0.23 | 0.20 | 0.22 | 0.21 | 0.22 |
| S29 | 0.16 | 0.24 | 0.22 | 0.16 | 0.22 | 0.31 | 0.34 |
| S30 | 0.07 | 0.13 | 0.23 | 0.12 | 0.20 | 0.25 | 0.34 |
| S31 | 0.09 | 0.11 | 0.15 | 0.14 | 0.14 | 0.11 | 0.14 |
| S32 | 0.14 | 0.15 | 0.17 | 0.19 | 0.18 | 0.19 | 0.18 |
| S33 | 0.27 | 0.23 | 0.22 | 0.28 | 0.25 | 0.27 | 0.32 |
| S34 | 0.24 | 0.40 | 0.12 | 0.26 | 0.48 | 0.27 | 0.27 |

# 附录六

# 变量加权归一化处理结果

| 指标 | 南宁 | 柳州 | 桂林 | 梧州 | 北海 | 防城港 | 钦州 |
|------|------|------|------|------|------|--------|------|
| S1 | 0.81 | 0.60 | 0.84 | 0.74 | 0.55 | 0.86 | 0.83 |
| S2 | 1.19 | 1.06 | 1.21 | 0.89 | 1.00 | 1.68 | 0.65 |
| S3 | 0.52 | 0.46 | 0.76 | 0.39 | 0.52 | 0.59 | 0.41 |
| S4 | 0.55 | 0.37 | 0.58 | 0.30 | 0.76 | 0.69 | 0.33 |
| S5 | 0.73 | 0.63 | 1.09 | 0.77 | 0.74 | 0.67 | 0.85 |
| S6 | 0.67 | 0.63 | 0.91 | 0.79 | 0.75 | 0.52 | 0.71 |
| S7 | 0.44 | 0.06 | 0.07 | 0.06 | 2.14 | 1.96 | 0.57 |
| S8 | 0.45 | 0.42 | 0.57 | 0.41 | 0.81 | 0.68 | 0.54 |
| S9 | 1.51 | 1.57 | 1.28 | 0.44 | 0.68 | 0.26 | 0.27 |
| S10 | 1.96 | 2.43 | 1.61 | 0.47 | 1.10 | 0.45 | 0.19 |
| S11 | 0.64 | 1.15 | 1.21 | 0.30 | 0.63 | 0.12 | 0.06 |
| S12 | 0.58 | 0.67 | 0.77 | 0.77 | 0.64 | 0.60 | 0.93 |
| S13 | 0.94 | 1.30 | 1.21 | 1.01 | 1.28 | 1.29 | 0.80 |
| S14 | 0.58 | 0.58 | 0.49 | 0.64 | 0.76 | 0.39 | 0.59 |
| S15 | 0.79 | 0.92 | 1.04 | 0.57 | 0.70 | 0.93 | 0.56 |
| S16 | 0.77 | 0.87 | 0.88 | 0.66 | 0.72 | 0.99 | 0.65 |

| 指标 | 南宁 | 柳州 | 桂林 | 梧州 | 北海 | 防城港 | 钦州 |
|---|---|---|---|---|---|---|---|
| S17 | 0.86 | 1.03 | 0.76 | 0.82 | 1.06 | 0.00 | 0.74 |
| S18 | 1.17 | 0.95 | 0.93 | 0.65 | 0.59 | 0.71 | 0.50 |
| S19 | 1.66 | 1.62 | 1.28 | 0.75 | 1.05 | 1.34 | 0.38 |
| S20 | 0.27 | 0.22 | 0.32 | 0.19 | 0.22 | 0.56 | 0.10 |
| S21 | 0.95 | 0.54 | 1.17 | 0.48 | 0.44 | 0.44 | 0.21 |
| S22 | 0.57 | 0.67 | 0.38 | 0.16 | 1.40 | 0.29 | 0.61 |
| S23 | 0.51 | 0.47 | 0.85 | 0.28 | 1.10 | 0.52 | 0.12 |
| S24 | 0.80 | 0.80 | 0.91 | 0.82 | 0.63 | 0.58 | 0.78 |
| S25 | 1.20 | 1.43 | 1.32 | 0.99 | 1.18 | 1.16 | 0.62 |
| S26 | 1.06 | 1.00 | 1.06 | 0.10 | 0.86 | 0.72 | 0.38 |
| S27 | 1.16 | 1.32 | 0.98 | 0.74 | 0.82 | 0.75 | 0.59 |
| S28 | 1.20 | 1.25 | 0.99 | 0.66 | 0.69 | 0.86 | 0.55 |
| S29 | 0.97 | 1.04 | 0.82 | 0.79 | 0.54 | 0.95 | 0.88 |
| S30 | 1.34 | 1.72 | 1.10 | 0.90 | 0.94 | 1.74 | 0.65 |
| S31 | 0.99 | 1.95 | 1.06 | 0.77 | 0.85 | 0.79 | 0.33 |
| S32 | 0.90 | 1.81 | 0.95 | 0.81 | 0.85 | 0.80 | 0.37 |
| S33 | 0.79 | 0.69 | 0.76 | 0.76 | 0.94 | 0.94 | 0.73 |
| S34 | 1.08 | 0.62 | 0.98 | 1.26 | 0.49 | 0.39 | 0.91 |
| 指标 | 贵港 | 玉林 | 百色 | 贺州 | 河池 | 来宾 | 崇左 |
| S1 | 0.70 | 0.79 | 0.87 | 0.93 | 0.97 | 0.85 | 0.77 |
| S2 | 0.43 | 0.59 | 1.31 | 1.03 | 1.22 | 0.99 | 1.10 |
| S3 | 0.55 | 0.41 | 0.50 | 0.53 | 0.39 | 0.73 | 0.57 |

| 指标 | 贵港 | 玉林 | 百色 | 贺州 | 河池 | 来宾 | 崇左 |
|------|------|------|------|------|------|------|------|
| S4 | 0.50 | 0.41 | 0.56 | 0.38 | 0.60 | 0.51 | 0.68 |
| S5 | 0.79 | 0.85 | 0.74 | 0.93 | 0.70 | 0.96 | 0.64 |
| S6 | 0.62 | 0.94 | 0.64 | 1.30 | 0.65 | 1.13 | 0.54 |
| S7 | 0.12 | 0.08 | 0.05 | 0.11 | 0.04 | 0.07 | 0.10 |
| S8 | 0.36 | 0.41 | 0.39 | 0.60 | 0.37 | 0.63 | 0.62 |
| S9 | 0.54 | 0.40 | 0.47 | 0.45 | 0.70 | 0.27 | 0.60 |
| S10 | 0.29 | 0.26 | 0.63 | 0.44 | 0.78 | 0.28 | 0.76 |
| S11 | 0.14 | 0.47 | 0.08 | 0.16 | 0.12 | 0.06 | 0.12 |
| S12 | 1.19 | 1.00 | 0.71 | 0.92 | 0.81 | 0.76 | 0.61 |
| S13 | 0.80 | 0.82 | 1.15 | 1.12 | 1.11 | 0.97 | 0.96 |
| S14 | 0.14 | 0.57 | 0.67 | 0.47 | 0.41 | 0.43 | 0.49 |
| S15 | 0.56 | 0.50 | 0.79 | 0.74 | 0.87 | 0.88 | 1.09 |
| S16 | 0.75 | 0.76 | 1.02 | 0.70 | 0.76 | 0.68 | 0.90 |
| S17 | 0.00 | 0.99 | 0.30 | 0.78 | 0.95 | 0.72 | 1.08 |
| S18 | 0.46 | 1.02 | 0.67 | 0.96 | 0.83 | 0.62 | 0.82 |
| S19 | 0.28 | 0.73 | 0.97 | 1.03 | 1.00 | 0.69 | 1.14 |
| S20 | 0.07 | 0.11 | 0.03 | 0.21 | 0.32 | 0.28 | 0.34 |
| S21 | 0.12 | 0.30 | 0.53 | 0.25 | 0.26 | 0.30 | 0.41 |
| S22 | 0.05 | 0.39 | 0.25 | 0.33 | 0.17 | 0.19 | 0.51 |
| S23 | 0.26 | 0.83 | 0.44 | 0.39 | 0.22 | 0.17 | 0.18 |
| S24 | 0.73 | 0.88 | 0.82 | 0.83 | 0.87 | 0.91 | 0.76 |
| S25 | 0.46 | 0.67 | 1.24 | 0.94 | 1.11 | 1.07 | 1.11 |

| 指标 | 贵港 | 玉林 | 百色 | 贺州 | 河池 | 来宾 | 崇左 |
|------|------|------|------|------|------|------|------|
| S26 | 0.34 | 1.48 | 0.58 | 0.79 | 0.41 | 0.69 | 0.65 |
| S27 | 0.40 | 0.60 | 0.80 | 0.51 | 0.75 | 0.65 | 0.63 |
| S28 | 0.47 | 0.85 | 0.70 | 0.60 | 0.66 | 0.64 | 0.66 |
| S29 | 0.47 | 0.73 | 0.66 | 0.47 | 0.67 | 0.92 | 1.01 |
| S30 | 0.27 | 0.52 | 0.92 | 0.49 | 0.79 | 1.01 | 1.36 |
| S31 | 0.26 | 0.33 | 0.46 | 0.43 | 0.43 | 0.34 | 0.42 |
| S32 | 0.42 | 0.44 | 0.51 | 0.56 | 0.53 | 0.58 | 0.54 |
| S33 | 0.82 | 0.69 | 0.66 | 0.85 | 0.76 | 0.82 | 0.97 |
| S34 | 0.95 | 1.60 | 0.46 | 1.03 | 1.91 | 1.08 | 1.07 |

# 广西各地级市的县、县级市和自治县名单

| 城市 | 县(县级市和自治县)名称 |
|---|---|
| 南宁市 | 隆安县、马山县、上林县、宾阳县、横县 |
| 柳州市 | 柳城县、鹿寨县、融安县、融水苗族县、三江侗族自治县 |
| 桂林市 | 阳朔县、灵川县、全州县、兴安县、永福县、灌阳县、龙胜各族自治县、资源县、平乐县、荔浦市 |
| 梧州市 | 苍梧县、藤县、蒙山县、岑溪市 |
| 北海市 | 合浦县 |
| 防城港市 | 上思县、东兴市 |
| 钦州市 | 灵山县、浦北县 |
| 贵港市 | 平南县、桂平市 |
| 玉林市 | 容县、陆川县、博白县、兴业县、北流市 |
| 百色市 | 田东县、德保县、那坡县、凌云县、乐业县、田林县、西林县、隆林各族自治县、靖西市、平果市 |
| 贺州市 | 昭平县、钟山县、富川瑶族自治县 |
| 河池市 | 南丹县、天峨县、凤山县、东兰县、罗成仫佬族自治县、环江毛南族自治县、巴马瑶族自治县、都安瑶族自治县、大化瑶族自治县 |
| 来宾市 | 忻城县、象州县、武宣县、金秀瑶族自治县、合山市 |
| 崇左市 | 扶绥县、宁明县、龙州县、大新县、天等县、凭祥市 |

# 国务院关于建立统一的城乡居民基本养老保险制度的意见

## 国发〔2014〕8 号

各省、自治区、直辖市人民政府，国务院各部委、各直属机构：

按照党的十八大精神和十八届三中全会关于整合城乡居民基本养老保险制度的要求，依据《中华人民共和国社会保险法》有关规定，在总结新型农村社会养老保险（以下简称新农保）和城镇居民社会养老保险（以下简称城居保）试点经验的基础上，国务院决定，将新农保和城居保两项制度合并实施，在全国范围内建立统一的城乡居民基本养老保险（以下简称城乡居民养老保险）制度。现提出以下意见：

## 一、指导思想

高举中国特色社会主义伟大旗帜，以邓小平理论、"三个代表"重要思想、科学发展观为指导，贯彻落实党中央和国务院的各项决策部署，按照全覆盖、保基本、有弹性、可持续的方针，以增强公平性、适应流动性、保证可持续性为重点，全面推进和不断完善覆盖全体城乡居民的基本养老保险制度，充分发挥社会保险对保障人民基本生活、调节社会收入分配、促进城乡经济社会协调发展的重要作用。

## 二、任务目标

坚持和完善社会统筹与个人账户相结合的制度模式,巩固和拓宽个人缴费、集体补助、政府补贴相结合的资金筹集渠道,完善基础养老金和个人账户养老金相结合的待遇支付政策,强化长缴多得、多缴多得等制度的激励机制,建立基础养老金正常调整机制,健全服务网络,提高管理水平,为参保居民提供方便快捷的服务。"十二五"末,在全国基本实现新农保和城居保制度合并实施,并与职工基本养老保险制度相衔接。2020年前,全面建成公平、统一、规范的城乡居民养老保险制度,与社会救助、社会福利等其他社会保障政策相配套,充分发挥家庭养老等传统保障方式的积极作用,更好保障参保城乡居民的老年基本生活。

## 三、参保范围

年满16周岁(不含在校学生),非国家机关和事业单位工作人员及不属于职工基本养老保险制度覆盖范围的城乡居民,可以在户籍地参加城乡居民养老保险。

## 四、基金筹集

城乡居民养老保险基金由个人缴费、集体补助、政府补贴构成。

## （一）个人缴费

参加城乡居民养老保险的人员应当按规定缴纳养老保险费。缴费标准目前设为每年 100 元、200 元、300 元、400 元、500元、600 元、700 元、800 元、900 元、1000 元、1500 元、2000 元 12个档次,省(区、市)人民政府可以根据实际情况增设缴费档次,最高缴费档次标准原则上不超过当地灵活就业人员参加职工基本养老保险的年缴费额,并报人力资源社会保障部备案。人力资源社会保障部会同财政部依据城乡居民收入增长等情况适时调整缴费档次标准。参保人自主选择档次缴费,多缴多得。

## （二）集体补助

有条件的村集体经济组织应当对参保人缴费给予补助,补助标准由村民委员会召开村民会议民主确定,鼓励有条件的社区将集体补助纳入社区公益事业资金筹集范围。鼓励其他社会经济组织、公益慈善组织、个人为参保人缴费提供资助。补助、资助金额不超过当地设定的最高缴费档次标准。

## （三）政府补贴

政府对符合领取城乡居民养老保险待遇条件的参保人全额支付基础养老金,其中,中央财政对中西部地区按中央确定的基础养老金标准给予全额补助,对东部地区给予 50% 的补助。

地方人民政府应当对参保人缴费给予补贴,对选择最低档次标准缴费的,补贴标准不低于每人每年 30 元;对选择较高档次标准缴费的,适当增加补贴金额;对选择 500 元及以上档次标准缴费的,补贴标准不低于每人每年 60 元,具体标准和办法由省(区、市)人民政府确定。对重度残疾人等缴费困难群体,地方人民政府为其代缴部分或全部最低标准的养老保险费。

## 五、建立个人账户

国家为每个参保人员建立终身记录的养老保险个人账户,个人缴费、地方人民政府对参保人的缴费补贴、集体补助及其他社会经济组织、公益慈善组织、个人对参保人的缴费资助,全部记入个人账户。个人账户储存额按国家规定计息。

## 六、养老保险待遇及调整

城乡居民养老保险待遇由基础养老金和个人账户养老金构成,支付终身。

(一)基础养老金。中央确定基础养老金最低标准,建立基础养老金最低标准正常调整机制,根据经济发展和物价变动等情况,适时调整全国基础养老金最低标准。地方人民政府可以根据实际情况适当提高基础养老金标准;对长期缴费的,可适当加发基础养老金,提高和加发部分的资金由地方人民政府支出,具体办法由省(区、市)人民政府规定,并报人力资源社会保障部备案。

(二)个人账户养老金。个人账户养老金的月计发标准,目前为个人账户全部储存额除以 139(与现行职工基本养老保险个人账户养老金计发系数相同)。参保人死亡,个人账户资金余额可以依法继承。

## 七、养老保险待遇领取条件

参加城乡居民养老保险的个人,年满 60 周岁、累计缴费满 15 年,且未领取国家规定的基本养老保障待遇的,可以按月领取城乡居民养老保险待遇。

新农保或城居保制度实施时已年满 60 周岁,在本意见印发之日前未领取国家规定的基本养老保障待遇的,不用缴费,自本意见实施之月起,可以按月领取城乡居民养老保险基础养老金;距规定领取年龄不足 15 年的,应逐年缴费,也允许补缴,累计缴费不超过 15 年;距规定领取年龄超过 15 年的,应按年缴费,累计缴费不少于 15 年。

城乡居民养老保险待遇领取人员死亡的,从次月起停止支付其养老金。有条件的地方人民政府可以结合本地实际探索建立丧葬补助金制度。社会保险经办机构应每年对城乡居民养老保险待遇领取人员进行核对;村(居)民委员会要协助社会保险经办机构开展工作,在行政村(社区)范围内对参保人待遇领取资格进行公示,并与职工基本养老保险待遇等领取记录进行比对,确保不重、不漏、不错。

## 八、转移接续与制度衔接

参加城乡居民养老保险的人员,在缴费期间户籍迁移、需要跨地区转移城乡居民养老保险关系的,可在迁入地申请转移养老保险关系,一次性转移个人账户全部储存额,并按迁入地规定继续参保缴费,缴费年限累计计算;已经按规定领取城乡居民养老保险待遇的,无论户籍是否迁移,其养老保险关系不转移。

城乡居民养老保险制度与职工基本养老保险、优抚安置、城乡居民最低生活保障、农村五保供养等社会保障制度以及农村部分计划生育家庭奖励扶助制度的衔接,按有关规定执行。

## 九、基金管理和运营

将新农保基金和城居保基金合并为城乡居民养老保险基金,完善城乡居民养老保险基金财务会计制度和各项业务管理规章制度。城乡居民养老保险基金纳入社会保障基金财政专户,实行收支两条线管理,单独记账、独立核算,任何地区、部门、单位和个人均不得挤占挪用、虚报冒领。各地要在整合城乡居民养老保险制度的基础上,逐步推进城乡居民养老保险基金省级管理。

城乡居民养老保险基金按照国家统一规定投资运营,实现保值增值。

## 十、基金监督

各级人力资源社会保障部门要会同有关部门认真履行监管职责,建立健全内控制度和基金稽核监督制度,对基金的筹集、上解、划拨、发放、存储、管理等进行监控和检查,并按规定披露信息,接受社会监督。财政部门、审计部门按各自职责,对基金的收支、管理和投资运营情况实施监督。对虚报冒领、挤占挪用、贪污浪费等违纪违法行为,有关部门按国家有关法律法规严肃处理。要积极探索有村(居)民代表参加的社会监督的有效方式,做到基金公开透明,制度在阳光下运行。

## 十一、经办管理服务与信息化建设

省(区、市)人民政府要切实加强城乡居民养老保险经办能力建设,结合本地实际,科学整合现有公共服务资源和社会保险经办管理资源,充实加强基层经办力量,做到精确管理、便捷服务。要注重运用现代管理方式和政府购买服务方式,降低行政成本,提高工作效率。要加强城乡居民养老保险工作人员专业培训,不断提高公共服务水平。社会保险经办机构要认真记录参保人缴费和领取待遇情况,建立参保档案,按规定妥善保存。地方人民政府要为经办机构提供必要的工作场地、设施设备、经费保障。城乡居民养老保险工作经费纳入同级财政预算,不得从城乡居民养老保险基金中开支。基层财政确有困难的地区,省市级财政可给予适当补助。

各地要在现有新农保和城居保业务管理系统基础上,整合形成省级集中的城乡居民养老保险信息管理系统,纳入"金保工程"建设,并与其他公民信息管理系统实现信息资源共享;要将信息网络向基层延伸,实现省、市、县、乡镇(街道)、社区实时联网,有条件的地区可延伸到行政村;要大力推行全国统一的社会保障卡,方便参保人持卡缴费、领取待遇和查询本人参保信息。

## 十二、加强组织领导和政策宣传

地方各级人民政府要充分认识建立城乡居民养老保险制度的重要性,将其列入当地经济社会发展规划和年度目标管理考核体系,切实加强组织领导;要优化财政支出结构,加大财政投入,为城乡居民养老保险制度建设提供必要的财力保障。各级人力资源社会保障部门要切实履行主管部门职责,会同有关部门做好城乡居民养老保险工作的统筹规划和政策制定、统一管理、综合协调、监督检查等工作。

各地区和有关部门要认真做好城乡居民养老保险政策宣传工作,全面准确地宣传解读政策,正确把握舆论导向,注重运用通俗易懂的语言和群众易于接受的方式,深入基层开展宣传活动,引导城乡居民踊跃参保、持续缴费、增加积累,保障参保人的合法权益。

各省(区、市)人民政府要根据本意见,结合本地区实际情况,制定具体实施办法,并报人力资源社会保障部备案。

本意见自印发之日起实施,已有规定与本意见不一致的,按本意见执行。

国务院

2014 年 2 月 21 日

# 广西壮族自治区新型农村社会养老保险试点工作实施方案

各市、县人民政府，自治区农垦局，自治区人民政府各组成部门、各直属机构：

《广西壮族自治区新型农村社会养老保险试点工作实施方案》已经自治区人民政府同意，现印发给你们，请认真贯彻执行。

广西壮族自治区人民政府办公厅

二〇〇九年十二月二十八日

## 广西壮族自治区新型农村社会养老保险试点工作实施方案

为贯彻落实国务院《关于开展新型农村社会养老保险试点的指导意见》（国发〔2009〕32号）精神，积极稳妥地推进我区新型农村社会养老保险（以下简称新农保）试点工作，根据人力资源社会保障部《关于切实做好新农保试点工作的通知》（人社部明电〔2009〕22号）有关要求，结合我区实际，特制定以下实施方案。

## 一、指导思想

高举中国特色社会主义伟大旗帜，以邓小平理论和"三个代表"重要思想为指导,深入贯彻落实科学发展观,按照加快建立覆盖城乡居民的社会保障体系的要求,坚持因地制宜、分类指导,在先行试点的基础上,逐步建立与我区农村经济发展水平相适应、与其他保障措施相配套、覆盖范围不断扩大、保障水平逐步提高,保障方式多层次、资金来源多渠道,制度法制化、管理规范化、服务社会化的新农保制度。

## 二、基本原则

我区新农保试点的基本原则是"保基本、广覆盖、有弹性、可持续"。一是从我区农村实际出发,低水平起步,筹资标准和待遇标准要与经济发展及各方面承受能力相适应;二是个人(家庭)、集体、政府合理分担责任,权利与义务相对应;三是政府主导和农民自愿相结合,引导农村居民普遍参保。

## 三、任务目标

探索建立个人缴费、集体补助、政府补贴相结合的新农保制度,实行社会统筹与个人账户相结合,与家庭养老、土地保障、社会救助等其他社会保障政策措施相配套,保障农村居民老年基本生活。

2009 年,在国家确定的武鸣县、柳江县、兴安县、苍梧县、银海区、东兴市、钦北区、港北区、玉州区、田阳县、八步区、天峨县、武宣县、凭祥市先行开展新农保试点,以后按国家的有关部署再逐步扩大试点范围,2020 年之前基本实现对农村适龄居民的全覆盖。

## 四、实施步骤

为确保按期完成试点工作任务,根据我区的经济发展和财政状况,分以下三个阶段进行。

第一阶段(2009 年 10 月至 2009 年 12 月):启动新农保试点实施工作,开展宣传发动。

按照国务院的统一部署,从 2009 年 10 月起正式启动实施我区新农保试点工作。

各试点县(市、区)要在充分调研、多方论证、周密测算的基础上,制定切实可行的试点实施方案,制定详细的试点工作计划,出台新农保《实施细则》等相关配套文件,建立有效的工作机制。各试点县(市、区)在 12 月底前将新农保试点实施方案报自治区新农保试点工作领导小组办公室并由自治区人民政府批准后,正式启动试点工作。

各试点县(市、区)要广泛宣传,积极动员。在召开新农保试点工作动员大会前,要编印好各种宣传资料,为开展新农保试点做好前期的宣传准备工作。动员大会后,要充分利用电视、广播、报刊、网络等媒体,全方位宣传新农保的各项政策规定,以通俗易懂的语言介绍新农保的好处,努力营造踊跃参保的良好社会氛围。要举办新农保经办人员政策培训班,积极开展新农保政策、业务和操作培训工作。

第二阶段(2010 年 1 月至 2010 年 6 月):积极实施,确保目标任务完成。

积极推进试点工作的开展,确保目标任务的按时完成。要通过对试点地区农民参加新农保的真实感受和得到实惠的生动事例进行广泛宣传,带动和促进试点工作的全面开展。各试点县(市、区)争取在 2010 年 6 月底前全面铺开新农保试点工作。

第三阶段(2010 年 6 月至 2010 年 12 月):总结验收、调整完善。

加强调查研究,集中精力解决影响工作推进的热点、难点问题,尤其是要着力解决好困难群体参保难的问题,确保新农保的好处惠及试点县(市、区)的全体农村居民。

## 五、工作措施

(一)加强组织领导。目前,自治区已经成立由自治区党委常委、自治区常务副主席李金早担任组长,自治区党委组织部、宣传部、编办,自治区发展改革委、公安厅、民政厅、财政厅、人力资源和社会保障厅、国土资源厅、农业厅、人口计生委、残联等部门参加的新型农村社会养老保险试点工作领导小组(以下简称领导小组),统一负责全区新农保试点的领导和协调工作。要加强部门协调,形成工作合力。自治区人力资源和社会保障厅作为新农保试点工作的主管部门,要在自治区党委、政府统一领导下,加强同有关部门的沟通协调,共同做好新农保试点工作。自治区财政厅要会同自治区人力资源和社会保障厅等部门,制定农民参保缴费补助资金管理办法;配合自治区人力资源和社会保障厅制定新农保经办规程等配套文件;根据确定的试点县(市、区)的情况,测算我区开展新农保试点所需政府补贴资金,并确保落实到位。自治区公安厅、民政厅、统计局、残联要负责提供全区人口数据、人员结构和农村重度残疾人、五保、低保等困难人员情况。自治区新农保试点领导小组其他成员单位,也要根据各自职责分工,积极做好各项工作。各市、各试点县(市、区)也要参照自治区的模式,成立相应的领导小组。

(二)提升管理服务能力。试点成功与否的关键,很大程度上取决于管理服务水平。要加强新农保的经办管理能力,确保政策落实到位。要依托现有的乡镇公共服务平台,特别是劳动保障服务平台,赋予新农保工作职责,充实人员,统筹使用公共服务资源,在试点启动期集中搞好新农保工作。要安排必要的资金购买服务,特别是对村级组织新农保协管人员给予一定的工作补助。要为基层配置必要的设备设施,有条件的地区要做到新农保数据信息的网络化管理,暂时没有条件的地区,至少应在乡镇一级实行单机版电子数据信息管理,以提高工作效率,减少差错。要严格执行社会保险基金财务会计制度,新农保基金全部纳入社会保障基金财政专户,实行收支两条线管理,确保基金安全。

(三)搞好舆论宣传。建立新农保制度是深入贯彻落实科学发展观、加快建设覆盖城乡社会保障体系的重大决策,是应对国际金融危机、扩大内需的重大举措,是直接关系广大农村居民切身利益,实现广大农村居民老有所养的重大惠民政策。各级各有关部门要坚持正确的舆论导向,运用通俗易懂的宣传方式,加强对试点工作重要意义、基本原则和各项政策宣传,使这项惠民政策深入人心,引导适龄农民积极参保。针对农村居民相对分散、社会保障意识相对较弱的特点,要动员县、乡、村干部,社保机构工作人员、"三支一扶"大学生等各方面力量，深入基层，走村串户，宣讲党和政府的惠农政策；要利用电视、广播、报纸、网络、标语、图表、手机短信等各种生动活泼、通俗易懂的形式，广泛开展新农保政策宣传，并针对农民群众提出的问题，及时答疑解惑。各经办窗口都要摆放新农保的传单、小册子，让新农保政策家喻户晓、人人明白。

# 附录十

## 广西壮族自治区新型农村社会
## 养老保险试点的指导意见

各市、县人民政府,自治区农垦局,自治区人民政府各组成部门、各直属机构:

自治区人力资源和社会保障厅、财政厅关于《广西壮族自治区新型农村社会养老保险试点的指导意见》已经自治区人民政府同意,现转发给你们,请认真贯彻执行。

广西壮族自治区人民政府办公厅

二〇一〇年一月八日

### 广西壮族自治区新型农村社会养老保险试点的指导意见
(自治区人力资源和社会保障厅　自治区财政厅)

**第一章　总则**

第一条　为进一步完善我区社会保障体系,统筹城乡社会发展,保障农村居民年老后的基本生活,根据国务院《关于开展新型农村社会养老保险试点的指导意见》(国发〔2009〕32号)的有关规定,结合我区实际,制定本指导意见。

第二条　新型农村社会养老保险(以下简称新农保)坚持"保基本、广覆盖、有弹性、可持续"的基本原则,采取社会统筹与个人账户相结合的基本模式，实行个人缴费、集体补助、政府补贴相结合的筹资方式及基础养老金与个人账户养老金相结合的养老待遇支付办法。

第三条　新农保由各级人民政府负责组织实施。县级及以上人力资源和社会保障部门主管新型农村社会养老保险工作。组织、宣传、编制、发展改革、公安、民政、财政、国土资源、农业、人口计生、统计、残联等部门按相关职责做好工作。

**第二章　参保范围**

第四条　凡具有广西壮族自治区户籍、年满 16 周岁（不含在校学生）、未参加城镇职工基本养老保险的农村居民，可以在户籍地自愿参加新农保。

**第三章　养老保险费缴纳**

第五条　参加新农保的农村居民应当按规定缴纳养老保险费。缴费标准设为一年 100 元、200 元、300 元、400 元、500 元 5 个档次，统筹地区人民政府可以根据实际情况增设缴费档次。参保人自主选择档次缴费，多缴多得。自治区人民政府依据农村居民人均纯收入增长等情况适时调整缴费档次。

第六条　有条件的村集体应当对参保人缴费给予补助，补助标准由村民委员会召开村民会议民主确定。鼓励其他经济组织、社会公益组织、个人为参保人缴费提供资助。

第七条　地方政府对参保人缴费给予补贴，按最低缴费档次缴费的，补贴标准为每人每年 30 元，每提高一个缴费档次增加缴费补贴 5 元。

农村重度残疾人、五保供养对象选择最低缴费档次缴费的，地方政府予以全额代缴；农村低保对象选择最低缴费档次缴费的,地方政府每年代其缴纳养老保险费 50 元;地方政府按最低缴费档次的补贴标准再给予每人每年 30 元的补贴。农村重度残疾人、五保供养对象、低保对象选择最低缴费档次(不含最低档次)以上缴费的,地方政府不再为其代缴养老保险费。

自治区人民政府根据全区经济社会发展情况适时调整缴费补贴标准。

第八条　自治区确定的缴费档次所需的缴费补贴资金由自治区、地级市、县三级财政按 6∶2∶2(自治区直管财政改革县按 8∶0∶2)的比例承担;对农村重度残疾人、五保供养对象、低保对象参保,由地方政府代缴的部分或全部最低标准的养老保险费,由自治区、地级市、县三级财政按 7∶1∶2(自治区直管财政改革县按 8∶0∶2)的比例承担。

统筹地区人民政府增设缴费档次的,所需缴费补贴资金由统筹地区人民政府负担,具体标准和办法由统筹地区人民政府确定。

**第四章　个人账户**

第九条　新农保经办机构为每个参保人建立终身记录的养老保险个人账户。

第十条　个人账户构成如下:

(一)个人缴纳的养老保险费;

(二)村集体及其他经济组织、社会公益组织、个人对参保人缴费的补助资金;

(三)地方政府对参保人缴费的补贴资金;

(四)个人账户资金运营或存款利息收入。

第十一条　个人账户实行完全积累,实账管理。个人账户储存额目前每年参考中国人民银行公布的金融机构人民币一年期存款利率计息。

第十二条 参保人死亡,其个人账户资金余额,除政府补贴外,一次性支付给其指定受益人或法定继承人;政府补贴余额用于继续支付其他参保人的养老金。

**第五章 养老保险待遇**

第十三条 年满60周岁、未享受城镇职工基本养老保险待遇的参保人员,可以申请按月享受新农保待遇。

第十四条 新农保待遇由基础养老金和个人账户养老金两部分组成,支付终身。计发标准如下:

(一)基础养老金

基础养老金标准为每人每月55元,由国家财政全额支付。有条件的统筹地区人民政府可以安排资金适当提高当地基础养老金标准,提高部分的资金由统筹地区人民政府负担,具体办法由统筹地区人民政府确定。

(二)个人账户养老金

个人账户养老金的月计发标准为个人账户全部储存额除以139。个人账户养老金从参保人的个人账户中支付,参保人的个人账户支付完后由统筹地区政府负责继续发放个人账户养老金。

第十五条 新农保制度实施时,已年满60周岁、未享受城镇职工基本养老保险待遇的农村户籍老年人,参保时不用缴费,可以按月领取基础养老金,但其符合参保条件的子女应当参保缴费;距领取年龄不足15年的,应按年缴费,也允许补缴,累计缴费不超过15年,地方政府按本办法第七条规定给予缴费补

贴;距领取年龄超过 15 年的,应按年缴费,累计缴费不少于
15 年。

第十六条　自治区人民政府按照国家调整全国新农保基础
养老金的最低标准和自治区经济社会发展及物价变动等情况,
适时调整新农保基础养老金的标准。

**第六章　养老保险关系的转移**

第十七条　参保人在自治区行政区域范围内因户籍地发生
变动,申请转移新农保关系的,按以下方法办理:

(一)参保人在统筹地区内流动,其养老保险关系、个人账户
档案予以转移,个人账户资金不转移。

(二)参保人在跨统筹地区转移,可将其养老保险关系、个人
账户档案、个人账户资金一次性转入新参保地,按新参保地有关
标准享受相应养老保险待遇;转入地未建立新农保制度的,其养
老保险关系、个人账户档案、个人账户资金暂存于原参保地,待
条件具备时转移。

第十八条　参保人跨自治区行政区域流动的,按国家有关
规定执行。

**第七章　相关制度的衔接**

第十九条　本指导意见实施后,已参加了农村社会养老保
险(以下简称老农保)的人员,按以下方法参加新农保:

(一)未满 60 周岁且没有领取养老金的参保人,应将其老农
保个人账户资金并入新农保个人账户,按新农保的缴费标准继
续缴费,待符合规定条件时享受相应待遇。

(二)年满 60 周岁且已领取老农保养老金的参保人,从当地
实施新农保制度起,可直接享受新农保基础养老金。

第二十条　新农保与城镇职工基本养老保险制度及被征地农民社会保障、水库移民后期扶持政策、农村计划生育家庭奖励扶助政策、村干部激励保障机制、农村五保供养、社会优抚、农村最低生活保障制度等政策制度的衔接,按国家有关规定执行。

**第八章　基金管理和监督**

第二十一条　新农保基金暂实行县级管理,今后随经济社会发展和新农保制度实施情况,逐步提高管理层次。

第二十二条　新农保基金纳入县级社会保障基金财政专户,实行收支两条线管理,单独记账和核算,按有关规定实现保值增值。

第二十三条　各级人力资源和社会保障部门要切实履行新农保基金的监管职责,制定完善新型农村社会养老保险各项业务管理规章制度,规范业务程序,建立健全内控制度和基金稽核制度,对基金的筹集、上解、划拨、发放进行监控和定期检查,并定期披露新型农村社会养老保险基金筹集和支付信息,做到公开透明,加强社会监督。各级财政、监察、审计部门按各自职责实施监督,严禁挤占挪用,确保基金安全。

第二十四条　新农保经办机构和村民委员会每年在行政村范围内对村内参保人缴费和待遇领取资格进行公示,接受群众监督。

**第九章　经办管理与服务**

第二十五条　各级人民政府要加强新农保经办机构建设,按照精简效能原则,整合现有农村社会服务资源,建立健全与新农保要求相适应的管理服务机构。加强新农保经办能力建设,运用现代管理方式和政府购买服务方式,降低行政成本,提高工作效率。新农保经办机构的业务经费和人员经费纳入同级财政预算,不得从新农保基金中开支。

第二十六条 新农保经办机构负责新农保的参保登记管理、缴费申报管理、基金征缴、个人账户建账与管理、待遇核定与发放、保险关系转移接续等工作。

新农保经办机构应认真记录农村居民参保缴费和领取待遇情况,建立参保档案,长期妥善保存。

第二十七条 建立全区统一的新农保信息管理系统,纳入社会保障信息管理系统("金保工程")建设,并与其他公民信息管理系统实现信息资源共享。参保人员的参保登记、缴费申报、业务核算、待遇支付、账户查询等管理服务项目全部纳入信息系统管理,实现业务流程和经办服务的规范化。推行社会保障卡,方便参保人持卡缴费、领取待遇和查询本人参保信息。

**第十章 附则**

第二十八条 本指导意见自 2010 年 1 月 1 日起施行。

第二十九条 本指导意见由自治区人力资源和社会保障厅、自治区财政厅共同负责解释。

附录十一

# 广西壮族自治区新型农村社会
# 养老保险制度全覆盖实施方案

各市、县人民政府，自治区农垦局，自治区人民政府各组成部门、各直属机构：

《广西壮族自治区新型农村社会养老保险制度全覆盖实施方案》已经自治区人民政府批准，现印发给你们，请认真贯彻执行。

广西壮族自治区人民政府办公厅

二〇一二年二月二十三日

**广西壮族自治区新型农村社会养老保险制度全覆盖实施方案**

为贯彻落实《中国农村扶贫开发纲要（2011—2020 年）》（以下简称新《纲要》）和《中共广西壮族自治区委员会、广西壮族自治区人民政府关于实施我区新一轮扶贫开发攻坚战的决定》（桂发〔2012〕7 号），进一步完善农村社会保障体系，逐步解决农村居民老有所养问题，结合我区实际，特提出以下实施方案。

## 一、指导思想

高举中国特色社会主义伟大旗帜，以邓小平理论和"三个代表"重要思想为指导,深入贯彻落实科学发展观,按照加快建立覆盖城乡居民社会保障体系的要求,逐步解决农村居民老有所养问题。

## 二、任务目标

由全区各级财政共同筹集资金,从 2012 年 1 月 1 日起实现新型农村社会养老保险(以下简称新农保)制度覆盖全区适龄农村居民。

## 三、资金筹集

新农保缴费补助资金按《广西壮族自治区人民政府办公厅转发自治区人力资源和社会保障厅、财政厅关于广西壮族自治区新型农村社会养老保险试点的指导意见的通知》(桂政办发〔2010〕3 号)有关规定执行。

新农保基础养老金发放标准为每人每月 55 元。我区比国务院规定提前半年实现农村居民社会养老保险制度全覆盖。2012 年 1 月至 6 月全区发放的新农保基础养老金由自治区与地级市按 6∶4 比例承担;自治区与直管县按 8∶2 比例承担。2012 年 7 月,国家部署新农保制度全覆盖后,新农保基础养老金由中央财政全额支付。

## 四、实施步骤

为确保按期完成目标任务,推动新农保工作顺利实施,结合我区的实际情况,新农保制度全覆盖分 3 个阶段进行实施。

(一)第一阶段(2011 年 12 月至 2012 年 2 月)新农保申报准备工作。

1. 按时上报申报材料。申报地区要尽快开展基础数据的调查摸底工作,摸清人口和年龄结构、农村最低生活保障对象、五保供养对象、重度残疾人等基础情况数据;核定应参保人数、应发放人数,准确测算财政补助资金;编制好试点申报材料。申报材料包括以下内容:当地党委、政府重视程度;当地财政专项补助资金和工作经费测算情况;当地农村居民基础数据调查情况;当地经办机构、人员队伍配备或计划配备情况。各市城乡居民社会养老保险试点工作领导小组汇总所辖县(市、区)的申报材料,于 2012 年 2 月 20 日前将申报材料报送自治区城乡居民社会养老保险试点工作领导小组办公室。

2. 制定试行办法和实施方案。申报地区按照自治区城乡居民社会养老保险试点工作领导小组模式成立试点工作领导小组;在充分调研、多方论证、周密测算的基础上,制定切实可行的新农保试行办法,并建立有效的工作机制,制定详细的实施方案。于 2012 年 2 月 20 日前将新农保试行办法、实施方案、试点工作领导小组的人员组成情况报送自治区城乡居民社会养老保险试点工作领导小组办公室。

3. 申报批复及下拨专项补助资金。2012 年 2 月 29 日前,自治区城乡居民社会养老保险试点工作领导小组批复申报地区的新农保试行办法和实施方案。自治区财政厅按自治区批复的申报地区新农保实施方案和自治区人大批复的年度部门预算及时下拨新农保专项补助资金。

（二）第二阶段（2012 年 3 月至 2012 年 6 月）：积极实施，确保目标任务完成。

各县（市、区）要在 2012 年 3 月上旬以前全部启动新农保。重点抓好几项工作：制定出台新农保实施细则等相关配套文件，召开新农保工作动员大会；加强经办机构建设并充实人员力量，落实经办场地和业务经费，夯实经办基础建设；要充分利用电视、广播、报刊、网络等媒体，全方位宣传新农保重要意义、基本原则，详细解读政策规定，营造全社区关心、支持新农保制度的良好氛围；要编印好各种宣传资料，以通俗易懂的语言、群众喜闻乐见的形式深入开展宣传发动工作，引导适龄农民早参保，多受益。

各级新农保经办机构要积极开展新农保政策、操作、信息、财务、金融服务等方面业务培训；完善各项制度建设，建立内控、稽核、审计制度；严格执行基金财务制度，确保基金安全，确保养老金按时足额发放。

2012 年 4 月至 6 月，自治区、各市人力资源和社会保障部门要开展督查指导活动，由各相关部门成立联合督导小组，对进度缓慢的试点地区开展督查，加强业务指导，及时发现和解决问题，推动全区新农保制度工作平衡发展和整体推进。

（三）第三阶段（从 2012 年 7 月至 2012 年 12 月）：总结验收、调整完善。

加强调查研究，集中精力解决影响工作推进的热点、难点问题；研究新农保与各项制度之间的衔接问题，鼓励各市、县对参加新农保的诚信计生家庭给予参保补贴；不断规范新农保的各项业务操作、提高服务水平，确保新农保的好处真正惠及全体适龄农村居民。

随着工作的深入推进，不断总结经验和做法，积极树立先进典型，召开新农保工作现场会，全面推广成功经验和有效做法，供全区各地相互借鉴和参考。引导和激励工作后进地区，切实推动我区新农保制度的深入开展。

## 五、工作要求

（一）加强组织领导。各级政府要充分认识开展新农保工作的重大意义，按照深入贯彻落实科学发展观的要求，把建立新农保制度作为统筹城乡发展、促进社会主义新农村建设的重要内容，列入当地经济社会发展规划和年度目标考核体系，采取有力措施扎实推进。

（二）加强部门配合。新农保工作由各级政府负责组织实施。各级人力资源和社会保障部门要切实履行新农保工作行政主管部门的职责，会同有关部门做好新农保的统筹规划、政策制定、组织实施、统一管理、综合协调等工作。组织、宣传、编制、发展改革、公安、民政、财政、国土资源、农业、人口计生、统计、残联等部门要切实履行工作职责，加强协调，密切配合，通力合作，确保新农保工作的顺利推进。

（三）强化组织实施。各级新农保经办机构要切实增强做好新农保工作的自觉性和主动性,增强工作的责任感。要明确责任、精心组织,采取有力措施推进试点工作。同时,要充分发挥基层的积极性,将工作任务层层分解、层层落实,积极稳妥、深入细致地做好组织实施工作,保证各阶段目标的顺利实现。

# 广西壮族自治区城乡居民基本养老保险
# 实施办法

**广西壮族自治区人民政府办公厅关于印发《广西壮族自治区城乡居民基本养老保险实施办法》的通知(桂政办发〔2014〕70号)**

各市、县人民政府,自治区农垦局,自治区人民政府各组成部门、各直属机构:

《广西壮族自治区城乡居民基本养老保险实施办法》已经自治区人民政府同意,现印发给你们,请遵照执行。

广西壮族自治区人民政府办公厅

2014 年 7 月 28 日

## 广西壮族自治区城乡居民基本养老保险实施办法

### 第一章　总则

**第一条**　为统筹推进城乡社会保障体系建设,保障城乡居民年老后的基本生活,根据《国务院关于建立统一的城乡居民基本养老保险制度的意见》(国发〔2014〕8 号)的有关规定,结合我区实际,制定本办法。

**第二条**　城乡居民基本养老保险(以下简称城乡居民养老保险)坚持"全覆盖、保基本、有弹性、可持续"的基本原则,采取社会统筹和个人账户相结合的制度模式,实行个人缴费、集体补助、政府补贴相结合的筹资方式及基础养老金与个人账户养老金相结合的待遇支付办法。

第三条　城乡居民养老保险由各级人民政府负责组织实施,并将其列入当地经济社会发展规划和年度目标管理考核体系,切实加强组织领导。各级人力资源和社会保障部门主管城乡居民养老保险工作,并会同发展改革、公安、民政、财政、卫生计生、审计、监察、残联等有关部门或单位做好城乡居民养老保险的统筹规划、政策制定、综合协调和监督检查等工作。

第二章　参保范围

第四条　具有广西壮族自治区户籍、年满 16 周岁(不含在校学生),非国家机关和事业单位工作人员及不属于职工基本养老保险制度覆盖范围的城乡居民,可以在户籍地参加城乡居民养老保险。

第三章　基金筹集

第五条　城乡居民养老保险基金由个人缴费、集体补助和政府补贴构成。

第六条　参加城乡居民养老保险的人员应当按规定缴纳养老保险费。缴费标准目前设为每年 100 元、200 元、300 元、400元、500 元、600 元、700 元、800 元、900 元、1000 元、1500 元、2000元 12 个档次。参保人自主选择档次缴费,多缴多得。统筹地区人民政府可以根据实际情况增设缴费档次,最高缴费档次标准不得超过当地灵活就业人员参加职工基本养老保险的年缴费额,并报自治区人力资源和社会保障厅备案。自治区人力资源和社会保障厅会同自治区财政厅依据城乡居民收入增长等情况适时调整缴费档次标准。

第七条　有条件的村集体经济组织应当对参保人缴费给予补助,补助标准由村民委员会召开村民会议或者村民代表会议民主确定,鼓励有条件的社区将集体补助纳入社区公益事业资金筹集范围。鼓励其他社会经济组织、公益慈善组织、个人为参保人缴费提供资助。补助、资助金额不超过当地设定的最高缴费档次标准。

第八条　政府对参保人缴费给予补贴。政府对100—800元缴费档次分别按每人每年30元、40元、50元、55元、60元、65元、70元、75元进行补贴,对900—2000元缴费档次统一按每人每年80元进行补贴。自治区人民政府根据全区经济社会发展情况适时调整缴费补贴标准。

第九条　政府为缴费困难群体代缴部分或全部最低标准的养老保险费。城乡重度残疾人、贫困残疾人、城镇"三无"(无生活来源,无劳动能力,无法定赡养、抚养、扶养义务人或其法定赡养、抚养、扶养义务人无赡养、抚养、扶养能力)人员、农村五保供养对象由政府代缴养老保险费100元;不属于上述四类群体的城乡低保对象由政府代缴养老保险费50元。缴费困难群体可在政府代缴基础上增加个人缴费,并享受按政府代缴金额与个人缴费合计金额对应缴费档次的政府缴费补贴。

第十条　自治区确定的缴费补贴资金和政府对城乡重度残疾人等缴费困难群体代缴养老保险费,由自治区与设区市按6:4比例承担,自治区与县(市)按8:2比例承担。

统筹地区人民政府增设缴费档次的,所需缴费补贴资金由统筹地区人民政府负担,具体标准和办法由统筹地区人民政府確定。

### 第四章　个人账户

第十一条　城乡居民养老保险经办机构(以下简称经办机构)为每个参保人建立终身记录的养老保险个人账户。

第十二条　个人账户构成如下:

(一)个人缴纳的养老保险费。

(二)政府对参保人缴费的补贴资金。

(三)村集体、社区及其他社会经济组织、公益慈善组织、个人对参保人缴费提供补助、资助的资金。

(四)个人账户资金运营或存款利息收入。

第十三条　个人账户实行完全积累,实账管理。个人账户储存额按国家规定计息。

第十四条　参保人死亡,其个人账户资金余额可以依法继承。

### 第五章　养老保险待遇

第十五条　城乡居民养老保险待遇由基础养老金和个人账户养老金组成,支付终身。

第十六条　基础养老金由政府出资建立。自治区在中央确定全国基础养老金最低标准后,确定我区基础养老金最低标准。自治区基础养老金最低标准高于全国基础养老金最低标准所需资金,由自治区与设区市按6∶4比例承担,自治区与县(市)按8∶2比例承担。

第十七条　有条件的地区可适当提高当地基础养老金标准,提高基础养老金所需资金由统筹地区人民政府负担,具体办法由统筹地区人民政府确定。

第十八条 自治区人民政府按照国家规定和全区经济社会发展及物价变动等情况,适时调整城乡居民养老保险基础养老金的标准。

第十九条 鼓励有条件的地区对缴费超过 15 年的参保人员加发基础养老金,加发基础养老金所需资金由统筹地区人民政府解决。

第二十条 个人账户养老金的月计发标准为个人账户全部储存额除以 139。个人账户养老金从参保人的个人账户中支付,参保人的个人账户支付完后由统筹地区人民政府负责继续发放个人账户养老金。

第二十一条 参加城乡居民养老保险的个人,年满 60 周岁、累计缴费满 15 年,且未领取国家规定的基本养老保障待遇的,可以按月领取城乡居民养老保险待遇。

第二十二条 当地实施新型农村社会养老保险(以下简称新农保)或城镇居民社会养老保险(以下简称城居保)制度时,已年满 60 周岁、未领取国家规定的基本养老保障待遇的,不用缴费,可以从办理参保登记手续的次月起按月领取城乡居民养老保险基础养老金;距规定领取年龄不足 15 年的,应逐年缴费至 60 周岁,可以在领取待遇前一次性补缴不足年限的缴费部分,政府按本办法第八条给予缴费补贴,累计缴费不超过 15 年;距领取年龄超过 15 年的,应按年缴费,累计缴费不少于 15 年。

参保人补缴应缴或中断缴费期间的保险费,政府不给予缴费补贴。

第二十三条 参保人年满 60 周岁,缴费年限未达规定的,一次性补缴养老保险费至规定的缴费年限后,可以申请领取城乡居民养老保险待遇,从缴费到达经办机构账户的次月起发放。

第二十四条　参保人员在领取养老金期间死亡的,经办机构从其死亡的次月起停止发放养老金,并按人均不低于 400 元标准一次性支付丧葬补助金给其法定继承人或指定受益人,具体补助标准由各统筹地区人民政府确定。对未及时办理养老金停发手续而多领取的养老金,经办机构可以从丧葬补助金中直接扣减。丧葬补助金由自治区按人均 400 元标准给予补助,超过自治区补助标准部分所需资金由统筹地区人民政府承担。丧葬补助金补助制度自 2015 年 1 月 1 日起执行。

**第六章　养老保险关系的转移接续**

第二十五条　参保人在本自治区行政区域内,在缴费期间跨统筹地区转移户籍的,可将其城乡居民养老保险关系和个人账户全部储存额转入迁入地,并按迁入地规定继续参保缴费,缴费年限累计计算;已经按规定领取城乡居民养老保险待遇的,无论户籍是否迁移,其养老保险关系不再转移。

第二十六条　参保人跨自治区流动的,按国家有关规定执行。

**第七章　相关制度的衔接**

第二十七条　新农保和城居保参保人员统一并入城乡居民养老保险,其新农保或城居保个人账户资金并入城乡居民养老保险个人账户,新农保或城居保的缴费年限累计为城乡居民养老保险缴费年限,按本办法继续缴费或享受相应待遇。

第二十八条　农村社会养老保险(以下简称老农保)参保人员,按以下方法并入城乡居民养老保险:

(一)未满 60 周岁且没有领取养老金的参保人,应将其老农保个人账户资金并入城乡居民养老保险个人账户,老农保每缴费1年计算为1年缴费年限,累计并入城乡居民养老保险缴费年限,并按本办法继续缴费,待符合规定条件时享受相应待遇。

(二)年满60周岁且已领取老农保养老金的参保人,可直接享受城乡居民养老保险基础养老金,其老农保养老金与城乡居民养老保险基础养老金合并发放。

(三)老农保参保人员不属于城乡居民养老保险参保范围的,将其老农保个人账户余额予以清退,并终止老农保养老保险关系。

第二十九条 城乡居民养老保险制度与职工基本养老保险、优抚安置、城乡居民最低生活保障、农村五保供养等社会保障制度以及农村部分计划生育家庭奖励扶助制度的衔接,按国家有关规定执行。

**第八章 基金管理和监督**

第三十条 城乡居民养老保险基金实行县级管理,今后随经济社会发展和城乡居民养老保险制度实施情况,逐步提高管理层次,最终实现自治区级统筹管理。

第三十一条 将新农保、老农保、城居保基金合并为城乡居民养老保险基金。城乡居民养老保险基金纳入县级社会保障基金财政专户,实行收支两条线管理,单独记账、独立核算,按国家有关规定实现保值增值,任何地区、部门、单位和个人均不得挤占挪用、虚报冒领。

第三十二条 各级人力资源和社会保障部门要会同有关部门认真履行监管职责,规范业务程序,建立健全内控制度、基金稽核制度和举报奖励制度等有关业务管理规章制度,对基金的筹集、上解、划拨、发放、存储、管理等进行监控和检查,并按规定披露信息,接受社会监督。各级财政部门、审计机关按各自职责,对基金的收支、管理和投资运营情况实施监督。对虚报冒领、挤占挪用、贪污浪费等违纪违法行为,有关部门按国家有关法律法规严肃处理。

第三十三条　城乡居民养老保险经办机构和村(居)委会每年要对城乡居民养老保险待遇领取人员进行资格审查,在行政村(社区)范围内对参保人待遇领取资格进行公示,并与职工基本养老保险待遇等领取记录进行比对,确保不重、不漏、不错。

### 第九章　经办管理

第三十四条　各级人民政府要切实加强城乡居民养老保险经办能力建设,结合本地实际,科学整合现有公共服务资源和社会保险经办管理资源,充实加强基层经办力量,做到精确管理、便捷服务。乡镇(街道)要有专人负责,村(社区)协管员原则上由村(社区)干部兼任。要注重运用现代管理方式和政府购买服务方式,降低行政成本,提高工作效率。要加强城乡居民养老保险工作人员专业培训,不断提高公共服务水平。统筹地区人民政府要为经办机构提供必要的工作场地、设施设备、经费保障。城乡居民养老保险工作经费纳入同级财政预算,不得从城乡居民养老保险基金中开支。对财政确有困难的地区,自治区和各设区市人民政府给予适当补助。

第三十五条　经办机构负责城乡居民养老保险的参保登记、缴费申报、个人账户管理、待遇支付、基金管理、关系转移接续、统计管理、内控与稽核、咨询公示及举报受理等工作,要认真记录参保人缴费和领取待遇情况,建立参保档案,按规定妥善保存。

第三十六条　自治区统一规划、建立城乡居民养老保险信息管理系统,纳入"金保工程"建设,并与其他公民信息管理系统实现信息资源共享。推行社会保障卡,方便参保人持卡缴费、领取待遇和查询本人参保信息。

**第十章　附则**

第三十七条　本办法自 2014 年 1 月 1 日起执行。已有规定与本办法不一致的,按本办法执行。

第三十八条　本办法由自治区人力资源和社会保障厅、财政厅负责解释。

附录十三

# 关于建立广西壮族自治区城乡居民基本养老保险待遇确定和基础养老金正常调整机制的实施意见

各市、县(市、区)人力资源和社会保障局、财政局：

经自治区人民政府同意，现将《关于建立广西壮族自治区城乡居民基本养老保险待遇确定和基础养老金正常调整机制的实施意见》印发给你们，请认真遵照执行。

广西壮族自治区人力资源和社会保障厅

广西壮族自治区财政厅

2018 年 10 月 31 日

## 关于建立广西壮族自治区城乡居民基本养老保险待遇确定和基础养老金正常调整机制的实施意见

根据《人力资源和社会保障部 财政部关于建立城乡居民基本养老保险待遇确定和基础养老金正常调整机制的指导意见》(人社部发〔2018〕21 号)和《广西壮族自治区城乡居民基本养老保险实施办法》(桂政办发〔2014〕70 号)精神，结合我区实际，现就建立广西城乡居民基本养老保险待遇确定和基础养老金正常调整机制，完善城乡居民基本养老保险制度提出如下实施意见：

## 一、总体要求

全面贯彻党的十九大精神,以习近平新时代中国特色社会主义思想为指导,紧紧围绕统筹推进"五位一体"总体布局和协调推进"四个全面"战略布局,牢固树立和贯彻落实新发展理念,坚持以人民为中心的发展思想,认真贯彻落实党中央、国务院重大决策部署和自治区党委、自治区人民政府关于乡村振兴等有关工作要求,按照兜底线、织密网、建机制的要求,建立激励约束有效、筹资权责清晰、保障水平适度的城乡居民基本养老保险待遇确定和基础养老金正常调整机制,推动城乡居民基本养老保险待遇水平随经济发展而逐步提高,确保参保居民共享经济社会发展成果,促进城乡居民基本养老保险制度健康发展,增加居民收入,不断增强城乡居民的获得感、幸福感、安全感。

## 二、主要任务

(一)完善待遇确定机制。城乡居民基本养老保险待遇由基础养老金和个人账户养老金构成。基础养老金由中央和地方确定标准并全额支付给符合领取条件的参保人;个人账户养老金由个人账户全部储存额除以计发系数确定。明确各级人民政府、集体经济组织和参保居民等各方面的责任。自治区在全国基础养老金最低标准的基础上,结合实际,确定广西基础养老金最低标准,并对年满65周岁及以上参保城乡老年居民予以适当倾斜,加发老年基础养老金。各设区市、县(市、区)应当根据当地实际适当提高基础养老金标准,对长期缴费、超过最低缴费年限的,适当加发年限基础养老金。各设区市、县(市、区)提高基础养老金和加发年限基础养老金标准所需资金由市、县(市、区)人民政府承担。引导激励符合条件的城乡居民早参保、多缴费,增加个人账户资金积累,优化养老保险待遇结构,提高待遇水平。

(二)建立基础养老金正常调整机制。自治区人力资源和社会保障厅会同自治区财政厅,统筹考虑城乡居民收入增长、物价变动和职工基本养老保险等其他社会保障标准调整情况,适时提出城乡居民全区基础养老金最低标准调整方案、加发老年基础养老金和丧葬补助金最低标准调整方案,报自治区人民政府确定。自治区提高基础养老金和加发老年基础养老金所需资金由自治区与设区市按6∶4比例承担,自治区与县(市)按8∶2比例承担。各设区市、县(市、区)基础养老金的调整,应当由当地人力资源和社会保障部门会同财政部门提出方案,报请同级人民政府确定。从2019年1月1日起,将我区城乡居民基本养老保险丧葬补助金最低标准提高至人均不低于600元,由自治区全额给予补助。各设区市、县(市、区)应当根据当地实际适当提高丧葬补助金标准,提高补助标准部分所需资金由市、县(市、区)人民政府承担。

(三)建立个人缴费档次标准调整机制。自治区根据国家要求和城乡居民收入增长等情况,合理确定和适时调整城乡居民基本养老保险缴费档次标准,供城乡居民选择。从2019年1月1日起,将城乡居民基本养老保险缴费档次标准调整为:200元、300元、400元、500元、600元、700元、800元、900元、1000元、

1500 元、2000 元、3000 元、4000 元、5000 元、6000 元共 15 个档次。各设区市、县（市、区）可根据当地实际增设缴费档次，最高缴费档次标准原则上不超过当地灵活就业人员参加职工基本养老保险的年缴费额。对建档立卡未标注脱贫的贫困人员和脱贫后继续扶持两年的人员、重度残疾人、贫困残疾人、城镇"三无"人员、农村五保供养对象、城乡低保对象等 6 类特殊困难群体，在"十三五"期间保留每人每年 100 元的最低缴费档次标准，按规定继续由政府代缴部分或全部最低标准的养老保险费。

（四）建立健全缴费补贴激励机制。自治区研究建立城乡居民基本养老保险缴费补贴动态调整机制，根据经济发展、个人缴费标准提高和财力状况，合理调整补贴水平，对选择较高档次缴费的人员适当增加缴费补贴，引导城乡居民选择高档次标准缴费。鼓励集体经济组织提高缴费补助，鼓励其他社会组织、公益慈善组织、个人为参保人缴费加大资助。

从 2019 年 1 月 1 日起，将城乡居民基本养老保险缴费补贴标准调整为：缴费 200 元—400 元分别补贴 35 元、40 元、45 元，缴费 500 元—700 元分别补贴 60 元、65 元、70 元，缴费 800 元补贴 100 元，缴费 900 元补贴 120 元，缴费 1000 元补贴 150 元，缴费 1500 元补贴 175 元，缴费 2000 元以上统一补贴 200 元。对建档立卡贫困人员等 6 类特殊困难群体在"十三五"期间保留的 100 元缴费档次，继续给予 30 元的缴费补助。参保人补缴应缴或中断缴费期间的保险费，政府不给予缴费补贴。

对累计缴费年限超过 15 年的参保人员加发年限基础养老金，满 15 年后每多缴一年，在领取城乡居民基本养老保险待遇时，每月增发缴费年限基础养老金 2 元，随本人月养老待遇发放。缴费补贴和加发年限养老金所需资金由自治区与设区市按6∶4比例承担,自治区与县(市)按8∶2比例承担。

(五)实现个人账户基金保值增值。根据《国务院关于印发基本养老保险基金投资管理办法的通知》(国发〔2015〕48号)精神,从2016年起,我区已经开展城乡居民基本养老保险基金委托投资运营工作,最大限度实现养老金保值增值,提高个人账户养老金水平和基金支付能力。今后,自治区将根据城乡居民基本养老保险基金结余情况及经济发展水平,归集基金继续开展委托投资运营工作。

## 三、工作要求

(一)加强组织领导。建立城乡居民基本养老保险待遇确定和基础养老金正常调整机制是党中央、国务院部署的重要任务,是基本养老保险制度改革的重要内容,关系到广大城乡居民的切身利益,各级人力资源和社会保障部门、财政部门要高度重视,加强组织领导,明确部门责任,切实把政策落实到位。

(二)完善机制建设。各地要根据本实施办法的精神,逐项落实各项政策,尽力而为,量力而行,结合城乡居民基本养老保险的实践经验和本地实际,在周密测算的基础上,建立和完善适合本地区情况的城乡居民基本养老保险待遇确定和基础养老金调整机制,并于2019年6月30日前报自治区人力资源和社会保障厅备案。

(三)强化部门协同。各级人力资源和社会保障部门、财政部门要切实履行职责,加强协调配合,精心制定工作方案,共同做好基础养老金、个人缴费档次标准、政府补贴标准等测算和调整工作,相关标准和政策报自治区人力资源和社会保障部门、财政部门备案。

(四)做好政策宣传。各地要充分利用广播、电视、报纸、宣传栏、政府网站、微信平台、短信平台等媒介开展政策宣传,要注重运用通俗易懂的语言和群众喜闻乐见的方式,开展面对面座谈交流,政策咨询等活动,给群众讲政策、算细账,引导广大群众参保缴费、提高缴费档次。要全面准确解读政策,正确引导社会舆论,让参保居民形成合理的心理预期。

# 参考文献

## 一、外文文献

[ 1 ] Savas，E. S. "Privatization" in Mary Hawkeaworth and Mau-rice Kogan，(Eds)，*Encyclopedia of Government and Politics*. New York: Routledge，1992.

[ 2 ] Mizrahi S. Self-Provision of Public Services: Its Evolution and Impact. *Public Administration Review*，2012，72(2): 285 – 291.

[ 3 ] Porcher S. The "hidden costs" of water provision: New evidence from the relationship between contracting-out and price in French water public services. *Utilities Policy*，2017(12): 48.

[ 4 ] Zhihui S，Guojing F. The Empirical Study on Sichuan Urban and Rural Equalization of Public Services Provision. *Urban Studies*，2011.

[ 5 ] Tuo，Chen，Bin.，Can equalization of public services narrow the regional disparities in China? A spatial econometrics approach. *China Economic Review*，2017.

[ 6 ] Zucai H，Of D，Development N，et al. Making Great Efforts to Promote the Equalization of Fundamental Public Educational Service. *Educational Research*，2010.

[ 7 ] Rao G M. Fiscal Decentralization in Vietnam: Emerging Issues. *Hitotsubashi Journal of Economics*，2000，41(2): 163 – 178.

［8］ Zodrow G R, Mieszkowski P. Pigou, Tiebout. Property Taxation and the Underprovision of Local Public Goods. *Journal of Urban Economics*, 1986,19(3): 356 - 370.

［9］ Fukuda Y, Nakao H, Yahata Y, et al. In-depth descriptive analysis of trends in prevalence of long-term care in Japan. *Geriatrics & Gerontology International*, 2008, 8(3): 166 - 171.

［10］ Chaudry-Shah A. Capitalization and the Theory of Local Public Finance: An Interpretive Essay. *Journal of Economic Surveys*, 1988, 2(3): 209 - 243.

［11］ Vedder, Richard K, Hall, Joshua. For-Profit Schools Are Making a Comeback. *Independent Review*, 2002,6(3).

［12］ Volkan, Yilmaz. Changing Origins of Inequalities in Access to Health Care Services in Turkey: From Occupational Status to Income. *New Perspectives on Turkey*, 2015.

［13］ Yilmaz V. Changing Origins of Inequalities in Access to Health Care Services in Turkey: From Occupational Status to Income. *New Perspectives on Turkey*, 2013,48(48): 55 - 77.

［14］ Jeanclaude Vuille, Maya Schenkel. Social equalization in the health of youth. The role of the school. *European Journal of Public Health*, 2001,11(3): 287.

［15］ Torres L, Pina V, Acerete B. E-government developments on delivering public services among EU cities. *Government Information Quarterly*, 2005,22(2): 217 - 238.

［16］ Mary, Godfrey. What Works: Evidence-based Policy and Practice in Public Services. *Health & Social Care in the Community*, 2001.

［17］ Cuadrado-Ballesteros B, Garcia-Sanchez I M, Prado-Lorenzo J M. Effect of modes of public services delivery on the efficiency of local governments: A two-stage approach. *Utilities Policy*, 2013, 26 (9): 23 - 35.

[18] B. S, Ghuman, Ranjeet, et al. Decentralization and delivery of public services in Asia. *Policy and Society*, 2017.

[19] Nabatchi T, Sancino A, Sicilia M. Varieties of Participation in Public Services: The Who, When, and What of Coproduction. *Public Administration Review*, 2017, 77(5): 766 - 776.

[20] Antonio Sánchez Solio. Sustainability of Public Services: Is Outsourcing the Answer?. *Sustainability*, 2019, 11.

[21] Cordeiro Guerra S, Lastra-Anadón, Carlos Xabel. The quality-access tradeoff in decentralizing public services: Evidence from education in the OECD and Spain. *Journal of Comparative Economics*, 2019.

[22] Mulvale G, Moll S, Miatello A, et al. Codesigning health and other public services with vulnerable and disadvantaged populations: Insights from an international collaboration. *Health Expectations*, 2019.

[23] Ashraf N, Bandiera O, Davenport E, et al. Losing Prosociality in the Quest for Talent? Sorting, Selection, and Productivity in the Delivery of Public Services. *American Economic Review*, 2020, 110.

[24] Chuanming L, Chunmei Z, Qilong R, et al. Coupling Mechanism and Spatiotemporal Evolution Between the Basic Public Services and the Economic Development: The Case of 13 Cities in Jiangsu Province. *Economic Geography*, 2019.

[25] H. L. A. Hart. (1992). *Postscript: Responsibility and Retribution*, in *Punishment and Responsibility: Essays in the Philosophy of Law*, Oxford: Oxford University Press.

[26] Holland, J. H. (1992). Complex adaptive systems. Daedalus, 121(1).

二、中文书目

［1］邓小平.邓小平文选(第二卷)[M].北京：人民出版社,1994.

［2］丁元竹.交锋与磨合：公共服务提供中的社会关系[M].北京：北京大学出版社,2015.

［3］陈振明.公共服务导论[M].北京：北京大学出版社,2011.

［4］刘志昌.中国基本公共服务均等化的变迁与逻辑[M].北京：中国社会科学出版社,2014.

［5］靳永翥.公共服务提供机制：以欠发达地区为研究对象[M].北京：社会科学文献出版社,2009.

［6］陈昌盛、蔡跃洲.中国政府公共服务：体制变迁与地区综合评估[M].北京：中国社会科学出版社,2007：22.

［7］邓国胜.事业单位治理结构与绩效评估[M].北京：北京大学出版社,2008.

［8］黄欣荣.复杂性科学的方法论研究(第2版)[M].重庆：重庆大学出版社,2012.

［9］苗东升.系统科学精要(第3版)[M].北京：中国人民大学出版社,2010.

［10］林水波、张世贤.公共政策[M].台北：五南图书出版社,1987.

［11］陈庆云.公共政策分析[M].北京：中国经济出版社,1996.

［12］陈振明.政策科学——公共政策分析导论[M].北京：中国人民大学出版社,2003.

［13］贠杰、杨诚虎.公共政策评估：理论与方法[M].北京：中国社会科学出版社,2006.

［14］金敏力、周晓世.事业单位绩效评估[M].北京：经济管理出版社,2012.

［15］高淋.分税制、地方财政自主权和经济发展绩效研究[M].上海：上海人民出版社,2016.

［16］周黎安.转型中的地方政府：官员激励与治理(第二版)[M].上海：上海人民出版社,2017.

[17] 范柏乃、阮连法.干部教育培训绩效的评估指标、影响因素及优化路径研究[M].杭州：浙江大学出版社,2012.

[18] 张炳江.层次分析法及其应用案例[M].北京：电子工业出版社,2014.

[19] 孙振球、徐勇勇.医学统计学（第三版）[M].北京：人民卫生出版社,2010.

[20] 张启春、胡继亮、李淑芳.区域基本公共服务均等化：政府财政平衡机制与政策研究[M].北京：科学出版社,2016.

[21] 卢洪友、龚锋、李凌.统筹城乡公共品供给问题研究[M].北京：科学出版社,2010.

[22] 蓝相洁.促进基本公共服务均等化的财政理论与实践[M].北京：经济科学出版社,2017.

[23] 周碧华.公共部门激励扭曲[M].北京：经济日报出版社,2017.

[24] 张亮、张研.健康整合——引领卫生系统变革[M].北京：科学出版社,2014.

[25] 曾维和.当代西方国家公共服务组织结构变革——基于服务需求复杂性的一项探讨[M].北京：中国社会科学出版社,2010.

[26] 踪家峰.中国地方财政的实证研究——财政竞争、政治晋升与地方政府行为[M].北京：经济管理出版社,2017.

[27] 汪锦军.政府责任、合作提供与混合竞争：现代公共服务体系构建中的组织与机制[M].北京：中国社会科学出版社,2015.

[28] 李德国.理解公共服务：基于多重约束的机制选择[M].北京：中国社会科学出版社,2017.

[29] 丁忠毅.中国基本公共服务均等化与社会转型[M].北京：中国社会科学出版社,2019.

[30] 亢犁、汪艳霞.中国县级政府公共服务供给模式创新[M].重庆：西南师范大学出版社,2017.

[31] 江易华.当代中国县级政府基本公共服务绩效评估指标体系的理论构建

与实证研究——基于社会公正的视角[M].北京：中国社会科学出版
社,2010.

[32] 朱俊峰、窦菲菲、王健.中国地方政府绩效评估研究——基于广义模糊综
合评价模型的分析[M].上海：复旦大学出版社,2012.

[33] 陈锦堂.香港社会服务评估与审核[M].北京：北京大学出版社,2008.

[34] 岳经纶.社会政策与"社会中国"[M].北京：社会科学文献出版社,2014.

[35] 杨燕绥.中国老龄社会与养老保障发展报告(2015)[M].北京：清华大学
出版社,2015.

[36] 王素芬.中国基本养老保险筹资责任适度分担机制研究[M].北京：法律
出版社,2017.

[37] 彭华民.西方社会福利理论前沿——论国家、社会、体制与政策[M].北
京：中国社会出版社,2009.

[38] 郑秉文.中国养老金精算报告：2019—2050[M].北京：中国劳动社会保
障出版社,2019.

[39] 孙雅娜、王成鑫、边恕.农村社会养老保险制度优化研究[M].北京：经济
管理出版社,2017.

[40] 涂玉华.中国农村养老保障制度的升级路径问题研究[M].成都：西南财
经大学出版社,2017.

[41] 张静.社会治理：组织、观念与方法[M].北京：商务印书馆,2019.

[42] 李丹.财政转移支付对贫困地区财政收支行为影响研究——基于国定扶
贫县的实证研究[M].北京：经济科学出版社,2019.

[43] 王锋.走向服务型政府的行政精神[M].北京：商务印书馆,2018.

[44] 刘尚希、傅志华.中国改革开放的财政逻辑(1978—2018)[M].北京：人
民出版社,2018.

[45] 李建军.外国地方政府支出责任与地方税收：实践与启示[M].成都：西
南财经大学出版社,2017.

[46] 马万里.中国地方政府行为差异及其治理——基于国家治理现代化的视

角[M].北京：经济管理出版社，2017.

[47] 李萍.财政体制简明图解[M].北京：中国财政经济出版社，2010.

[48] 刘长生.大国政府支出规模及其结构优化：基于社会福利水平视角的中国政府支出研究[M].上海：上海人民出版社，2018.

[49] 刘桂芝.中国县乡公共治理与公共服务的财政支持研究[M].北京：人民出版社，2016.

[50] 曹静.县级政府财政收支自主性研究——基于 H 县的实证研究[M].北京：经济科学出版社，2017.

[51] [德]克劳斯·冯·柏伊姆.当代政治理论[M].李黎译，北京：商务印书馆，1990.

[52] [法]莱昂·狄骥.公法的变迁[M].郑戈、冷静译，沈阳：辽海出版社，1999.

[53] [美]查尔斯·沃尔夫.市场还是政府——不完善的可选事物间的抉择[M].陆俊、谢旭译，重庆：重庆出版社，2007.

[54] [美]维托·坦茨.政府与市场：变革中的政府职能[M].王宇、冯润祥译，北京：商务印书馆，2016.

[55] [英]理查德·威廉姆斯.组织绩效管理[M].蓝天星翻译公司翻译，北京：清华大学出版社，2002.

[56] [美]R.韦恩·蒙迪、[美]罗伯特·M.诺埃.人力资源管理（第六版）[M].葛新权译，北京：经济科学出版社，1998.

[57] [美]埃贡·G.古贝、[美]伊冯那·S.林肯.第四代评估[M].秦霖、蒋燕玲译，北京：中国人民大学出版社，2008.

[58] [美]威廉·N.邓恩.公共政策分析导论（第二版）[M].谢明译，北京：中国人民大学出版社，2002：436.

[59] [英]克里斯托夫·鲍利特.重要的公共管理者[M].孙迎春译，北京：北京大学出版社，2011.

[60] [美]华莱士·E.奥茨.财政联邦主义[M].陆符嘉译，南京：译林出版

社,2012.

[61] [德]赖因哈德·施托克曼.非营利机构的评估与质量改进:效果导向质量管理之基础[M].唐以志、景艳燕译,北京:中国社会科学出版社,2008.

[62] [法]让-马克·夸克.合法性与政治[M].佟心平、王远飞译,北京:中央编译出版社,2002.

[63] [美]阿维纳什·K.迪克西特.经济政策的制定:交易成本政治学的视角[M].刘元春译,北京:中国人民大学出版社,2003:41.

[64] [美]尼古拉斯·亨利.公共行政与公共事务[M].项龙译,北京:华夏出版社,2002.

[65] [美]罗宾·鲍德威、沙安文.政府间财政转移支付:理论与实践[M].庞鑫译,北京:中国财政经济出版社,2010.

[66] [英]菲利普·海恩斯.公共服务管理的复杂性[M].孙健译,北京:清华大学出版社,2008.

[67] [美]唐纳德·凯特尔.权力共享:公共治理与私人市场[M].孙迎春译,北京:北京大学出版社,2009.

[68] [德]乌尔里希·贝克.风险社会[M].何博闻译,南京:译林出版社,2003.

[69] [英]詹姆斯·米奇利.社会发展:社会福利视角下的发展观[M].苗正民译,上海:上海人民出版社,2009.

[70] [美]乔尔·S.米格代尔.社会中的国家:国家与社会如何相互改变与相互构成[M].李杨、郭一聪译,南京:江苏人民出版社,2013.

[71] [瑞]博·罗斯坦.政府质量:执政能力与腐败、社会信任和不平等[M].蒋小虎译,北京:新华出版社,2012.

[72] [德]托马斯·海贝勒、舒耕德."主动的"地方政治:作为战略群体的县乡干部[M].刘承礼译,北京:中央编译出版社,2013.

[73] [美]布赖恩·琼斯.再思民主政治中的决策制定:注意力、选择和公共政

策[M].李丹阳译,北京：北京大学出版社,2010.

[74] [英]哈特利·迪安.社会政策学十讲[M].岳经纶、温卓毅、庄文嘉译,上海：上海人民出版社,2009.

[75] [美]莱斯特·M.萨拉蒙.公共服务中的伙伴——现代福利国家中政府与非营利组织的关系[M].田凯译,北京：商务印书馆,2008.

[76] [美]珍妮特·V.登哈特、罗伯特·B.登哈特.新公共服务：服务,而不是掌舵(第三版)[M].丁煌译,北京：中国人民大学出版社,2016.

[77] [英]莱恩·多亚尔、伊恩·高夫.人的需要理论[M].汪淳波译,北京：商务印书馆,2008.

[78] 李建华.伦理学与公共事务[M].长沙：湖南人民出版社,2007：248.

[79] [美]T·帕森斯.现代社会的结构与过程[M].梁向阳译,北京：光明日报出版社,1988.

[80] [美]约翰·H.米勒,斯科特·E.佩奇.复杂适应系统：社会生活计算模型导论[M].隆云滔译,上海：上海人民出版社,2012.

[81] 刘勇.企业环境行为机理与引导政策研究[M].北京：经济科学出版社,2016.


## 三、中文期刊

[1] 江孝君、杨青山.中国经济社会协调发展水平空间分异特征[J].经济地理,2017(8).

[2] 迟福林.以公共服务建设为中心的政府转型[J].国家行政学院学报,2011(1).

[3] 娄兆锋、曹冬英.公共服务导向中基本公共服务与非基本公共服务之研究[J].中国行政管理,2015(3).

[4] 丁菊红.中国财政分权体制的经验、现实选择与未来展望[J].税务研究,2010(4).

[5] 蔡放波.略论加快建设我国基本公共服务体系[J].学习与实践,2007(5).

［6］盛喜、毛俊响.基本公共服务权利的性质和内容［J］.湖南警察学院学报，2015(5).

［7］刘磊、许志行.基本公共服务"均等化"概念辨析［J］.上海行政学院学报，2016(4).

［8］孙庆国.论基本公共服务均等化的衡量指标［J］.中国浦东干部学院学报，2009(1).

［9］刘德吉.公共服务均等化的理念、制度因素及实现路径：文献综述［J］.上海经济研究，2008(4).

［10］陈海威、田侃.我国基本公共服务均等化问题探讨［J］.中州学刊，2007(3).

［11］刘明德.基本公共服务均等化辨析［J］.上海行政学院学报，2017(4).

［12］常修泽.中国现阶段基本公共服务均等化研究［J］.中共天津市委党校学报，2007(2).

［13］赵云旗、申学锋、史卫、李成威.促进城乡基本公共服务均等化的财政政策研究［J］.经济研究参考，2010(16).

［14］曾红颖.我国基本公共服务均等化标准体系及转移支付效果评价［J］.经济研究，2012(6).

［15］刘子言、肖月、赵琨、刘爱忠.国家基本公共卫生服务项目实施进展与成效［J］.中国公共卫生，2019(6).

［16］王鸿儒、成前、倪志良.卫生和计划生育基本公共服务均等化政策能否提高流动人口医疗服务利用［J］.财政研究，2019(4).

［17］龙翠红、易承志.基本公共服务均等化、义务教育均衡发展与公共政策优化——我国义务教育政策变迁与路径分析［J］.湘潭大学学报(哲学社会科学版)，2017(6).

［18］杨清荭.基本公共服务均等化视域下城乡教育资源一体化研析［J］.教学与管理，2017(6).

［19］张佳伟、顾月华.基本公共服务均等化视野下新型城镇化与义务教育均

衡发展的区域研究——基于江苏省苏州市的实践分析[J].教育发展研究,2017(10).

[20] 唐丽娜、王记文.基本公共教育服务均等化及其影响因素[J].青年研究,2016(3).

[21] 罗哲、张宇豪.基本公共教育服务均等化绩效评估理论框架研究——基于平衡计分卡[J].四川大学学报(哲学社会科学版),2016(2).

[22] 梁朋、康珂.基本公共教育均等化:基于财政预算投入的测量与评价[J].中共中央党校学报,2013(6).

[23] 王丽平.我国公共就业服务均等化问题探析[J].新视野,2013(5).

[24] 麻宝斌、董晓倩.中国公共就业服务均等化问题研究[J].东北师范大学学报(哲学社会科学版),2009(6).

[25] 王洛忠、李帆.我国基本公共文化服务:指标体系构建与地区差距测量[J].经济社会体制比较,2013(1).

[26] 梁立新.法治化视角下的基本公共文化服务均等化[J].浙江学刊,2019(4).

[27] 辛冲冲、陈志勇.中国基本公共服务供给水平分布动态、地区差异及收敛性[J].数量经济技术经济研究,2019(8).

[28] 赵建国、廖藏宜.我国地区间基本公共服务供给均等化问题分析——基于中央财政转移支付的视角[J].宏观经济研究,2015(8).

[29] 武力超、林子辰、关悦.我国地区公共服务均等化的测度及影响因素研究[J].数量经济技术经济研究,2014(8).

[30] 汪利锬.地方政府公共服务支出均等化测度与改革路径——来自1995—2012年省级面板数据的估计[J].公共管理学报,2014(4).

[31] 马慧强、王清、弓志刚.京津冀基本公共服务均等化水平测度及时空格局演变[J].干旱区资源与环境,2016(11).

[32] 刘丹鹭.长三角地区基本公共服务均等化的评估[J].南通大学学报(社会科学版),2018(6).

[33] 翟羽佳.河南省 2011 年基本公共服务均等化水平测度与分析[J].地域研究与开发,2013(5).

[34] 张薇.我国基本公共服务均等化的发展历程和建设策略[J].哈尔滨工业大学学报(社会科学版),2019(6).

[35] 李军鹏.新时期推进基本公共服务均等化的思路与对策[J].新视野,2019(6).

[36] 梁波.加快推进基本公共服务均等化的改革举措[J].理论探讨,2018(4).

[37] 吴彤.复杂性概念研究及其意义[J].中国人民大学学报,2004(5).

[38] 尹超、和学新.复杂性理论视阈下的教育研究及其变革[J].教育理论与实践,2017(25).

[39] 麻宝斌、董晓倩.我国城市社区公共服务绩效评价问题研究[J].云南行政学院学报,2010(5).

[40] 徐阳.中国地方政府绩效评估的历史、模式与问题[J].哈尔滨工业大学学报(社会科学版),2018(3).

[41] 吴勇.公共政策评估标准初探[J].科技福利研究,2007(3).

[42] 张润泽.形式、事实和价值:公共政策评估标准的三个维度[J].湖南社会科学,2010(3).

[43] 李永友.我国财政支出结构演进及其效率[J].经济学(季刊),2009(3).

[44] 李文军.中国财政支出结构演变与转型研究[J].社会科学,2013(8).

[45] 姚东旻、朱泳奕、余凯.制度惯性、地方领导人更替与财政支出结构变动[J].社会学研究,2020(2).

[46] 杨灿明.关于政府与市场关系的再思考[J].中南财经政法大学学报,2019(6).

[47] 孙涛、张怡梦.从转变政府职能到绩效导向的服务型政府——基于改革开放以来机构改革文本的分析[J].南开学报(哲学社会科学版),2018(6):1-10.

[48] 扶松茂、竺乾威.公共服务型政府建设若干问题的思考[J].苏州大学学

报(哲学社会科学版),2011(5).

[49] 李永友.公共服务型政府建设与财政支出结构效率[J].经济社会体制比较,2011(1).

[50] 刘传明、张春梅.基本公共服务与经济发展互动耦合机制及时空特征——以江苏省13城市为例[J].经济地理,2019(4).

[51] 常忠哲、丁文广.基于PSR模型的社会保障基本公共服务均等化水平研究[J].广西社会科学,2015(12).

[52] 陈明亮、邱婷婷、谢莹.微博主影响力评价指标体系的科学构建[J].浙江大学学报(人文社会科学版),2014(2).

[53] 田发、梁思婧.地方政府支出责任划分与基本公共服务发展水平——来自上海的经验证据[J].华东经济管理,2020(2).

[54] 胡晓东、艾梦雅.基本公共服务均等化、财力均衡与增值税共享制度重构[J].财政研究,2019(6).

[55] 胡志平、李慧中.公共服务均等化"财力之维"的逻辑挑战——兼论公共服务均等化的"三维"联动机制改革[J].探索与争鸣,2012(11).

[56] 胡志平.公共服务均等化:财政分权还是"三维"联动机制[J].南通大学学报(社会科学版),2012(5).

[57] 胡志平.中国农村公共服务供给变迁的政治经济学:发展阶段与政府行为框架[J].学术月刊,2019(6).

[58] 胡志平.从制度匹配检视农村公共服务均等化[J].社会科学研究,2013(1).

[59] 顾昕.最优政府规模、经济社会协调发展与大政府——小政府之争[J].学习与探索,2016(1).

[60] 马得勇、王正绪.民主、公正还是绩效?——中国地方政府合法性及其来源分析[J].经济社会体制比较,2012(3).

[61] 李文军、唐兴霖、赵俊梅.地方官员、捕蝇纸效应与公共服务支出的关系——一项有关公共服务型政府建设的研究[J].华东经济管理,2012

(7).

[62] 王绍光.大转型：1980 年代以来中国的双向运动[J].中国社会科学，2008(1).

[63] 范如国.复杂网络结构范型下的社会治理协同创新[J].中国社会科学，2014(4).

[64] 白晨.包容性发展视域下新时代中国基本公共服务均等化理论分析[J].教学与研究，2020(3).

[65] 缪小林.基本公共服务均等化治理：从"缩小地区间财力差距"到"提升人民群众获得感"[J].中国行政管理，2020(2).

[66] 于源、陈其林.新常态、经济绩效与地方官员激励——基于信息经济学职业发展模型的解释[J].南方经济，2016(1).

[67] 高雪莲.京津冀公共服务一体化下的财政均衡分配[J].经济社会体制比较，2015(5).

[68] 李臻、耿曙.中国地方官员能否显著左右当地的经济绩效？——基于地级市的相关数据[J].中国社会科学院研究生院学报，2019(2).

[69] 康健、姜晓萍.基本公共服务均等化实现程度：评价要素与维度[J].上海行政学院学报，2020(2).

[70] 庞保庆、王大中.官员任期制度与经济绩效度[J].中国经济问题，2016(1).

[71] 庞保庆、王芳.中国弹性任期规则与公共品供给——基于县级政府数据的实证研究[J].中国经济问题，2019(6).

[72] 耿曙、钟灵娜、庞保庆.远近高低各不同：如何分辨省级领导的政治地位？[J].经济社会体制比较，2014(5).

[73] 冯芸、吴冲锋.中国官员晋升中的经济因素重要吗？[J].管理科学学报，2013(11).

[74] 钟灵娜、耿曙.党政分工、轮序晋升与一元化精英发展模式[J].学海，2018(6).

[75] 倪红日.基本公共服务均等化与财政管理体制改革研究[J].管理世界，2012(9).

[76] 孙红玲、王柯敏.公共服务均等化与"标准人"财政分配模型[J].财政研究,2007(8).

[77] 孙红玲、唐未兵、沈裕谋.论人的城镇化与人均公共服务均等化[J].中国工业经济,2014(5).

[78] 卢洪友、卢盛峰、陈思霞.关系资本、制度环境与财政转移支付有效性——来自中国地市一级的经验证据[J].管理世界,2011(7).

[79] 尹恒、朱虹.中国县级地区财力缺口与转移支付的均等性[J].管理世界,2009(4).

[80] 孙红玲、谭军良.构建财政转移支付同农业转移人口市民化挂钩机制的思考[J].财政研究,2014(8).

[81] 费钧.经济基础、民主促进、非正式制度——农村公共物品供给的三个分析视角[J].教学与研究,2017(6).

[82] 蒋三庚、王莉娜、李林君.中国公共服务增量供给的户籍偏向：2007—2015年——基于省际差异测度视角[J].云南财经大学学报,2019(4).

[83] 朱楠、任保平.中国公共服务质量评价及空间格局差异研究[J].统计与信息论坛,2019(7).

[84] 何仁伟、谢磊、孙威.京津冀城市群城市化质量综合评价研究[J].地域研究与开发,2016(6).

[85] 蔡晓珊、陈旭佳、陈和.发达地区实现基本公共服务均等化了吗？——以广东为样本的实证分析[J].华东经济管理,2015(9).

[86] 孙德超.公共服务均等化的经济思想变迁与反思[J].社会科学,2015(6).

[87] 衡霞.城乡基本公共服务均等化的制度变迁特征研究[J].现代经济探讨,2015(11).

[88] 丁忠毅.基本公共服务均等化促进社会合意性转型的机理分析[J].理论与改革,2014(3).

［89］刘阳荷.基本公共服务均等化的受众分析［J］.财经问题研究,2016(10).

［90］王新民.基本公共服务均等化水平评价体系构建及应用——基于我国31个省域的实证研究［J］.软科学,2011(7).

［91］侯雷.民生与民主:基本公共服务均等化的困境与出路［J］.社会科学战线,2014(3).

［92］张娟娟、张贵孝.新阶段的基本公共服务均等化研究［J］.理论探讨,2016(6).

［93］陈莹、孙荣.财力均等化与基本公共服务均等化关系研究［J］.同济大学学报(社会科学版),2017(2).

［94］舒银燕、庞娟.广西基本公共服务均等化现状及对策研究［J］.广西社会科学,2012(1).

［95］王伟同.财政能力与横向公平:两种均等化模式关系辨析——兼论中国公共服务均等化实现路径选择［J］.经济社会体制比较,2012(6).

［96］崔松虎、金福子.公共服务均等化视角下财政支出分担机制设计［J］.学术界,2016(1).

［97］林阳衍、张欣然、刘晔.基本公共服务均等化:指标体系、综合评价与现状分析——基于我国198个地级市的实证研究［J］.福建论坛(人文社会科学版),2014(6).

［98］孙旭宁.基本公共服务均等化法治体系建构与民生底线保障［J］.中国行政管理,2014(8).

［99］甘行琼、刘大帅.论户籍制度、公共服务均等化与财政体制改革［J］.财政研究,2015(3).胡洪曙、亓寿伟.政府间转移支付的公共服务均等化效果研究——一个空间溢出效应的分析框架［J］.经济管理,2015(10).

［100］朱洁、李齐云、孔德馨.中国省际基本公共服务均等化程度评价研究［J］.东岳论丛,2015(7).

［101］李燕凌、彭园媛.城乡基本公共服务均等化的财政政策研究［J］.财经理论与实践,2015(3).

[102] 郭小聪、代凯.国内近五年基本公共服务均等化研究：综述与评估[J].中国人民大学学报,2013(1).

[103] 龚锋、余锦亮.平等与激励权衡下的地方公共服务均等化评估——内涵及实证分析框架[J].经济评论,2015(5).

[104] 乔俊峰.社会权利、偏向制度安排与城乡基本公共服务均等化[J].河南师范大学学报(哲学社会科学版),2014(3).

[105] 张恒龙、秦鹏亮.转移支付、财政激励与基本公共服务均等化目标的匹配[J].改革,2012(9).

[106] 刘成奎、周瑞雪、任飞容.财政幻觉与公共产品供给规模研究[J].福建论坛(人文社会科学版),2016(10).

[107] 李一花、李静、张芳洁.公共品供给与城乡人口流动——基于285个城市的计量检验[J].财贸研究,2017(5).

[108] 龙斧、高万芹.农村公共品供给中的民主治理机制[J].湖北社会科学,2016(11).

[109] 曹海琴.实现义务教育公共服务均等化的三个分析维度——基于"权力—权利"关系协同的视角[J].教育与经济,2017(3).

[110] 刘欢、戴卫东、向运华.公共服务均等化视角下城乡居民基本医疗保障受益公平性研究[J].保险研究,2020(5).

[111] 杨远根.城乡基本公共服务均等化与乡村振兴研究[J].东岳论丛,2020(3).

[112] 吉富星、鲍曙光.中国式财政分权、转移支付体系与基本公共服务均等化[J].中国软科学,2019(12).

[113] 张薇.我国基本公共服务均等化的发展历程和建设策略[J].哈尔滨工业大学学报(社会科学版),2019(6).

[114] 赵玲.共享发展视域中农村基本公共服务均等化研究[J].马克思主义与现实,2019(4).

[115] 汪凡、白永平.中国基础教育公共服务均等化空间格局及其影响因素

[J].地理研究,2019(2).

[116] 尚虎平、张婵娟.国内外基本公共服务均等化绩效评估研究的逻辑起点与演进趋势——基于 WOS、CNKI 数据共现知识图谱的可视化分析[J].理论探讨,2019(6).

[117] 龙立军、杨昌儒.西部多民族地区基本公共服务均等化影响因素——以贵州民族地区调查数据为例[J].社会科学家,2018(11).

[118] 梁波.加快推进基本公共服务均等化的改革举措[J].理论探讨,2018(4).

[119] 张华、张桂文.城乡基本公共服务均等化的国际经验比较与启示[J].当代经济研究,2018(3).

[120] 李永友、王超.集权式财政改革能够缩小城乡差距吗?——基于"乡财县管"准自然实验的证据[J].管理世界,2020(4).

[121] 李永友、张帆.垂直财政不平衡的形成机制与激励效应[J].管理世界,2019(7).

[122] 鲁建坤、李永友.超越财税问题:从国家治理的角度看中国财政体制垂直不平衡[J].社会学研究,2018(2).

[123] 李永友、张子楠.转移支付提高了政府社会性公共品供给激励吗?[J].经济研究,2017(1).

[124] 郭小聪、代凯.国内近五年基本公共服务均等化研究:综述与评估[J].中国人民大学学报,2013(1):145-154.

[125] 赵林、张宇硕、张明、吴殿廷.东北地区基本公共服务失配度时空格局演化与形成机理[J].经济地理,2015(3):36-44.

[126] 邵桂华、李海杰.基本公共服务均等化视角下我国体育场地公共体育服务供给水平评价研究[J].首都体育学院学报,2020(1):55-62.

[127] 王毅、柯平、孙慧云、刘子慧.国家级贫困县基本公共文化服务均等化发展策略研究——基于图书馆和文化馆评估结果的分析[J].国家图书馆学刊,2017(5):19-31.

[128] 孙喆.基于交通可达性的基本公共服务设施均等化策略——以北京急救设施为例[J].现代城市研究,2018(5):2-7.

[129] 徐爽.新时代残疾人福利权保障的发展演进与立法建议——从理念、政策到法治化[J].残疾人研究,2018(1):29-36.

[130] 黄小舟.武汉市基本公共服务均等化的经济学分析——基于成本差异视角[J].武汉金融,2015(4):45-47.

[131] 吴理财.以财政标准化投入推进农村公共文化服务均等化发展[J].行政管理改革,2019(5):33-36.

[132] 刘小春、李婵、熊惠君.我国区域基本公共服务均等化水平及其影响因素分析[J].江西社会科学,2021(6):77-88.

[133] 张立荣、冷向明.基本公共服务均等化取向下的政府行为变革[J].政治学研究,2007(4):

[134] 乔俊峰、陈荣汾.转移支付结构对基本公共服务均等化的影响——基于国家级贫困县划分的断点分析[J].经济学家,2019(10):84-92.

[135] 肖建华、黄蕾、吴爱琴.财政转移支付对社会性基本公共服务均等化效应的实证检验[J].金融与经济,2017(3):32-36.

[136] 田发、周琛影.基本公共服务均等化:一个财政体制变迁的分析框架[J].社会科学2010(2):30-38.

[137] 吕炜、赵佳佳.我国财政分权对基本公共服务供给的体制性约束研究[J].财政研究,2009(10):11-14.

[138] 李永友、陈安琪、曹畅.分权时序与地方财政支出结构——基于中国省级权力下放实践的经验分析[J].财政研究,2021(7):53-65.

[139] 李德国、陈振明.高质量公共服务体系:基本内涵、实践瓶颈与构建策略[J].中国高校社会科学,2020(3):148-156.

[140] 杨宏山.激励制度、问责约束与地方治理转型[J].行政论坛,2017(5):88-92.

[141] 刘静.农村公共服务供给的工具创新及其逻辑展开[J].农村经济,2021

(7)：103 - 111.

[142] 郭小聪、刘述良.中国基本公共服务均等化：困境与出路[J].中山大学学报(社会科学版),2010(5)：150 - 158.

[143] 杨远根.城乡基本公共服务均等化与乡村振兴研究[J].东岳论丛,2020(3).

[144] 王浦劬、郑姗姗.政府回应、公共服务与差序政府信任的相关性分析——基于江苏某县的实证研究[J].中国行政管理,2019(5).

[145] 马海涛、任致伟.我国纵向转移支付问题评述与横向转移支付制度互补性建设构想[J].地方财政研究,2017(11).

[146] 魏福成.基本公共服务最优供给规模、供给不足及原因分析[J].华中师范大学学报(人文社会科学版),2020(3).

[147] 谭洁.民族地区横向生态转移支付的法治化构建——以广西金秀瑶族自治县为例[J].广西民族研究,2020(1).

[148] 杨刚强、程恒祥、吴斯.晋升压力、官员任期与公共服务供给效率——基于中国 70 个城市的实证[J].云南财经大学学报,2020(2).

[149] 杨波.论基本公共服务均等化的演进特征与变迁逻辑——基于 2006—2018 年政策文本分析[J].西南民族大学学报(人文社会科学版),2019(5).

[150] 完颜邓邓、胡佳豪.欠发达地区农村公共数字文化服务供给与利用——基于湖南省衡南县的田野调查[J].图书情报工作,2019(16).

[151] 梁波.加快推进基本公共服务均等化的改革举措[J].理论探讨,2018(4).

[152] 李文军.区域财政社会保障支出差距与优化研究[J].华东经济管理,2018(2).

[153] 陈雷.地方财政事权划分的法治进路：法理逻辑与基准塑造——兼议民法典立法精神与财政治理的协调性[J].西南民族大学学报(人文社会科学版),2020(7).

[154] 李晓玲.论责任政府[J].江淮论坛,2010(3):157-159.

[155] 毛寿龙.责任政府的理论及其政策意义[J].行政论坛,2007(2).

[156] 顾肃.民主治理中的责任政府理念与问责制[J].学术界,2017(7).

[157] 李怀.非正式制度探析:乡村社会的视角[J].西北民族研究,2004(2).

[158] 颜德如、张玉强.乡村振兴中的政府责任重塑:基于"价值-制度-角色"三维框架的分析[J].社会科学研究,2021(1).

[159] 李兆友、郑吉友.我国新型农村养老保险制度可持续发展探析[J].求实,2016(4).

[160] 阮荣平、焦万慧、郑风田.社会养老保障能削弱传统生育偏好吗?[J].社会,2021(4).

[161] 刘佩、孙立娟.城乡居民养老保险对代际经济支持的影响——基于中介效应模型的研究[J].云南财经大学学报,2020(12).

[162] 朱火云.城乡居民养老保险对代际收入转移的影响:基于CLHLS 2005—2014的纵贯分析[J].社会保障评论,2019(2).

[163] 杨晶、邓大松、吴海涛.中国城乡居民养老保险制度的家庭收入效应——基于倾向得分匹配(PSM)的反事实估计[J].农业技术经济,2018(10).

[164] 秦昌才.新农保对中国农村家庭收入的促进效应[J].华南农业大学学报(社会科学版),2017(5).

[165] 张跃华、李彤.认知能力对新农保参保决策的影响——基于CFPS数据的研究[J].保险研究,2021(6).

[166] 边芳、张林秀.农村居民新农保参保行为及其影响因素[J].农业现代化研究,2018(1).

[167] 张若瑾、邓启平、刘科.新农保参保行为影响因素的中西部跨省研究——基于1010份问卷的实证分析[J].辽宁大学学报(哲学社会科学版),2017(6).

[168] 段小萍、高诚.城乡居民养老保险财务可持续性区域差异及其影响因素

分析[J].金融发展研究,2021(5).

[169] 裴育、徐炜锋.中国农村社会养老保险对地方财政可持续性影响研究[J].河北大学学报(哲学社会科学版),2018(6).

[170] 宫晓霞.财政支持城乡居民养老保险制度:面临的风险及应对策略[J].经济社会体制比较.2018(1).

[171] 米红.未来70年新农保收支预测与制度完善[J].西北农林科技大学学报(社会科学版).2016(4).

[172] 王振振.城乡居民基础养老金的目标待遇与水平测度——以中国东中西部地区六省为例[J].统计与信息论坛,2020(11).

[173] 边恕、孙雅娜、黎蔺娴."城乡保"基础养老金普惠型给付的适度性分析[J].辽宁大学学报(哲学社会科学版),2016(4).

[174] 阳旭东、王德文.从缺位到归位——新中国成立以来农村养老保障与政府责任的再思考[J].学术界,2019(1).

[175] 钟曼丽、刘筱红.农村家庭养老的家国责任边界[J].西北农林科技大学学报(社会科学版),2018(2).

[176] 王立国.城乡居民基本养老保险制度优化研究——基于社会公正的分析视角[J].理论月刊,2019(9).

[177] 张向达、张声慧.城乡居民养老保险的财务可持续性研究[J].中国软科学,2019(2).

[178] 封进、赵发强.新中国养老保险70年:经验、问题与展望[J].社会保障研究,2019(6).

[179] 穆怀中.社会保障的生存公平与劳动公平——"保障适度"的两维度标准[J].社会保障评论,2019(2).

[180] 米红.新农保制度模式与财政投入实证研究[J].中国社会保障,2010(6).

[181] 边恕.城乡居民基本养老需求、调整机制与城镇化水平[J].社会保障评论,2017(4).

[182] 李珍、王海东.基本养老保险目标替代率研究[J].保险研究,2012(1).

[183] 黄丽.城乡居民基本养老保险保障水平评估与反思——基于养老金替代率视角[J].人口与经济,2015(5).

[184] 尹海燕、海龙.新型农村社会养老保险基础养老金计发标准评估与厘定[J].西北人口,2015(3).

**图书在版编目(CIP)数据**

广西基本公共服务均等化绩效评价与优化研究/李文军
著.—上海:上海三联书店,2021.12
ISBN 978 - 7 - 5426 - 7647 - 4

Ⅰ.①广…　Ⅱ.①李…　Ⅲ.①公共服务－研究－广西
Ⅳ.①D669.3

中国版本图书馆 CIP 数据核字(2021)第 273839 号

# 广西基本公共服务均等化绩效评价与优化研究

著　　者 / 李文军

责任编辑 / 郑秀艳
装帧设计 / 一本好书
监　　制 / 姚　军
责任校对 / 王凌霄

出版发行 / 上海三联书店
　　　　　(200030)中国上海市漕溪北路 331 号 A 座 6 楼
邮　　箱 / sdxsanlian@sina.com
邮购电话 / 021 - 22895540
印　　刷 / 上海惠敦印务科技有限公司

版　　次 / 2021 年 12 月第 1 版
印　　次 / 2021 年 12 月第 1 次印刷
开　　本 / 890 mm × 1240 mm　1/32
字　　数 / 210 千字
印　　张 / 10.125
书　　号 / ISBN 978 - 7 - 5426 - 7647 - 4/D·525
定　　价 / 58.00 元

敬启读者,如发现本书有印装质量问题,请与印刷厂联系 021 - 63779028